中国博士后科学基金第六批特别资助项目
（2013T60658）成果之一

民事程序法论丛

Basic Position of Dispute Resolution in the Contemporary China

# 当下中国纠纷解决的基本立场

刘加良 / 著

图书在版编目(CIP)数据

当下中国纠纷解决的基本立场/刘加良著. —北京:北京大学出版社,2014.7
(民事程序法论丛)
ISBN 978-7-301-24404-3

Ⅰ.①当… Ⅱ.①刘… Ⅲ.①民事纠纷-研究-中国 Ⅳ.①D925.114.4

中国版本图书馆CIP数据核字(2014)第133436号

书　　　名：当下中国纠纷解决的基本立场
著作责任者：刘加良　著
责　任　编　辑：李　铎
标　准　书　号：ISBN 978-7-301-24404-3/D·3603
出　版　发　行：北京大学出版社
地　　　址：北京市海淀区成府路205号　100871
网　　　址：http://www.pup.cn
新　浪　微　博：@北京大学出版社
电　子　信　箱：law@pup.pku.edu.cn
电　　　话：邮购部 62752015　发行部 62750672　编辑部 62752027
　　　　　　出版部 62754962
印　刷　者：北京大学印刷厂
经　销　者：新华书店
　　　　　　965毫米×1300毫米　16开本　16印张　200千字
　　　　　　2014年7月第1版　2014年7月第1次印刷
定　　　价：35.00元

未经许可,不得以任何方式复制或抄袭本书之部分或全部内容。
版权所有,侵权必究
举报电话：010-62752024　电子信箱：fd@pup.pku.edu.cn

# 论丛总序

本丛书的宗旨在于：大胆假设，小心求证；专注制度，推动立法。

2008年4月1日开始实施的修正后的《中华人民共和国民事诉讼法》之所以仅仅是局部性的，而非全面性的；之所以未达预期的效果，而难免令人有失望之感，究其缘故，固然有诸多或种种，然而深层次上的原因，不能不被认为是，学术研究未能跟上立法之需求也。

反观我国的民事诉讼法学研究，起初营营碌碌于注释法学，后来迅速遭到诟病，认为这种研究长此以往，难脱原地踏步之嫌；于是乎，取而代之的乃是所谓的理论法学，以抽象思维见长的学者们，纷纷登台发表高见，短时间内，竟一扫注释法学之积弊，法学研究的面貌因之而焕然一新。然而，时间稍长，人们便发现，坐而论道原本是一件更为轻松的事，难点还在于，将放飞的思绪从辽阔的天空中收回，平心静气地进行艰苦卓绝的制度构建。

具体的制度构建全然有别于潇洒的理论畅想，它需要有透彻的理论把握，敏锐的时代触感，宽阔的学术视野，务实的精心构筑，以及弥漫于全书中的价值说服力。这样的理论研究，显而易见，是多了一份枯燥，少了一份浪漫。然而，这样的理论研究，同样显而易见的，乃是真正的理论升华，培植了真正的学术之根。

德国学者海德格尔通过对"真理"一词的词源学考察表明，真理的古希腊语是 aletheia,原意是"无蔽"。可见,真理的本质就在于无蔽,而无蔽就是敞亮,敞亮就是本真。我们这套丛书,就是试图将我们各位作者本真的制度构想——无论是全面的抑或局部的,敞亮开来,达至无蔽,然而同时还要绝对地说:我们距离真理很远。

因为我们距离真理很远,所以我们欢迎批评;因为我们贡献的是本真,所以我们能够收获真诚的争鸣——正是在争鸣中,民事诉讼法才能在妥协性的智慧中,扬帆远航。

此为序。

# 目 录

绪论 …………………………………………………………………… 1

## 第一编 特色机制的实效化：注重传承与应势创新

**后法典时代人民调解实效化研究** ………………………………… 9
 导言 ………………………………………………………………… 9
 一、基本前提：形式性法律渊源的上位化与细则化 …………… 10
 二、中心环节：人民调解员的遴选就低化与培训实质化 ……… 14
 三、重要条件：经费保障之国家责任的中央化与长效化 ……… 18
 四、根本保证：司法确认程序的备胎化与谦抑化 ……………… 21

**医疗纠纷人民调解的实践模式及其启示** ………………………… 25
 一、当前我国医疗纠纷的主要特征 ……………………………… 26
 二、医疗纠纷人民调解的实践模式 ……………………………… 29
 三、启示：纠纷解决与区域差异 ………………………………… 35

**人民陪审团制：在能度与限度之间** ……………………………… 40
 一、人民陪审团制对合议制之不足的有效补正 ………………… 41
 二、人民陪审团制对人民陪审员制之不足的有效补正 ………… 46
 三、人民陪审团制的限度：以审级适用为例 …………………… 51
 四、走出"羊群效应"的困境（代结语） ………………………… 52

**继承与发展马锡五审判方式之思** ………………………………… 54

民事督促起诉的制度化路径、角色定位与基本构造 …………… 57
　一、民事督促起诉的制度化路径 …………………………… 57
　二、民事督促起诉的角色定位 …………………………… 61
　三、民事督促起诉的基本构造 …………………………… 67
论列席监督的正当化转向 …………………………………… 73
　一、列席监督的制度变迁 …………………………………… 73
　二、列席监督的积极功能 …………………………………… 77
　三、列席监督与诉中监督的比较：基于民事诉讼的视角 …… 80
　四、寻求终极合法性：列席监督转向诉中监督的必要性
　　　分析 ………………………………………………………… 84
民事抗诉：政策化实践与体制制约 …………………………… 87
　一、关于样本选择的说明 …………………………………… 88
　二、民事抗诉案件数量缘何悬殊 …………………………… 89
　三、民事抗诉案件数量缘何明显下降 ……………………… 91
　四、结语 ……………………………………………………… 99

# 第二编　常规机制的良善化：宏观聚焦与微观研讨

我国《民事诉讼法》丁亥年修改之冷思考 …………………… 103
　一、修法目的具有明显的功利性 …………………………… 104
　二、修法过程的民主性始终不足 …………………………… 106
　三、修法背后的轻程序倾向强势存在 ……………………… 110
　四、修法方式的科学性严重缺失 …………………………… 112
海峡两岸必要共同诉讼制度比较研究 ………………………… 115
　一、海峡两岸必要共同诉讼制度的比较 …………………… 115
　二、祖国大陆必要共同诉讼制度的设计弊端 ……………… 118
　三、祖国大陆必要共同诉讼制度的理性改进 ……………… 121

## 夫妻忠诚协议的效力之争与司法应对 …… 123
- 一、问题的提出——从2012年山东"女方净身出户案"谈起 …… 123
- 二、夫妻忠诚协议的基本类型 …… 124
- 三、夫妻忠诚协议的效力之争 …… 125
- 四、夫妻忠诚协议的实体法规制 …… 131
- 五、夫妻忠诚协议的司法应对 …… 137

## 民事案件同案同判的审级控制 …… 140
- 一、特殊民事案件同案同判的审级控制 …… 141
- 二、一般民事案件同案同判的审级控制 …… 145
- 三、民事案件同案同判之审级控制的限度 …… 150

## 民事执行权威的理性强化 …… 153
- 一、提高民事执行法律渊源的位阶 …… 155
- 二、力守民事执行开始的被动性 …… 156
- 三、消除执行通知与强制执行之间的时间间隔 …… 160
- 四、尽力扩展且可延长申请执行期限 …… 163
- 五、加大对妨害民事执行行为的刑事制裁 …… 165

## 论仲裁保全程序中的诉讼谦抑 …… 169
- 一、引论 …… 169
- 二、仲裁保全裁定作出权的配置模式 …… 170
- 三、我国应采取仲裁机构独享仲裁保全裁定作出权的模式 …… 172
- 四、结语 …… 179

## 《仲裁法解释》的进步与不足
——以实现我国《民事诉讼法》的全面修改为视角 …… 180
- 一、《仲裁法解释》在仲裁协议之要件方面的进步 …… 181
- 二、《仲裁法解释》在仲裁协议之效力方面的进步 …… 186

三、《仲裁法解释》在诉讼监督仲裁方面的进步 …… 190
四、《仲裁法解释》的不足 …… 193
五、结语 …… 195

### 论取消基层人民法院的第一审行政案件管辖权 …… 197
一、取消基层人民法院的第一审行政案件管辖权可更好地体现"两便"原则的"公正"立场 …… 197
二、取消基层人民法院的第一审行政案件管辖权更有利于司法职业的发展 …… 201
三、取消基层人民法院的第一审行政案件管辖权可还原行政审判庭设置的合法性 …… 202

### 律师赔偿责任的基本特征及辐射作用 …… 205
一、律师赔偿责任的概念界定 …… 205
二、律师赔偿责任的基本特征 …… 206
三、律师赔偿责任的辐射作用 …… 211

## 第三编　学理支持的强力化：增强指引与适时反制

### 司法制度类型分析的价值与潜在意义 …… 217
一、理想与现实之间：主要内容之介 …… 218
二、原创与缺憾之间：研究方法之评 …… 222
三、启发与检讨之间：中国意义之思 …… 226

### 中国民事证据立法的立场表达 …… 228
一、迎难而上：基础理论的理性探索 …… 229
二、大处着手：基本问题的宏观思考 …… 233
三、微观建构：重要制度的缜密求证 …… 235
四、立足本土：他山之石的审慎对待 …… 238

### 主要参考文献 …… 241

# 绪论

自20世纪90年代初以来,经济高速发展、社会剧烈转型和文化多元裂变共同构成了复杂中国的基本国情。"稳定压倒一切"和"发展是硬道理,稳定是硬任务"的政治话语迄今未曾有偃旗息鼓的迹象,反映出国家治理的决策者对社会有序的长久向往和对纠纷有效化解的强烈渴求;"有自由的秩序和有秩序的自由二者孰轻孰重"的民间讨论迄今未曾有销声匿迹的苗头,反映出有责任担当感的社会精英对社会失序的深深担忧和对纠纷妥当解决的拳拳期待。纠纷的发生具有不可避免性,其对社会秩序的冲击有革故鼎新的积极一面,也有纵恶制乱的消极一面。值此转型关键期,对纠纷的消极作用更应被清醒地认知和冷静地判断,健全相关解决机制的必要性更应被普遍的认同,针对特色机制与常规机制的区别性行动方案更应被建设性地提出。鉴于此,本书分为"特色机制的实效化:注重传承与应势创新"、"常规机制的良善化:宏观聚焦与微观研讨"和"学理支持的强力化:增强指引与适时反制"三编,试图就"当下中国的纠纷解决"这一极具挑战的课题进行面向实践、立场明确的精细研究,并尝试证明在不如意的现状下努力进取之可行,以尽可能消除情绪化的指责与习惯性的失望所带来的不良影响。

人民调解制度、人民陪审团制度和民事检察制度颇具中国特色,在域外无法找到功能相近和构造相似的真正可比项,本书第一编的探讨即针对它们集中展开。《人民调解法》是法律体系中"诉讼与非诉讼程序法"部分的最后出场者,赶搭的是官方宣告法律体系基本建成前的末班车,制定过程的快速和审议过程的顺利让《人民调解法》很快被关注法律创制远多于关注法律实施的研究者疏远、冷落甚至遗忘。唯有从立法视角转向实施视角,方可从基本前提、中心环节、重要条件和根本保证四个方面为人民调解之制度实效的获取提供可行之策,进而让人民调解出色的化解民间纠纷、维护基层稳定。发生的不可控性、社会化的极易性、原因事实的竞合性和化解依据的渐趋合理性是当前我国医疗纠纷的主要特征。杀伤医护人员的恶性事件层出不穷,在一定程度上显示出医疗纠纷刑事化的高发态势,同时也暴露出医疗纠纷化解机制的整体低效。本书主张以"诸暨模式"和"宁波解法"为典型的医疗纠纷人民调解模式具有很好的制度理性,但官方的推动不能忽视区域差异,纠纷解决研究者进行实地调查时代表性样本的选择必须慎之又慎。2008年以来,河南省人民法院系统试行人民陪审团制度和西北地区法院系统发展性继承马锡五审判方式的作法在学术界引起很大争议,前者曾被批评为"非驴非马"的多余之举、后者曾被批评为"保守落后"的倒退之举。基于近距离观察所获得的感性认识和大量的实证材料,本书认为人民陪审团制度可多角度的有效补正合议制度与人民陪审员制度的不足,其属于实现民众参与司法的新型机制并可为人民陪审员制度的"团式改造"提供经验支持;主张继承与发展马锡五审判方式应以司法传统的内核合理性、可继承性为前提条件,以强烈、确定的现实问题意识为动力源泉,以扎实有效、不断创新的工作方法为关键环节,以必要的异化防范机制为重要保障。《民事诉讼法》新近的两次修改使得民事检察制度在文本层面得到很大的完善与强化,民事检察权的实现方式已呈现出事前型、事中型和事后型三足鼎立的格局,本书选择这三种类型各自的部分制度对应物——民事督促起诉、列席监督和民事抗诉进行了侧重实证的专题性研究。其中，就民事督促起诉的部分具有更新性、系统性，明确主张民事督促起诉是检察机关之一般监督权的实现方式，属于强势的检察建议、不是民事公益诉讼的替代物。

　　在纠纷解决机制内部，仲裁最可能有实力与诉讼之间形成实质性竞争关系。从法院的受案量来看，民事案件长期占八成以上。所以，理顺民事诉讼与仲裁的关系成为健全纠纷解决机制的重中之重。"在发展中竞争，在竞争中发展"是处理民事诉讼与仲裁二者关系的基本准则，而各自在先的良性发展更为重要。故本书第二编将重心放在民事诉讼与仲裁的制度良善改进上，只是附带地涉及基层法院之一审行政案件管辖权的取消和律师赔偿责任这两个并非无足轻重的问题上。作为基本法律，《民事诉讼法》在短短三十年内便有四个版本、在时隔不足五年内便经历规模不小的"中改"。《民事诉讼法》由此被扣上"无足轻重"的帽子、被打上"修改过于随意"的烙印，究其主要原因，在于丁亥年（2007年）之修改得过于草率，留下了"修法目的具有明显的功利性，修法过程的民主性始终不足，修法背后的轻程序倾向强势存在，修法方式的科学性严重缺失"四大瑕疵。2012年3月，《刑事诉讼法》的修改由全国人大审议通过；2012年8月，《民事诉讼法》的修改则改由全国人大常委会审议通过。这一立法事实很刺眼地表明了《民事诉讼法》丁亥年修改之后遗症的严重后果，对其瑕疵进行批判性审视具有制度演进史层面的重要鉴戒意义。群体性纠纷和有关夫妻忠诚协议的纠纷被归为难办案件已有很长时间。虽未能如愿产生"解决一件，带动一片"的预期效果，拆案处理仍是实践中处置群体性纠纷的首选方案，这与包括必要共同诉讼制度在内的群体性纠纷解决机制不够完善有很大关联。借助与我国台湾地区相关制度设计的比较，本书主张大陆地区的必要共同诉讼制度应作符合法理且具有操作性的改进。夫妻忠诚协议以财产给付型、权利放弃型、伤害虐待型、辱骂起誓型和特定行为型为基本类型。关于其效力如何以及是否具有可诉性的争论可谓广泛而激烈,在全社会范围内已引起高度关注,最高人民法院多次试图在司法解释中表态,但均无果而终,本书特辟程序法的视角,认为应倡导"以内容看效力"的基本思路,应承认夫妻忠诚协议的单独可诉性。同案异判有碍于宪法中平等原则的实现,从审级控制的进路实现民事案件的同案同判必不可少。本书主张,为做到特殊民事案件(疑难复杂的民事案件、新类型民事案件和具有普遍法律适用意义的民事案件)的同案同判,将其一审管辖权统一上提一级更为可取;为做到一般民事案件的同案同判,应取消裁量型发回重审和调适法定型发回重审;民事案件同案同判的审级控制具有限定性,其规模效益取决于一审裁判文书可上诉的比例和第二审程序启动的次数。执行难与立案难、申请再审难并列成为民事诉讼领域的三大难题,较大份额的执行难源于民事执行根据得不到有效的实现、民事执行权威得不到有力的维系。为理性地强化民事执行权威,本书提出五项现实可为的对策性建议。纠纷解决机制内部的逻辑自洽与功能配合,离不开通盘权衡的整体眼光,仲裁保全裁定作出权之配置模式(法院独享、仲裁机构有限分享、法院和仲裁机构共享、仲裁机构独享)的选择反映着司法权对仲裁权的谦让与尊重程度。从促进国家与社会二元互动、支持仲裁发展、增进民事诉讼之正当品质三个方面出发,本书判断我国采取仲裁机构独享的模式更为适宜。在三大诉讼法的修改陆续完成之后,可以十分肯定地预计,《仲裁法》的修改将很快展开。对于修法而言,发扬司法解释之长、回避司法解释之短可做到成本更低、阻力更小、效果更好。本书指出,司法解释在仲裁协议的要件与效力方面以及仲裁司法监督方面的具体成就值得承继,但"违法解释"的鲜明印记和法院本位的倾向值得警惕。

就纠纷解决而言,理论与实践之良性因应的重要性尽人皆知。然而,学理与实务之间的距离却在不断地拉大,学术界与实务界互不理睬、视而不见、彼此贬低的现象相当普遍且短期内不会得到根本的改观。之所以出现如此令人痛惜的一幕,学理的长期疲弱难辞其咎,以至于实务操作需要理论指引时,学理无法提供相应的智力支持;实务操作出现违法或与基本法理明显相悖时,学理没有足够的实力予以反制或者纠偏。研读富有知识增量价值的著作对于促进学理之发达的益处不言自明。于是,评介达玛什卡的《司法和国家权力的多种面孔:比较视野中的法律程序》和汤维建的《民事证据立法的理性立场》便构成了本书第三编的基本内容。值得一提的是,国内的很多程序法学者至今仍停留在阅读日本学者谷口安平、棚濑孝雄之著作的层次上,对达氏有关司法制度类型学的经典著作缺乏及时的关注、不知其存在者亦不在少数。

# 第一编 特色机制的实效化：
## 注重传承与应势创新

# 后法典时代人民调解实效化研究

**本部分所涉规范性文件全简称对照表**

| 全称 | 简称 |
|---|---|
| 《中华人民共和国人民调解法》（2012年8月28日通过） | 《人民调解法》 |
| 《关于审理涉及人民调解协议的民事案件的若干规定》（2002年9月5日通过） | 《人民调解协议若干规定》 |

## 导言

基层的稳定对于中国社会的整体稳定具有决定性意义。社会矛盾能否得到有效化解与基层的稳定状况存在正比例关系。尽管当前的人民调解已不如20世纪80年代末之前那般大放异彩，但其化解民间纠纷的表现依然与民事诉讼平分秋色、不相上下。当前正如火如荼推行的诉调对接机制和大调解机制正是国家在社会转型关键期重新理性认识人民调解的价值并适时作出政策调整的产物。《人民调解法》施行后，从具体层面找寻到以基层为主要作用领域的人民调解之实效化的途径，不仅有利于诉调对接机制和大调解机制的构建与完善，而且有利于更为妥当地化解社会矛盾和提高基层治理的良善化水平，进而确保基层发挥整个中国社会之稳定器的作用。此外，《人民调解法》的施行将对人民调解学、民事程序法学和纠纷解决学的发展产生极大的推动作用，这三个学科能否把握住这一难得的发展契机在很大程度上取决于相关理论研究能否取得面向当前中国实际问题的实质性进展。从基本前提、中心环节、重要条件和根本保证四个方面对人民调解的实效化进行面向实践的具体性研究,可以让人民调解学、民事程序法学和纠纷解决学的内容与结构更为科学、更为充实、更具有务实性和实践指导性。

## 一、基本前提:形式性法律渊源的上位化与细则化

作为促进基层治理、维系基层秩序的策略性安排,新中国的人民调解制度虽然留存着不少传统的烙印且可借助历史回溯找到传统资源,但其不构成对相关传统资源的直接承继。人民调解的制度化程度与其实效化水准密切相关,在"过犹不及"或"矫枉过正"的红线之下,人民调解的制度化程度越高,其实效化水准就越好。

新中国人民调解的制度化始于1954年3月22日政务院发布《人民调解委员会暂行组织通则》(共11条)。该法规依次明确了人民调解委员会的群众性定位、受案范围、设立、工作原则(其中明确强调人民调解不是诉讼的必经程序)、工作纪律和工作方法,首次在全国范围内以法规的形式对人民调解制度予以确立。1979年通过、后历经1983年和2006年两次修改的《人民法院组织法》(第22条)借改革开放后大规模立法的序幕拉开之机,以宪法相关法的形式、从界定基层法院之审判外职能的视角对人民调解制度予以规定。1982年3月8日颁布的《民事诉讼法(试行)》第14条(1991年、2007年《民事诉讼法》第16条对该条进行了略有补充的重述)首次在程序基本法层面对人民调解委员会的群众性定位、受案范围以及人民调解与民事诉讼的关系予以规定,使得人民调解制度被笼统地划归程序法序列的规范依据不再匮乏,进而使得人民调解制度在那个注释法学占主导且作出不可磨灭之贡献的时代得以进入程序法研究的视野。1982年12月4日颁行的《宪法》第111条将人民调解制度作为基层自治的组成部分予

以纳入,并通过人民调解委员会与居民委员会或者村民委员会之间的隶属关系传递式的、如既往般的对其性质进行群众性的宪法定位。

在2011年之前,1985年《继承法》(第15条)、1987年《村民委员会组织法(试行)》(第2条)、1989年《城市居民委员会组织法》(第3、13条)、1994年《劳动法》(第79、80条)、1996年《老年人权益保障法》(第41、45条)、1998年《村民委员会组织法》(第2条第2款、第25条)、2001年修正的《婚姻法》(第43条第1款、第44条第1款)、2007年《突发事件应对法》(第21条)、2007年《劳动争议调解仲裁法》(第2章)、2009年《农村土地承包经营纠纷调解仲裁法》(第2章)和2010年修正的《村民委员会组织法》(第2条第2款和第7条)等法律尽管都对人民调解制度有所涉及,但整体上呈现出条文明显偏少、内容极为简略、规制过于粗陋的特征,人民调解制度在形式性法律渊源方面不得不长期严重依赖以1989年国务院颁行的《人民调解委员会组织条例》(共17条)和2002年司法部颁行的《人民调解工作若干规定》(共45条)为代表的行政法规、部门规章以及更低级别的规范性文件,有关人民调解制度的基本立法在新中国成立后的61年里一直处于缺位状态。2011年春,中国特色社会主义法律体系宣告形成,其"诉讼与非诉讼程序法"部分的法律有《刑事诉讼法》《民事诉讼法》《行政诉讼法》《仲裁法》《人民调解法》《引渡法》《海事诉讼特别程序法》《劳动争议调解仲裁法》《农村土地承包经营纠纷调解仲裁法》和《公证法》10部。可以说,2011年元旦方才施行的《人民调解法》(共6章,35条)赶搭的是法律体系宣告形成前的末班车,堪称法律体系宣告形成前在"法律"这一层级的收官之作。从官方通稿的介评顺序与所用篇幅看,制定时间最晚的《人民调解法》在"诉讼与非诉讼程序法"部分位列第五,仅次于三大诉讼法和仲裁法。

值得指出的是,《人民调解法》的制定并不只是或者并不主要是为了达致在法律体系宣告形成前拥有基本立法的梦想。从解纷总量这一指标来看,人民调解在经历20世纪80年代的辉煌之后便滑入了衰落的境地,其在世纪之交更是深陷难以自救的谷底,其面临的严峻态势令人深深忧虑。但伴随着国家力量陆续在农村基层和城市基层的大幅撤出导致基层秩序之维系的正式机制短缺以及诉讼万能主义的破产导致"诉讼不是正义的别名"之观念的渐入人心,拥有"纵向到底,横向到边"之网络、多元可靠之信息渠道和应对迅捷之触角的人民调解以能够把矛盾纠纷"解决在当地、解决在基层、解决在萌芽状态"三大优势再次作为基层治理的法宝被公共政策给予青睐。这种青睐在2002年就集中体现在9月5日最高人民法院出台《关于审理涉及人民调解协议的民事案件的若干规定》、9月26日司法部发布《人民调解工作若干规定》和9月24日中共中央办公厅、国务院办公厅转发最高人民法院、司法部《关于进一步加强新时期人民调解工作的意见》这三个文件,最后一个文件的特殊之处在于其发布者,该特殊之处说明执政党和政府的最高层视人民调解为基层秩序重构者的鲜明立场与坚定态度,重新振兴人民调解不再只是司法行政系统和法院系统的个别责任,之后越来越多的权力部门(如财政部、公安部、民政部)或深或浅的参与到人民调解制度化的过程当中。

  治理政策的变迁恰恰说明推动《人民调解法》制定的主要力量不是源于自下而上的实践需求,而是源于自上而下的政治期待。由于执政党和行政序列的最高层是中央政法委、国务院法制办、最高人民法院、司法部、民政部、全国总工会、全国妇联、中国消费者协会等立法所涉之部门的利益来源和意志左右者,所以从2009年4月司法部将《人民调解法(草案送审稿)》报请国务院审议到2010年5月国务院将《人民调解法(草案)》提请全国人大常委会审议再到历经全国人大常委会2010年6月、8月两次审议后获得表决通过,《人民调解法》"在立法中受到的关注和遭遇的正面反对不多,立法过程之短、通过之顺利并不多见"①。政治任务关照下的立法过程的短暂与进展顺利,没能使草案起草者在谋求人民调解之准司法化、精英化背后的扩权冲动以及付诸的举措得到很好的抑制与剔除,没能为自觉改造传统调解的不足(如过于偏好调解者的中立色彩)和主动学习现代调解的长处(如调解不公开进行原则)提供足够的时间保证与交涉机会。《人民调解法》所带之浓重的妥协、折中痕迹和对很多细节关注不够的内容设计(如民间纠纷的具体范围)不得不为效力下位的细则出台预留了很大的空间,这些必然会呈现出区域差异与地方特点的下位细则若有幸不构成对《人民调解法》的突破或否定,可为人民调解的实效发挥乃至更大化增加有益的制度供给。

《人民调解法》的出台有助于人民调解轻装上阵、单兵突进地有效化解民间纠纷,其以立法实例的方式客观地宣告了在更大覆盖面上制定《民间调解法》和《非诉讼调解法》这种统一规制的思路遭遇未来很长一段时间内都不会改变的搁浅,但其没有放弃对其他类型民间调解的统合尝试,其第 34 条开放性地规定"乡镇、街道以及社会团体或者其他组织根据需要可以参照本法有关规定设立人民调解委员会,调解民间纠纷"。此一规定扩充了人民调解委员会的设立主体和人民调解组织的类型,使《人民调解法》具备了"授权法"和"兼容并蓄"的特点,可暂时填补其他类型的民间调解无基本立法的空缺,有利于更充分地激发创新人民调解模式的动力并形成人民调解多元并行的格局。可以预计,人民调解组织以外的其他类型民间调解组织会积极充分地利用《人民调解法》的授权名义和参照设计,各自为战多于相互配合的制定细则。这些必定特点各异、效力不一的细则若可找到避免相互折损、恶性竞争的途径,将会使其他类型的民间调解组织以合力的方式

---

① 范愉:《〈中华人民共和国人民调解法〉评析》,载《法学家》2011 年第 2 期。

与基层自治组织设立的人民调解组织一道向程序利用者和社会公众展示人民调解的优势与魅力所在。

经过以上对制度史的精细梳理可知,从1954年的《人民调解委员会暂行组织通则》到2011年的《人民调解法》,人民调解制度之形式性法律渊源的上位化历程可谓"历时漫长,前缓后急,粗略依旧"。为最大限度实现人民调解的实效化,上位化的历程可因专门法典的制定而暂告一段落,但以科学、理性为指向的细则化的步骤宜刻不容缓地继续展开。

## 二、中心环节:人民调解员的遴选就低化与培训实质化

《人民调解法》第13条规定:人民调解员由人民调解委员会委员和人民调解委员会聘任的人员担任。与1954年《人民调解委员会暂行组织通则》第5条和1989年《人民调解委员会组织条例》第3条的狭义界定不同,此一规定与2002年《人民调解工作若干规定》第2章保持一致,使人民调解员的外延包括但不限于人民调解委员会委员。关于人民调解员的遴选条件,《人民调解法》以"公道正派"为其道德条件,以"热心人民调解工作"为其工作积极性条件,以"具有一定文化水平、政策水平和法律知识"为其业务条件,以"成年公民"为其行为能力条件。由下文"人民调解员之遴选条件变迁一览表"可知:(1)人民调解员的道德条件和工作积极性条件一直未发生实质性变化,尽管措辞上存在微小的差异。(2)业务条件经历了从无到有、从低到高再到略有回落的过程,并且一直具有模糊、相对的特征。(3)行为能力条件虽未被《人民调解委员会暂行组织通则》和《人民调解工作若干规定》所规定,但考虑到人民调解事务相对于一般事务的复杂性和对人民调解员之心智成熟程度的更高要求,行为能力条件在遴选实践中应无疑问地被当成事实性条件来对待。(4)决策者视人民调解为基层治理重要手段的政治定位使人民调解不可能不镶嵌

或吸附在基层自治制度中,《人民调解法》因此而立场鲜明地坚持并重申现行《宪法》对人民调解的群众性定位,人民调解员的遴选条件进而因此没有必要和此前做法一样包括"联系群众"这一条件。

人民调解员之遴选条件变迁一览表

| 形式性法律渊源 | 人民调解员的遴选条件 |
| --- | --- |
| 《人民调解委员会暂行组织通则》第5条 | 政治面貌清楚<br>为人公正<br>联系群众<br>热心调解工作者 |
| 《人民调解委员会组织条例》第4条 | 为人公正<br>联系群众<br>热心人民调解工作<br>有一定法律知识和政策水平<br>成年公民 |
| 《人民调解工作若干规定》第14条 | 为人公正<br>联系群众<br>热心人民调解工作<br>具有一定法律、政策水平和文化水平<br>乡镇、街道人民调解委员会委员应当具备高中以上文化程度 |
| 《人民调解法》第14条 | 公道正派<br>热心人民调解工作<br>具有一定文化水平、政策水平和法律知识<br>成年公民 |

对人民调解进行司法化、专业化改造,如要求"充分发挥退休法官、检察官、警官、律师、公证员等法律工作者以及相关领域专家、学者的专业优势",必然会带来对人民调解员之文化程度、法律理论水平和法律应用水平的强调,必然会带来"学历崇拜"这一浮躁、功利之社会观念对人民调解工作的冲击与渗透。基于此,"人民调解员极为不容乐观的文化程度构成人民调解衰落的原因"[①]和"尝试区域性或全国性的人民调解员任职资格考试,最终将其与国家统一司法考试并轨"

---

① 周望:《转型中的人民调解:三个悖论》,载《社会科学》2011年第10期。

的观点一度深入人心并至今仍有一定市场;也正是基于此,《人民调解工作若干规定》才会犹抱琵琶半遮面、纠结尽显地单独将乡镇、街道人民调解委员会委员的文化程度拉高到"高中以上"。孰不知,人民调解员的解纷能力更多地取决于其群众威望和调解技能,与其学历水平之间不构成正比例相关。原因在于,能够取信于人的群众威望主要依赖于长期待人处事过程中的良善言行,能够符合预期的调解技能主要依赖于相关生活经验的积累与相关处理实践的历练,以学校教育为基点的学历水平对群众威望和调解技能可产生的提高作用很小。大国是我国的基本国情,城乡差异以及东部与中西部之间的差异整体上很大且短期内无法得以有效的缩小,对文化水平高低的认知与评价具有相对性。《人民调解法》若将人民调解员的学历条件统一成"高中以上"或继续拉高,将会极大地削减人民调解员来源的途径,把能够胜任人民调解工作但文化程度偏低的人员不当地排除出去,侵蚀人民调解的普遍参与性,人民调解悬浮于基层之上而非扎根于基层之中的局面就会形成,法律职业对人民调解的挤压与同化就会加剧,人民调解在纠纷解决机制内部的独立地位就会遭到动摇与质疑。采"就低不就高"的策略,《人民调解法》将人民调解员的学历条件不超越我国基本国情的适时下拉,虽会使草根指向的基层人民调解组织与高端指向的行业性、专业性、跨区性人民调解组织二元格局的继续并存以及人民调解员之构成复杂分层的矛盾难以消除,但可通过确保人民调解网络的广阔覆盖性和普遍参与性来使人民调解的实效化纵向获得可观的基本面。

"事小、量多、面广、复杂、易反复多变(或突变)"[①]是人民调解化解的民间纠纷之传统特点。社会转型的全面与加速、利益格局的复杂与重调和社会结构的裂变与重建使得人民调解针对的纠纷类型"逐渐从传统的婚姻家庭、邻里关系、小额债务、轻微侵权等常见、多发的矛

---

① 江伟、杨荣新主编:《人民调解学概论》,法律出版社1990年版,第102页。

盾纠纷,向土地承包、拆迁安置、环境保护、医患纠纷等社会热点、难点纠纷领域扩展"①。尽管人民调解化解的社会热点、难点纠纷迄今在年度统计意义上尚不具备单独设项的规模,但这一绝非空穴来风的官方判断足以提醒人民调解除应居安思危地巩固好传统性解纷范围外,还应未雨绸缪地做好向崭新性解纷范围快速拓进的准备。任何一种纠纷解决机制的存续资格都取决于其对拟化解之纠纷的适应性,面对传统性解纷范围的巩固压力和崭新性解纷范围的应对困难,在立法设定"就低不就高"的人民调解员遴选条件面前,注重内部挖潜的提高人民调解员的解纷能力成为最可靠的路径,培训则是这一路径的基本形式。然而,以往对人民调解员的业务培训整体上主要存在如下缺陷:(1)偏重对政策和法律法规的笼统解释而疏于对调解技能和成功经验的展示与分享;(2)缺乏通俗易懂、深入浅出以及有用性与精彩性兼具的培训形式;(3)培训时间短促、培训次数偏少、培训效果难以检测。对人民调解员的业务培训因为这些缺陷的长期存在与一体存在而具有极为浓厚的形式化色彩,这种短时无法减少的形式化色彩使对人民调解员的业务培训成为"官方不愿组织,培训者不想认真,人民调解员不愿参加"的尴尬事项,本来就已捉襟见肘的培训资源就这样令人惋惜地浪费。人民调解中人的因素最为重要,调解者的因素则是重中之重。为彻底扭转业务培训流于形式的现状以切实提高人民调解员的解纷能力,"将培训业务有针对性的外包给市场化、社会化的培训机构"和"采取现场分享、材料报道等因地制宜的方式最大化模范人民调解员的榜样作用"是当前作为业务培训之官方责任主体的县级司法行政部门应果断采取的可行之策。

---

① 崔纪华、陈俊生主编:《中华人民共和国人民调解法解读》,中国法制出版社2010年版,第2页。

## 三、重要条件:经费保障之国家责任的中央化与长效化

根据 2007 年财政部、司法部《关于进一步加强人民调解工作经费保障的意见》(财行[2007]179 号)的规定,人民调解工作经费包括司法行政机关指导人民调解工作经费、人民调解委员会工作补助经费和人民调解员补贴经费三部分。1954 年《人民调解委员会暂行组织通则》对人民调解是否收费未予以规定,但实践中的人民调解一直坚持不收费的传统。1989 年《人民调解委员会组织条例》第 11 条和《人民调解工作若干规定》第 8 条均明确规定了人民调解不收费制度。为吸引纠纷当事人愿意并主动利用人民调解以便基层矛盾纠纷能够被早发现、早化解,也为避免"不交费不受理,不交费不调处"的现象导致基层矛盾纠纷被搁置、扩大化、复杂化,以及为消除收费机制下相关机构与人员无法抑制的权力寻租动机,《人民调解法》第 4 条亦坚持"人民调解不收费"这一基本制度不动摇。此一规定视人民调解为公共服务的制度重申尽管不会对市场化的民间调解组织构成限制或致命打击,但态度明确的对采取市场机制来保障人民调解之工作经费的方案予以否定。

人民调解的风光不再与经费保障不足密切相关。人民调解组织锐减、人民调解员流失严重、人民调解功能日渐萎缩是人民调解之工作经费保障不力的必然后果。单纯的精神嘉许和微不足道的物质补贴在市场经济意识深入人心、公益理念尚极不普及的时代无法对人民调解员形成实质性激励,时有时无、时多时少甚至长期短缺的保障经费使得人民调解以组织化的方式化解民间纠纷越来越难直至形同虚设。在《人民调解法》制定之前,"谁设立谁负责"一直是确定人民调解工作经费保障之责任主体的原则。"近年来,由于县乡机构改革、税费改革和取消农业税等措施的实行,村(居)委会一级已经没有了经费

收入,所需费用由县级财政直供。"①县级财政的整体不理想以及费用下移过程中的成本支出使得作为人民调解委员会之主要设立主体的村民委员会和居民委员会所获得的经费普遍性的存在很大缺口,人民调解工作经费的保障由此遇到需采取系统性、复杂性及长期性政策调整方能克服的客观困难。既然市场化的收费机制已被立法所放弃,来自国家的外在输血成为解决这一客观困难的途径。所以,《人民调解法》第6条前半部分采用"国家鼓励和支持人民调解工作"的表述来展示人民调解工作经费保障的国家责任,但这种国家责任的确定并不意味着设立单位之经费保障责任的免除②。换而言之,《人民调解法》第6条和第12条的配合设计形成了国家和设立单位共同承担人民调解工作经费之保障责任的二元格局,这种格局的初步形成虽不能意味着对"谁设立谁负责"原则的彻底放弃,但足以构成对其的重大修正,"谁受益谁负责"的原则雏形已具、呼之欲出。从条文用语和官方解释中皆无法判断出何者应对人民调解工作经费的保障承担主要责任。考虑到当期国家财力的良好状况、设立单位普遍地有心无力或力不从心以及重振人民调解的紧迫性,笔者认为,国家应尽可能多地对人民调解工作经费的保障承担主要责任。

　　国家责任的承担有中央单独承担、地方单独承担和中央与地方共同承担三种模式。《人民调解法》第6条后半部分"县级以上地方人民政府对人民调解工作所需经费应当给予必要的支持和保障"除对人民调解工作经费之保障的内容与限度作出规定外,还创造性地对其责任主体为县(市、区)、市(地、州)、省(自治区、直辖市)三级地方政府予以明确。依规范解释的思维,可以直观且轻易地认定人民调解工作经

---

① 王胜明、郝赤勇主编:《中华人民共和国人民调解法释义》,法律出版社2010年版,第24页。

② 《人民调解法》第12条规定:村民委员会、居民委员会和企业事业单位应当为人民调解委员会开展工作提供办公条件和必要的工作经费。乡镇、街道以及社会团体或者其他组织参照设立人民调解委员会的,亦应按照该规定承担经费保障责任。

费保障的国家责任走的是地方化而非中央化的实现途径。这种责任具体化的路径在当前乃至将来需要借助间接性的中央化才能得到很好地实现。原因在于,1994年开始且至今仍在持续、以中央收取"西瓜税"和地方收取"芝麻税"为外观的分税制改革造成的收入上收效应在各级地方政府间层层传递,中央财政不得不使用转移支付的手段来弥补税收向上集中效应给地方财政带来的不断扩大的缺口。"由于转移支付的分配存在区域间的不平衡,使得地区间的财力差距不但没有越来越小,反而呈现出逐渐拉大的趋势。东部地区靠工业化、西部地区靠中央补助使得人均财力都有明显而迅速的增长,唯有中部地区基层政府、尤其是县乡政府的人均财力增长缓慢,也与东部与西部的差距越来越大。"① 人口稠密、以农业为主、基层矛盾纠纷此起彼伏的中部地区对包括人民调解在内的公共服务有着强烈需求,本已吃紧的地方财政肯定会顾忌轻重缓急而量入为出,即便被立法规定为硬性责任,人民调解工作经费的保障也不会得到应有的关照,拖延、截留、挪用、挤占此部分经费的情形注定不只是个例。不同地区在经费保障层面的差异直接导致人民调解实践的发展不平衡:或如火如荼,或表现平平,或勉强维持,或销声匿迹。在三级地方政府中,县级政府对人民调解工作负有最直接的经费保障责任。时常拆东墙补西墙、长期疲于应对、多以"吃饭财政"为很高目标的当前县级财政整体上的不理想,反向地导致人民调解工作经费保障的国家责任承担逐步走向中央化,这一变化在地方财政没有得到较为理想的改观之前会一直持续下去。中央化的责任承担方式必然带来对中央专项资金转移支付的强烈渴求,用途被严格限于提供公共服务的专项资金成为了地方政府保障人民调解工作经费的救命稻草。中央专项资金需经过"层层往上申请到评估、批复再到层层往下拨付"的复杂程序,但分配的随意性很大,"跑

---

① 周飞舟:《分税制十年:制度及其影响》,载《中国社会科学》2006年第6期。

部钱进"成为地方财政特别青睐的创收手段和地方政府的硬性考核指标。"这种风气和做法使得专项资金的分配流向那些能找会跑、能哭会叫的地区,而最需要的地区往往得不到足够的专项补助。另外更加严重的是,这种做法会加重设租寻租、找熟人拉关系的不正之风,对政府内部的行为模式会造成严重的危害。"① 常识性的财政原理告诉我们,专项资金的规模越大,地方财政的预算空间和变通空间就会越小,地方政府促进公共服务的意愿和改善基层治理的积极性就越小。争取专项资金的过程中无法节省的成本支出和专项资金下拨后地方政府由于资金使用约束严格而很可能出现的漫不经心与应付了事,会联合致使人民调解工作经费保障的实际效果接连打折。只有将人民调解工作经费列入旨在"保运转"(包括保证司法行政机关对人民调解的有效指导)、分配更为合理的一般性财力补助的范围,并辅之能够有效防止资金滥用的可行机制,才能使其借助中央财政的转移支付实现有力的保障。

### 四、根本保证:司法确认程序的备胎化与谦抑化

即时履行、自动履行是人民调解的传统特色和主要优势。人民调解协议之自动履行率动辄逼近或超过95%的官方统计数据尽管让人持有无法消除的怀疑,但足以让人确信人民调解协议之自动履行率比较稳定地维持在一个很高的水平,进而能够让人得知人民调解协议的反悔率远远没有达到可让"自动履行"这一人民调解之传统特色与主要优势受到实质性侵蚀的程度。不管当事人出于何种原因对人民调解协议反悔,都会造成民间纠纷经由人民调解解决的"功败于垂成",让相对方当事人从"希望之巅"猛然跌入"失望之谷",人民调解资源的无端耗费和人民调解员工作热情的挫伤都会由此发生。在诚信遭

---

① 周飞舟:《转移支付何以解救县乡财政》,载《南风窗》2006年第5期(下)。

遇普遍危机和信任遭遇严重缺失的社会环境中,"一粒老鼠屎会糟蹋一锅汤"的担心会轻易地导致人民调解协议非自动履行的消极后果被过度放大和不当高估。长久以来,这种立场可以理解但感性明显多于理性的估测颇有市场,以至于人民调解协议的效力被认定为人民调解的最大制度难题之一。为解决这一难题,最高人民法院2002年发布的《人民调解协议若干规定》第1条规定:经人民调解委员会调解达成的、有民事权利义务内容,并由双方当事人签字或者盖章的调解协议,具有民事合同性质。人民调解委员会的介入和积极作用使人民调解协议与一般民事合同区别开来。基于人民调解协议与一般民事合同不能简单等同地认识,《人民调解协议若干规定》对人民调解协议的效力定位使用了"具有民事合同性质"这一似是而非、模糊不清的表述。《人民调解法》第31条第1款采用与《合同法》第8条第1款相同的表述,将人民调解协议的效力界定为"具有法律约束力"。何为法律约束力以及法律约束力与合同效力之间是否存在本质差别,迄今仍存在解释上的分歧。为借此提高人民调解协议的效力层次和人民调解的法律地位,司法行政机关和部分学者倾向于把法律约束力解释为高于合同效力[①];为保证人民调解的民间性得以完美回归并有效遏制人民调整的司法化倾向,部分学者认为"具有民事合同性质"的表述和"具有法律约束力"的表述"在内涵上并未发生实质性的改变"[②],没必要一味地刻意强调人民调解协议的效力与合同效力的不同。其实,不管采取哪种立场来解释何为法律约束力,人民调解协议都不能直接成为强制执行的根据,人民调解协议之效力刚性不足的特点都不会消失。

在地方试点经验和司法解释的基础上,《人民调解法》第33条规定了人民调解协议司法确认程序,随后最高人民法院于2011年3月

---

① 如肖建国教授认为,合同效力只是人民调解协议的底线效力,法律约束力包括高于合同效力的其他法律效力。具体可参见胡钥:《肖建国:人民调解协议具有法律效力》,载《人民日报》2010年9月15日第18版。

② 赵钢:《人民调解协议的效力辨析及其程序保障》,载《法学》2011年第12期。

发布《关于人民调解协议司法确认程序的若干规定》,旨在通过人民调解与诉讼无缝对接的方式来提升人民调解协议的效力,为具有确定给付内容的人民调解协议转化为执行根据提供了程序机制,可以潜在的倒逼力量迫使义务人一方自动履行。尤其需要强调的是,在人民调解协议达成后才能启动的司法确认程序绝对不是人民调解协议生效的前置程序,因为根据《人民调解法》第29条第2款和第30条的规定,书面的人民调解协议自各方当事人签名、盖章或者按指印以及人民调解员签名并加盖人民调解委员会印章之日起生效;口头的人民调解协议自各方当事人达成协议之日起生效。人民调解的实效化必须更多地依赖于人民调解协议的自动履行,而不能更多地寄希望于司法确认程序及其之后的强制执行程序。原因一方面在于,司法确认程序的适用比率与社会诚信度以及基层治理良善化水平高低之间存在反比例关系。司法确认程序的适用比率越高,说明社会诚信度以及基层治理的良善化水平越低,有利于促进人民调解协议自动履行的条件就越得不到具备,此时若不在促成人民调解协议自动履行之条件具备的其他方面有所作为、知耻后勇而继续只迷恋司法确认程序的话,就会使得人民调解的长项迅速丧失并最终被诉讼所覆盖、所同化。另一方面在于,"必须依靠强制执行的调解协议,往往隐含着非自愿、恶意、滥用、不诚信、有失公平、错误等风险,难以达到调解追求的和谐、自主和双赢的目标"①。所以,司法确认程序只能被当成人民调解的"备胎",可以利用但只能在例外时利用;司法确认程序对于经由人民调解化解民事纠纷具有补充性、非常态性,尽量不利用或少利用这一程序应成为理智的选择。

司法确认程序具有诉讼支持人民调解的一面,也具有诉讼监督人民调解的一面。对司法审查之能度与限度的谦抑性拿捏必须慎之又

---

① 范愉:《〈中华人民共和国人民调解法〉评析》,载《法学家》2011年第2期。

慎,当前尤其要注意避免人民调解司法化的强化倾向。首先,程序启动应严格遵循被动性原则。《人民调解法》第33条以选择性的制度设计(使用虚词"可以")把"双方当事人认为有必要"和"共同申请"作为司法确认程序的启动要件,使申请司法确认成为当事人的法定权利而非法定义务,同时也否定了法院依职权启动该程序的资格。如此的设计除了再次倡导人民调解协议的自动履行和一如既往地体现人民调解的自愿原则外,还在入口方面为司法审查的介入设置了等待线或障碍墙。在等待线或障碍墙面前,法院应予充分克制,决不能以支持人民调解的"善意"之名行贬损、压制人民调解的逾越之实。其次,审查标准应作趋宽化把握。有效的人民调解协议以"当事人具有完全民事行为能力、意思表示真实、内容不违法"为要件。人民调解程序的正式性、严格性、规范性都明显差于诉讼程序,法院不能以诉讼程序的标准对人民调解协议进行挑刺式审查,而应以换位思考、身临其境的心态对人民调解协议进行呵护式审查,有原则、有底线地尽量确认人民调解协议全部有效或部分有效。因为人民调解协议被确认无效后,当事人尽管仍有可能与热情利用人民调解程序来化解彼此之间的纠纷,但这种较之以往更加脆弱的可能与热情很容易折断与消失,随之扩散性留给整个社会的不良印象会引发人民调解之吸引力的大面积塌方,人民调解的实效化也就无从实现。

# 医疗纠纷人民调解的实践模式及其启示

**本部分所涉规范性文件全简称对照表**

| 全称 | 简称 |
|---|---|
| 最高人民法院《关于民事诉讼证据的若干规定》(2001年12月6日通过) | 《民事证据规定》 |
| 《关于加强医疗纠纷人民调解工作的意见》(2010年1月8日颁布) | 《医疗纠纷人民调解意见》 |

医疗纠纷属于世界性难题,是指法律地位平等的医患双方对医方的医疗、护理行为和结果及其原因、责任在认识上出现分歧而引起的有关权利义务的冲突,主要有医疗技术损害纠纷、医疗伦理损害纠纷、医疗产品损害纠纷和商业性浓厚的医疗服务纠纷四类。与医方庞大惊人的门诊量相比,医疗纠纷的绝对数量很小,但其对秩序、社会关系的破坏力不可小觑,其消极效果与负面作用比较明显。医疗纠纷若长期得不到理性的化解,因看病难、看病贵导致的以医务人员为敌的病态性社会心理[①]便会持续与蔓延,医务人员的尊严感、安全感、职业成就感以及对攻克疑难杂症的动力感便会停滞在很低的水平,医疗秩序

---

① 2012年4月23日晚上,在转发有关哈尔滨医科大学附属医院医生被杀伤案后,腾讯网配发"读完这篇文章之后您心情如何"的调查,选择"高兴"的居然高达4018人,占当时参与人数6161人的65%;针对此案,当晚网易发表的一内容为"应该举国欢庆啊!鞭炮响起来!小酒喝起来!音乐开起来!"的帖子被顶5172次,占当时评论数近七分之一。这些数据说明,仇医、恨医已经成为一种社会心理,显然这种普遍性心理是不健康的,任其滋生的后果让人不寒而栗、不敢预想。

的紧张面会更大面积地蚕食,从而压倒医疗秩序的和谐面,医疗纠纷的刑事化会釜底抽薪地抵销掉为重建医疗秩序所做的各种努力。因此,正处于利益多元、矛盾叠加、纠纷多发之社会变革关键期的中国对医疗纠纷的化解不得不给予高度重视。当前,以切断介入的第三方与医方、卫生行政管理部门之间的利害关系来赢取生命力与口碑的医疗纠纷人民调解机制方兴未艾,各地的相关实践不尽相同。以当前医疗纠纷的主要特征为基点,对具有典型性的诸暨模式和宁波解法进行分析和阐释,有助于在制度运行和学术研究两个层面获得有益启迪。

### 一、当前我国医疗纠纷的主要特征

医疗纠纷诸特征的重要性不是一成不变的,随着时间的推移,有的提高,有的降低。囿于特定时空,概括提炼出医疗纠纷的主要特征,便于对医疗纠纷形成准确、清晰的认识与把握,进而可为分析和阐释医疗纠纷人民调解的实践模式提供智识上的支撑。笔者认为,当前我国医疗纠纷的主要特征包括如下几个方面:

#### (一) 发生的不可控性

医疗纠纷在发生层面的不可控性是由医疗损害的不可控性所决定的,而医疗损害的不可控性和传统医学难题的众多性、医学发展的未知性与渐进性、医疗过程的多样性、医疗结果可理解度的偏低性、医务人员认知水平的相对有限性、患者疾病机理的复杂性、患者体质的个别差异性这些综合性的因素紧密关联。整体来看,医疗行为与疾病好坏之间因果关系的必然性被社会公众不当地高估,不小的偶然性却被非理性地忽视。此一状况致使医疗行为的效果与患者一方的预期之间时常不出意料地出现或大或小的距离。面对如此距离,患者一方对医疗损害构成要件及责任的判断并不更多地严格依照规范性法律文件进行,而是更多地主观性依照医疗损害是否存在、程度轻重、损失多少来进行。概括而言,正是医疗行为实际效果与预期效果之间的偏离和医疗损害判断依据的不同导致医患双方的相关认知呈现难以消除的差异性。这种差异性认知以外在化的方式表现为"利益冲突",便会使得医疗纠纷的发生成为客观性事实。

（二）社会化的极易性

医疗纠纷发生后,医患双方借助自身的力量通过提醒、唤醒、压服、和解这四种方式实现纠纷的自我解决,无疑是不错的选择。然而,"医患双方主观上已展开的实质性对抗"让提醒首先退居幕后;"医疗纠纷成因的非道义性"让唤醒继而难为"无米之炊";"医方不具备暴力性强制力量"让压服进而失去哪怕丁点的用武之地;"患者臆测医方敛财、医方臆测患者闹事的趋恶假定所诱发的信任匮乏"让和解这种最具制度建设意义的自我解决方式最终也束手无策。

当没有中立第三方介入的自我解决方式均不能奏效时,医疗纠纷的社会化便不可避免。医方选址多在城区中心位置,毗邻交通繁忙、商业繁华地带,医疗纠纷的社会化易引发严重影响社会秩序的群众围观。医疗纠纷的社会化引发的对医方场所三番五次的冲击①和对医务人员并不鲜见的杀伤②,构成对医疗秩序的严重破坏,医疗职业对从业人员的吸引力因此大幅削减。依常理推断,医方应积极尽力地避免医疗纠纷的社会化、扩大化。但"刻意让步即认错,息事宁人即理亏,道义补偿即心虚"之有错推定逻辑的大行其道、"患者恒定为弱势一方,医方恒定为强势一方"之大众看法的难以撼动、"不加区分的同情弱者"之社会心理的根深蒂固、"人人都可能成为患者,此纠纷中患者面

---

① 中国医院协会2006年针对全国200家医院进行的调查表明:违规停尸53起,聚众冲击医院67起,打砸损害医院财物97起,攻击威胁医生207起,围困医院领导119起,黑社会介入21起。详见《我国5年增加近七千起医闹事件 黑社会介入谋暴利》,中央电视台《新闻1+1》栏目2012年5月2日完成台本。

② 2012年3月23日下午4点左右,犯罪嫌疑人李某某在哈尔滨医科大学附属第一医院行凶,致医护人员一死三伤,死者为刚被录取为博士生的28岁实习医生王浩;2012年4月13日,北京大学人民医院耳鼻喉科医生邢志敏和北京航天总医院医生赵立众被人刺伤;2012年4月20日,书画家王宝洺因2011年9月15日中午持菜刀将同仁医院耳鼻喉科医生徐文连砍18刀被北京市第二中级人民法院以故意杀人罪判处有期徒刑15年。

对的一切,明天你都可能面对"之普遍意识的深入人心、"大闹大赔,小闹小赔,不闹不赔,有闹必赔"之奇怪现象的由来已久与强势持续、以追求眼球效应为依归之媒体报道的倾向性恶意炒作与不恰当声援以及医闹队伍的职业化、规模化、专业化,使得医疗纠纷的社会化成为易如反掌之事。

(三) 原因事实的竞合性

医患双方都得尊重对方意志的自主性,任何将自己的意志强加给对方的做法都不具备法律上的正当性。患者可以自主地选择医方,医方在未经患者一方同意的前提下原则上不得实施任何诊疗行为。这些核心要素说明医患法律关系在本质上属于平权型法律关系,而非隶属型法律关系。作为以主体地位平等为基本表征的民事法律关系,医患法律关系通常表现为患者一方对医方的债权请求权,此种债权请求权可能基于合同而发生,也可能基于侵权而发生。从过程上看,患者一方就诊和医方同意接诊与合同成立需经过的要约、承诺之要件相符合,承担各项医疗费用是患者一方的主要合同义务,提供相应的医疗服务是医方的主要合同义务,尽管这种合同多不具备书面性且医患双方的权利义务多不具备合意性;从结果上看,作为高度注意义务的负担者,医方理应为医疗过程中违反此义务而产生的损害承担赔偿责任。由于医疗行为、医疗损害皆是过程与结果的高度结合,所以医疗纠纷的发生原因具有二元性,违约和侵权作为医疗纠纷的原因事实都不会缺席,可能的医方责任便会出现违约责任与侵权责任的竞合,患者一方便会获得确定其诉求之性质、范围、保护手段的自主权利。

(四) 化解依据的渐趋合理性

在《侵权责任法》于2010年7月1日施行之前,化解医疗纠纷的实体法依据中先后出现了《医疗事故处理办法》(1987年6月29日发布,2002年9月1日失效)和《医疗事故处理条例》(2002年9月1日生效,其中第五章"医疗事故的赔偿"因《侵权责任法》的施行而废止)

两部行政法规。这种状况使医疗纠纷不得不被区分为因医疗事故引起的医疗纠纷和因医疗事故以外的原因引起的医疗纠纷。前者按行政法规的规定处理,鉴定由鉴定委员会或医学会组织,赔偿标准较低;后者按《民法通则》和司法解释的规定处理,鉴定由司法鉴定机构组织,赔偿标准较高。行政法规借"授权立法"的名义长期作用于医疗纠纷的处理,没有实现医患之间的利益平衡,医方却由于相关的规则设计获得了不当的倾斜性关照,医疗纠纷处理的实体法适用长期陷于混乱、争议之中,法律规则在化解、预防医疗纠纷方面扮演的角色令人失望。《侵权责任法》第七章对"医疗损害责任"予以专门规定,以是否由医疗事故引起为标准对医疗纠纷进行类型区分的价值因此大为降低,医疗纠纷由行政法规和民法共同规制的时代因此得以终结,"侵权责任属于民事基本制度,不得由行政法规加以规定"[①]的立法原则被借此加以庄严宣示。另外,《侵权责任法》通过规定医方说明并征得书面同意的义务(第55条)、尽到与当时的医疗水平相应的诊疗义务(第57条)、认定医疗机构有过错的三种情形(第58条)以及规定医方的三项免责事由(第60条),采取"过错客观化"的方法,放弃了《民证据规定》第4条有关医疗侵权诉讼实行证明责任倒置的先前方案,为医疗纠纷的处理提供了更为明确、更具操作性的证明责任分配规则。

## 二、医疗纠纷人民调解的实践模式

从机构的设立时间上看,虽然浙江诸暨与宁波推行医疗纠纷人民调解机制要比江苏苏州和陕西省略晚[②],但从规则建设、运行状况与效

---

[①] 梁慧星:《侵权责任法相关规定的理解与适用(下)》,载《人民法院报》2011年9月28日第7版。
[②] 苏州和协医疗纠纷调解中心以非营利性中介机构的独立法人身份设立于2006年8月1日。山西省医疗纠纷人民调解委员会以全国首家省级医疗纠纷调解专业机构的名义设立于2006年10月12日。

果、可资学术分析的材料、外在评价来看，诸暨与宁波的做法更具研究价值。

（一）诸暨模式

2008年10月17日、23日，浙江诸暨市先后以诸政发［2008］55号、政府令第30号发布《诸暨市人民政府关于建立诸暨市医疗纠纷人民调解委员会的工作意见》《诸暨市医疗纠纷预防和处置暂行办法》，为诸暨市医疗纠纷人民调解机制的构建提供了规范性依据。由诸暨市司法局负责组建的医疗纠纷人民调解委员会（以下简称"医调会"）于2008年12月1日成立，有专职调解员3名，兼职调解员27名，聘有市内外医学专家30名和法学专家23名。其中，担任主任的专职调解员斯友全拥有法律职业资格和主治医师职称、从事过卫生管理和信访工作，另两名专职调解员分别为具有丰富民间调解经验的退休司法所长和具有较好医学理论知识与文字处理能力的医学院校毕业生；兼职调解员均为乡镇街道调委会和综治中心负责人。医调会工作经费和调解员工资、专家补贴由诸暨市财政保障。医调会有专门的办公场所和专用车辆，2010年上半年迁至位于诸暨市人民法院对面的新址，有近200平米的面积。医调会不收取医患双方的任何费用，赔偿金、补偿金由作为第三方的医调会从医疗风险金中即时支付，不但可防止调解协议达成后医患双方因履行、反悔等原因而产生新的利益冲突，而且可通过避免经营成本等额外支出来确保有限的医疗风险金全额用于医疗纠纷的赔偿、补偿。医疗风险金由诸暨市卫生局按"以收定支、收支平衡、保障适度"的原则组织实施，全市各类医疗机构及其职工共同参加，医疗机构按年业务收入和职工人数缴纳，分机构账户和统筹账户，医方的赔偿、补偿款项先从其机构账户列支，超过部分再由统筹账户补足；医方赔偿、补偿超额的，取消其先进评选资格、实行考评扣分并提高下一年度的医疗风险金缴纳比例。截至2011年6月底，医调会共受理医疗纠纷540件，调解成功514件，赔偿、补偿总金额为

840.2万元,其中医方承担责任的411件,医方不承担责任的103件①,取得了"患者信任、医院平安、政府满意"的良好社会效益,诸暨医调会因此被评为2010年全国模范人民调解委员会。

  结合去粗存精、去伪存真后的各种调研材料,笔者认为,医疗纠纷人民调解的诸暨模式得以形成并良好运行的核心条件在于:(1) **医调会的中立立场**。位于诸暨的医疗机构绝大多数属于公办性质,它们的人、财、物由卫生局管理,它们与卫生局之间利害攸关、利益关联。患者一方对其作为医疗纠纷行政调解的主体并不信任,通常持强烈怀疑的态度和严重对抗的心理。非中立性使卫生局主持的行政调解在化解医疗纠纷方面的有效性大打折扣,而医调会与医患双方均利益无涉,辅之其民间性、专业性、公益性,能够及时了解医疗纠纷的有关信息、缓解或消除医患双方的对抗情绪,防止医疗纠纷的扩大化并实现权威且妥当的化解。(2) **物质和人员的充分保障**。诸暨经济繁荣、民殷商富、产业发达、活力充沛,居福布斯中国大陆最佳商业城市第15位,2010年居全国县域经济基本竞争力第13位,地方财政收入十分可观。对于医疗纠纷人民调解这一有益于"保障医疗安全,维护医疗秩序"的机制,诸暨官方愿意并能够从办公场所、车辆、经费、人员编制等方面给予充分的物质性保障。另外,作为医调会的主任,斯友全的过往工作经历、职业资格、说理能力、奉献精神、廉洁自律意识除了有利于从"是否该赔、该赔什么、该赔多少、为何赔"的角度使绝大部分的医疗纠纷贴着"魅力解决"的标签实现"调结事了",还有利于防止医疗风险金支付过程中可能出现的权力寻租和大额医疗纠纷自我解决中可能出现的国有资产流失。此后一项益处值得强调,理由在于:(1) 针对医疗风险金是否支付、支付多少、如何支付等问题,在既有的制度框架内医调会主任拥有几乎很难进行有效监督的权力,如不严格

---

① 余钊飞:《人民调解的历史形成研究》,西北大学出版社2011年版,第195页。

自律,其完全可以通过自己作为或合伙作为的方式谋求不当利益。(2) 根据《诸暨市医疗纠纷预防和处置暂行办法》第 25 条第 1 款的规定,医疗纠纷发生后,双方可以向医调会申请调解;赔偿金额可能在 1 万元以上的,医疗机构应当申请医调会主持调解。根据这一规定,针对赔偿金额可能在 1 万元以上的医疗纠纷,医方与患者一方之间进行"私了"的资格受到剥夺,廉洁公正的医调会主任通过调解过程中的严格把关可让医患双方通过恶意串通就高额赔偿达成合意进而侵占国有资产的做法成为"用叉子喝汤"的不可能之事。可以说,对于诸暨医疗纠纷人民调解取得的成绩,斯有全主任的出色表现发挥了举足轻重的作用,所以在其退休之前尽快寻找到合适的替代人选十分必要。(3) **医疗风险金的有效筹集与使用**。医疗风险金制度旨在以互助共济的方式在卫生系统内部分担医疗责任风险,以诸暨全市的医疗安全态势整体平稳和总赔偿、补偿数额不是很高为前提条件。这两个前提条件如果不同时得到满足,医疗风险金的筹集就不会得到医疗机构的支持。"奖励结余,惩戒超额"的年度考核办法在制度上可保证医疗风险金总额的异常性增加和激励、鞭策医疗机构强化内部管理与安全意识以降低医疗风险。

(二) 宁波解法

《宁波市医疗纠纷预防与处置暂行办法》以宁波市政府令的形式于 2007 年 12 月 12 日颁布,并于 2008 年 3 月 1 日起实施。2011 年 8 月 31 日,《宁波市医疗纠纷预防与处置条例》在宁波市第 13 届人民代表大会常务委员会第 34 次会议上获得表决通过,在全国开医疗纠纷人民调解机制为地方性法规所确认之先河。宁波市及下辖各县(市)区的司法行政部门会同卫生等有关部门指导当地有关社会团体、组织设立医调会,医调会与卫生行政部门之间不存在隶属关系。宁波市医调会于 2008 年 2 月 29 日挂牌成立。医调会由委员三至九人组成,医疗纠纷人民调解员由医调会委员和医调会聘任的人员担任并且以"为人公道、品行良好,具有医疗、法律、保险专业知识和调解工作经验,并热心人民调解工作"作为遴选条件。医调会可吸收公道正派、热心调解、群众认可的社会人士参与调解和建立由医学、法律等专业人士组成的专家库,调解医疗纠纷不收取费用,工作经费由本级人民政府保障。宁波市的公立医疗机构必须参加医疗责任保险,其他医疗机构可自愿参加,医疗责任保险费从医疗机构业务费中列支。截至2010年12月底,位于宁波的医疗责任保险参保医院达221家,其中民营医院有4家。① 医疗责任保险共保体由人保、太保、大地、平安四家财产保险公司的宁波分公司组成,以人保财险宁波分公司为首席承保人,承保项目以医疗责任保险为主、兼及其他,保险范围覆盖包括但不限于医疗事故的所有医疗纠纷。共保体按照"保本微利"原则合理确定保险费率,根据不同医疗机构历年医疗纠纷的发生情况实施差异费率浮动机制,结余转为下一年的赔付准备金。共保体下设配备专职人员的医疗纠纷理赔处理中心,该中心的运作成本从医疗责任保险总额中依固定比例提取。针对索赔金额为1万元以上(不含1万元)的医疗纠纷,在进入人民调解程序前,保险机构有权利在其专用接待场所参与协商处理,医疗纠纷协商处理的场所可在短时间内由医院内移至医院外;在进入人民调解程序后,医调会有通知保险机构参与处理的法定义务,保险机构参与医疗纠纷人民调解时可调查与理赔相关的事实、收集与理赔相关的票证,加快理赔进度,进而可缩短医疗纠纷人民调解协议的履行时间。自2008年3月至2011年8月,宁波两级医调会共受理医疗纠纷2213起(涉及死亡462起),所涉索赔金额为2.0768亿元,调解成功1812起,成功率为89.6%,实赔金额为5929万元。医疗纠纷人民调解机制在宁波实施以来,公安机关介入医疗纠纷的次数、医疗机构被砸次数、医务人员被打人数均出现了很大幅度的下降。

---

① 赵晓菲:《"宁波解法"小试牛刀 医患纠纷调处成功率79.8%》,载《证券日报》2011年2月24日第C2版。

医疗机构参加医疗责任保险后,与保险机构之间形成保险法律关系,在保险法律关系存续期间,相对于患者一方"获赔、多赔"的诉求,医疗机构和保险机构则持无根本分歧的"不赔、少赔"立场,因为"不赔、少赔"的趋利目的实现后,医疗机构以后可以少缴纳保险费,保险机构可以多获得利润。保险机构代理或协助医疗机构参加医疗纠纷的人民调解,能够以其专业化工作来保证赔偿标准的统一化与透明化,使相同、相似、相近的医疗纠纷得到相差无几的赔付,可有效防止国有资产的无序流失。作为起步明显偏晚、运营经验严重匮乏、利润率相对偏低的险种,医疗责任保险能被引入"宁波解法",与宁波作为副省级城市、计划单列市、浙江经济中心之一的较大城市规模和2010年就已拥有床位26097张、执业医师(含助理)17237人的较多医疗资源不无关系。尽管不将参加医疗责任保险作为医疗机构开展业务的先决条件,但宁波官方先后通过规范性法律文件强制公立医疗机构参保、鼓励其他医疗机构参保,为保险机构在收取保费方面提供了一个可观的基本面。保险机构通过限定个案理赔和累计理赔的额度,外加医疗纠纷保险理赔处理中心的运作成本从保费中提取,避免了无利可图或亏损局面的出现。保险机构为追逐尽可能多的利润,可能采取"在个案中过分压低赔付额度"和"不合理确定保险费率"的方法;前一方法会影响医疗纠纷人民调解协议的自动履行率,降低患者一方的满意度;后一方法会降低自愿参保之医疗机构的参保意愿,迫使医疗机构将保费负担不当的转嫁给患者。当"仅强调保险机构之社会责任的作法不具有持久性"的常理被明确认知后,如何让保险机构在"保本微利"的底线之上持续性地拥有参与医疗纠纷人民调解的热忱,是宁波解法进一步完善中不得不依靠更大智慧加以思虑的事项。此外,在诸多的非公办医疗机构参加医疗责任保险比例极低的情况下,医方为非公办医疗机构的医疗纠纷之人民调解的效果如何保证,成为需要宁波方面付出更多心力加以破解的难题。

## 三、启示:纠纷解决与区域差异

### (一)欲速则不达:忽视区域差异之划一型官方推动的可能后果

民事诉讼与行政调解是医疗纠纷公力解决的两种方式,但前者因周期长、费用高、举证困难而不为患者一方首先选择,后者因卫生行政部门的中立性备受质疑而普遍难如人意。"诸暨模式"和"宁波解法"很好地展示了医疗纠纷解决实践中的"官退民进",在这两种模式中,医调会的民间性置换了民事诉讼和行政调解的国家性,社会力量代替国家力量成为了医疗纠纷得以化解的力量源泉。既然依靠自己的亲力亲为无法在医疗纠纷解决方面提供合格的公共产品,且向外依靠社会力量需提供的物质性资源与能够预期获得的诸如减少乃至消除因医疗纠纷引起的群体性事件等收益之间很成比例,权力部门为获得不菲的官方利益,就会产生推动医疗纠纷人民调解的意向并乐意将这种意向变为现实。所以,医疗纠纷人民调解机制在短时间内完成了由地方试点到全国铺开的跨越。2010年1月8日司法部、卫生部、中国保监会以司发通(2010)5号的名义联合发布《医疗纠纷人民调解意见》,从"改善民生,促进和谐"的政治性角度诠释医疗纠纷人民调解机制的价值。自2011年1月1日起施行的《人民调解法》第34条对包括医调会在内的专业性人民调解组织的设立及其活动作出了准用性规定,医疗纠纷人民调解的实践经验实现了由地方政府令到地方性法规、部门规章再到基本法律的提升,全国性正式立法使医疗纠纷人民调解的成果得以顺利的固定与保全,这一耗时不足三年的制度化历程充分说明以诸暨模式和宁波解法为代表的实践模式对于化解医疗纠纷的针对性、有效性和社会认可度。在"发展是硬道理,稳定是硬任务"的宏观治理策略之下,纠纷解决的即时化与矛盾化解的在地化格外重要。所以,医疗纠纷人民调解之实践模式经由立法表达出的制度理性将很快被共识性的认知,大量的实现资源将被予以配置。

作为联合性部门规章,《医疗纠纷人民调解意见》特别申明医疗纠纷人民调解组织的设立应遵循"因地制宜、循序渐进,不搞一刀切"的原则。这说明作为该规范性法律文件之主导性制定者的司法部清醒地意识到,限定设立时间、统一设立标准与机制构造的做法具有很大的局限性。然而,卫生部却硬性要求各地2010年底必须启动医疗纠纷人民调解和医疗责任保险工作,否则在平安医院考评中实行一票否决、取消地方卫生行政部门的系统内评优资格,以行政力量自上而下地强力推动医疗纠纷人民调解组织在地方的普遍设立。关于医疗纠纷人民调解机制在各地的构建,司法部强调区域差异的平和举措与卫生部强调划一推进的强硬举措之间形成鲜明对比和强烈反差,维护部门利益并争夺制度运行所需之支撑性资源的轮廓已然存在并愈发清晰。在实现制度化之后,能否妥当地控制乃至消弭部门之争,将实质性地决定着医疗纠纷人民调解机制的规范化程度和实效化水准。

2011年12月7日至8日,卫生部、中央综治办、公安部、司法部、中国保监会联合召开的全国医患纠纷调处工作经验交流会透露:截至2011年10月,全国已成立医疗纠纷人民调解组织1358家,实现地市级以上全覆盖,县级覆盖面达到73.8%。据不完全统计,2011年1月至10月,全国医疗纠纷人民调解组织共调处医疗纠纷14976起,其中调处成功12218起,调处成功率81.6%,调解满意率达95%以上。① 这些数字固然可喜,但背后隐藏的如下问题不能视而不见:(1)**适格人才的匮乏会影响医疗纠纷人民调解的有效性**。适格的医疗纠纷人民调解员须同时符合"心"和"力"两方面的条件,前一条件是指"热心调解事业",后一条件是指"具备医学、法律方面的相关经验与能力"。现实情况却是:有心无力者很多,有力无心者不少,心力兼具如诸暨医调会主任斯友全者稀缺。目标意在覆盖全国的官方推动难免在起初

---

① 徐盈雁:《全国成立医疗纠纷人民调解组织1358家》,载《检察日报》2011年12月9日第1版。

阶段就会普遍性遇到人才的短板,而人才的因素最终决定着医疗纠纷人民调解机制是否会流于形式。**(2) 经费保障的无力会使医疗纠纷人民调解步履维艰**。"诸暨模式"和宁波样本之所以成绩斐然,离不开两地官方基于良好的财政收入而给予的充足经费保障。尽管医调会的工作经费可通过社会捐赠、公益赞助等合法渠道筹措,但其在很长一段时间内还得主要依靠同级财政拨款。《医疗纠纷人民调解意见》要求医调会的工作经费由设立单位解决,经费不足的,由各级司法行政部门争取补贴。地方财政收入不错的广东惠州由于运行经费无法解决而耗费两年未能将2009年就已提出的构建医疗纠纷第三方调解机制的计划付诸实践的例子[①],说明在地方财政收入吃紧的广大地区,缺乏刚性的既有经费保障模式会使不少医调会面临"有奶便吃,无奶饿着"的窘境。**(3) 医疗责任保险的不平衡发展会降低医疗纠纷人民调解协议的自动履行率**。目前,医疗责任保险在我国尚不是强制性险种。基于对国有资产的监督与管理职能,权力部门可正当性地强制公立医疗机构参保;而针对越来越多的非公立医疗机构,权力部门若强制其参保,则不具有法律依据。在医疗责任保险被立法规定为强制性险种之前,公立医疗机构的参保比例远高于非公立医疗机构的整体状况很难得到明显的改变。也就是说,当医方为非公立医疗机构时,通过医疗责任保险来保证医疗纠纷人民调解协议之自动履行率的机制就不能被寄予全部的希望。另外,城市规模更大、医疗资源更为丰富、保险业务更为发达的宁波走商业色彩极浓的医疗责任保险之路,而城市规模偏小、医疗资源相对有限、保险业务有待发掘的诸暨采传统色彩极浓的医疗风险金之法,对比性地展示了当前推行医疗责任保险须重点考虑城市规模的大小、医疗资源的丰富程度和保险业务的发达水准而有所为、有所不为,否则会出现过犹不及或半途而废的结果,致使

---

① 钟伟连、张昕:《成立第三方调解机构 编制经费成难题》,载《广州日报》2011年8月11日第HC02版。

赔付资金不足,进而会导致医疗纠纷人民调解协议之自动履行率的降低和司法确认程序①之启动率的增加的情况。依赖司法确认程序来有效实现医疗纠纷人民调解协议之内容的频率次数越多,司法确认程序就越可能由"例外之策"转化为"常规之策",这种转化与立法者"备而不用"或"备而少用"的制度创设初衷背道而驰。

身为医疗机构的管理者,卫生部对医疗纠纷带来的负面后果有切肤之感,其对妥当化解医疗纠纷之机制的期望比其他权力部门更为强烈,其以极大的热情、略显操之过急的划一型推动这一机制的动机可以理解、值得肯定。笔者指出这一不考虑区域差异之做法可能存在的问题与风险,意不在否定与批评,而在防止难题克服过程中时常出现的"好心办不成好事"和"出力不讨好"的现象,期待大量资源的耗费能够换来医疗纠纷的有效破解。

(二)慎之又慎:实地调查之样本选择的应然态度

在我国,2000年以来针对诉讼万能主义的检讨性反思从未间断、次第深入,解纷机制须与纠纷类型相适应的观念深入人心、几成共识,建立健全多元化纠纷解决机制的尝试如火如荼、日趋理性。与之相随,纠纷解决学逐渐从诉讼法学、仲裁法学、人民调解法学、律师法学等部门法学中剥离出来,成为一门综合性和实践面向更强的新兴交叉学科,并产生了不少代表性成果,如范愉的《纠纷解决的理论与实践》(2007)、左卫民等的《变革时代的纠纷解决:法学与社会学的初步考察》(2007)、徐昕的《迈向社会和谐的纠纷解决》(2008)、赵旭东的《纠纷与纠纷解决原论——从成因到理念的深度分析》(2009)以及范愉、李浩的《纠纷解决——理论、制度与技能》(2010)。时至今日,纠纷解决学若想获得更好的独立品格,就得注意保持其与规范法学之间的一

---

① 根据《人民调解法》第33条的规定,经人民调解委员会调解达成调解协议后,双方当事人认为有必要的,可以自调解协议生效之日起30日内共同向人民法院申请司法确认,人民法院应当及时对调解协议进行审查,依法确认调解协议的效力。人民法院依法确认调解协议有效,一方当事人拒绝履行或者未全部履行的,对方当事人可以向人民法院申请强制执行。

定距离,就得将更多的精力放在现象解释和事实关注上,并且离不开归纳推理的方法和实地调查的途径。

归纳推理在量的方面需要较大规模之上、尽可能多的经验事实,否则就很可能导致结论的不周延。获得经验事实的途径虽具有多样性,但实地调查整体上无疑是可依赖性最高的。样本的科学选择至关重要,因为它直接决定着实地调查的效果有无及好坏。同为有效化解医疗纠纷,同处经济发达的浙江东北地区,诸暨和宁波的做法却截然不同。这说明,实地调查之样本的选定不仅要宏观地考虑东部与中西部间的差异、经济发达地区与经济欠发达地区间的差异、城乡区域间的差异,还要微观地考虑同一地区内部的差异。不经谨慎考量而确定实地调查的样本,会带来研究成果的说理无力,会削弱乃至动摇纠纷解决学对现象事实的解释力与概括力。即便是慎重地确定了实地调查的样本,研究者对由此得出的成果也不能过于自信或长时间地不加修正,因为未知样本可能存在、已知样本可能变动。

# 人民陪审团制:在能度与限度之间

**本部分所涉规范性文件全简称对照表**

| 全称 | 简称 |
| --- | --- |
| 《中华人民共和国民事诉讼法》(2012年8月31日通过) | 《民事诉讼法》 |
| 《中华人民共和国行政诉讼法》(1989年4月4日通过) | 《行政诉讼法》 |
| 《中华人民共和国刑事诉讼法》(2012年3月14日通过) | 《刑事诉讼法》 |
| 全国人民代表大会常务委员会《关于完善人民陪审员制度的决定》(2004年8月28日通过) | 《陪审决定》 |
| 河南省高级人民法院《关于开展人民陪审团制度试点工作的意见(试行)》(2010年3月下发) | 《河南人民陪审团意见》 |

2009年2月17日,河南省高级人民法院审理梁红亚死刑上诉案时首次组织人民陪审团参加庭审,开全国之先河。2009年6月,河南省高级人民法院制定《关于在刑事审判工作中实行人民陪审团制度的试点方案(试行)》,在郑州等6个地市的两级法院进行试点;截至2010年3月,各试点法院组织人民陪审团审理刑事案件107件,其中郑州15件,开封33件,新乡4件,商丘39件,驻马店12件,三门峡4件。2010年3月25日,河南省高级人民法院人民陪审团试点工作现场会暨"制度创新年"活动动员会在开封召开,并下发《河南人民陪审团意见》,决定在河南全省法院全面开展人民陪审团试点工作,要求河南省高级人民法院各刑事审判庭试行人民陪审团审理刑事案件不少于5件,中级人民法院不少于10件,基层人民法院不少于5件,至2010年底河南全省法院刑事审判中要普遍试行人民陪审团。截至

2010年5月,河南全省已有122个法院组织人民陪审团来审理复杂、疑难案件361件,其中95%的案件实现了服判息诉,案件适用范围已由刑事审判领域扩充到民事审判和行政审判领域,人民陪审团成员库的人数已增至15万人。①

人民陪审团自试点之初便轻易的引发了至今仍不绝于耳的争议。有学者从模式选择的紊乱、功能定位的模糊、陪审员构成的单一、被告人选择权的丧失、适用审级的随意性和配套机制的缺位六个方面对人民陪审团试点进行了质疑。② 如果质疑者持更多的时间和更大的耐心来客观地观察人民陪审团的运行状况而不是在试点初期就急不可耐地予以否定,如果质疑者能更为清晰地认知到开展人民陪审团试点的背景以及这一试点对周边制度的触动和牵引作用,那么其很多批评冲动和不满情绪就会被理性的化解在无形之中。以河南省法院系统的试点资料为研究素材,阐释人民陪审团对合议制、人民陪审员制之不足的有效补正及其限度,有利于科学地评估和推动人民陪审团的制度建设。

## 一、人民陪审团制对合议制之不足的有效补正

### (一)理顺审判委员会与合议庭之间的法定关系以助益合议庭功能的实在化

在我国当前的制度框架内,审判委员会与合议庭之间是监督与被监督、指导与被指导的关系。在这种关系模式下,合议庭必须服从审判委员会针对重大复杂疑难的案件所形成的意见并以自己的名义对外作出裁判,由此相伴产生"审者不判,判者不审"的弊端。而这一弊端成为多年来论证"合议庭形同虚设"以及"审判委员会应予取消"的主要依据之一,尽管审判委员会的意见占结案意见的比例并不如想象

---

① 邓红阳:《本报专访河南省高院院长张立勇》,载《法治周末》2010年6月10日第2版。
② 汪建成:《非驴非马的"河南陪审团"改革应当慎行》,载《法学》2009年第5期。

中那么高。① 当承办法官与审判长之间、合议庭与庭长之间、合议庭与法院领导之间、合议庭与法院外的力量之间存在的分歧无法通过博弈加以消除时,将案件提交审判委员会讨论就成为合议庭规避风险、移转职责的有效途径。审判委员会因此被动的成为合议庭趋利避害的工具性盾牌,合议庭将部分复杂疑难案件提交审判委员会讨论这一行为的权利义务一致性因此全部外现为权利性,合议庭在将案件提交给审判委员会后收获的往往是如释重负的解脱和冷眼旁观的快慰。

时至今日,探寻有效措施以助益合议庭功能的实在化,乃共识久成、刻不容缓之事项。在此背景下,已深陷存废争议之漩涡且身兼多项职能的审判委员会在面对合议庭提交其讨论的案件时早就没有了如获至宝的感觉和跃跃欲试的冲动,取而代之的则是满面愁容的无奈和有苦难言的厌恶。于是,合议庭开启案件提交程序的权利性、随意性和审判委员会讨论决定部分复杂疑难案件之行为的义务性、不可推卸性,使得审判委员会实质性分割裁判权的状况事与愿违地呈不断强化的态势。面对这种让其疲于应付且无法摆脱非议的态势,在法院内部基于领导角色而拥有巨大影响力的审判委员会无法容忍合议庭随意开启案件提交程序的经常举动,相应的限制性内控措施普遍存在。然而,案件提交程序背后隐藏着的诸多收益以及现行法对案件提交程序这一通道的制度化确认和法定性保留,会激励合议庭在惨烈紧张的竞争氛围和压力重重的职业环境中针对限制性的内控措施采取经常性的反制行动。在审判委员会限制与合议庭反限制之间日复一日的拉锯中,应当提交审判委员会讨论的案件没有提交,不应当提交审判委员会讨论的案件却予以提交,审判委员会与合议庭之间的法定关系出现了畸形。

---

① 如某县法院 2001 年至 2005 年适用普通程序审结的 1772 件案件中,以审判委员会的意见为结案意见的为 56 件,只占 3.16%。参见廖永安、李世锋:《我国民事合议制度之运行现状》,载《社会科学》2008 年第 4 期。

若想真正顺理审判委员会与合议庭之间的法定关系并促使合议庭的功能彻底走向实在化，必须严格、合理地确定应当提交审判委员会讨论之案件的范围并使之具有可操作性。在此点上，人民陪审团制从如下两个方面进行了尝试：（1）以"重大、复杂、疑难"为组织人民陪审团参加庭审的案件确定标准并将此抽象标准予以具体化。根据《河南人民陪审团意见》第6—8条的规定，对于有重大社会影响的刑事案件、涉及群体性利益的刑事案件、当事人之间矛盾激化且影响社会和谐稳定的刑事案件、人大代表或政协委员以及媒体重点关注的刑事案件、当事人多次申诉或重复上访的刑事案件、被告人或其辩护人作无罪辩护并提供一定证据或依据的刑事案件、因婚姻家庭邻里纠纷引发且可能对被告人从轻处罚的刑事案件、当事人申请人民陪审团参加庭审的刑事案件、其他适宜人民陪审团参加的刑事案件和重大、复杂、疑难的行政案件以及当事人之间矛盾激化或媒体重点关注的民商事再审案件，法院可以组织人民陪审团参加庭审。不难发现，人民陪审团制适用的案件范围与审判委员会有权讨论决定的案件范围具有一致性，二者均以"重大、复杂、疑难"为抽象确定标准；适用人民陪审团制的刑事案件和民事案件之范围的确定都实现了抽象性和具体性的良好结合。适用范围之确定标准的具体化相当于以限缩解释的方法把在案件审理中组织人民陪审团参加庭审的可操作性整体上予以了较大幅度的提高。如此一来，虽然人民陪审团制在案件适用范围的确定标准方面没能彻底、完美地克服提交审判委员会讨论的案件之范围确定的主观性和随意性，但其将审判委员会和合议庭之间可能进行拉锯的余地进行了尽可能地挤压。（2）确立合议庭须审慎对待人民陪审团之评议意见的机制。若人民陪审团的评议意见无法从过程正当性或结果正当性角度对合议庭作出的裁判产生积极影响，人民陪审团制的价值将大打折扣、名不符实，最终将难逃昙花一现或名存实亡的下场。《河南人民陪审团意见》第29条以义务性规则的形式、采用"应"

这一虚词要求合议庭在评议案件时必须以人民陪审团的评议意见作为重要参考,这是在不能赋予人民陪审团以实质性裁判权的当前保证人民陪审团的评议意见能够得到合议庭认真对待的最好机制。为防止这一缺少"法律后果"部分的义务性规则被视而不见,《河南人民陪审团意见》第30条则进一步作出更具刚性的规定:对于合议庭的评议意见与人民陪审团的一致意见或多数意见不一致的案件,合议庭应当提交审判委员会讨论。由于实行"简单多数"的表决规则,合议庭评议后产生一致意见或多数意见的为常态情形,产生不了多数意见的为例外状况。由于没有特定的表决规则,人民陪审团可能形成一致意见,也可能形成含有多数意见的多种意见,还可能形成不含有多数意见的多种意见。在对案件的事实认定和法律适用进行评议结束的时候,合议庭是否形成以及形成何种内容的一致意见或多数意见是确定的,人民陪审团是否形成以及形成何种内容的一致意见或多数意见也是确定的,将二者加以比较,就可轻而易举地判断出案件应否提交审判委员会加以讨论。因此可以说,在保证人民陪审团的评议意见能够得到理性对待和合议庭审判不至于被异化为民意审判的同时,人民陪审团制的规则安排为确定提交审判委员会讨论之案件的范围提供了更为简便易行的标准。

(二)倒逼合议庭行之有效的说理以提高复杂案件之司法裁判的可接受性

在现代社会,依靠信仰神灵和强力压服来提高司法裁判的可接受性已不奏效,唯有正当性的说理才可行之有效地促使当事人以及一般社会公众理解和认可司法裁判。换而言之,只有依靠正当性的说理,才可达致"口服且心服";而经由其他途径,要么达致的是"口不服且心不服",要么达致的是"口服但心不服"。只有借助正当性的说理,纠纷的诉讼解决才能实现服判息诉、案结事了,才能通过当事人监督和社会监督的方式降低司法擅断的可能性,才能拥有拒绝不当干扰的更足底气与更多力量。然而,我国长期以来一直普遍存在"法院判案不说理"的问题,篇幅比例失调的短小、内容缺乏针对性、结论过于突兀、用词的套话痕迹明显是绝大多数裁判文书的共同特征。审判人员整体素质的低下所导致的"不会说理"、在职培训的非常态化和形式化所导致的"不善说理"、过于严苛的错案追究制和难以避免的内外部不当干扰所导致的"不敢说理"使得司法裁判的可接受性一直无法摆脱难如人意的窘境,通行于世界各地、以消除审理组织之顾虑为依归的秘密评议原则都因此受到株连而滑入了备遭质疑的境地。

相较于简单案件,复杂案件的社会影响更大,复杂案件之司法裁判的可接受性更具价值,提高复杂案件司法裁判之可接受性的难度更高、迫切性更强。复杂案件裁判中的说理既要面向当事人,又要面向一般社会公众,前者的意图在于增进复杂案件之司法裁判的当事人认同,后者的意图在于增进复杂案件之司法裁判的社会认同。尽管社会认同和当事人认同具有同质性,但社会认同在复杂案件诉讼解决之社会意义的形成与塑造中发挥着无可替代的作用。任何有利于增进复杂案件司法裁判之社会认同的制度安排多年来一直被急切渴望着,人民陪审团制关于"合议庭不采纳人民陪审团的评议意见必须作出必要解释"的规则设计则能够很好地满足这种急切的渴望。根据《河南人民陪审团意见》第32条第2款的规定,不管是人民陪审团的一致意见,还是含有多数意见的多种意见抑或不含有多数意见的多种意见,只要未被采纳,合议庭都负有作出必要解释的义务。这一规定不区分人民陪审团之评议意见的类型而予以平等对待,说明人民陪审团的评议意见无论类型如何,都从团长提交给审判长后至司法裁判作出之前自始至终地对合议庭的思考、衡量、取舍发挥着参照物的作用,这样可降低合议庭的判断出现偏差的几率并妥当地缩小法律效果与社会效果之间的距离。对"必要解释"的内容、形式、深度,人民陪审团制目前尚未作出更为细致的回应。虽然合议庭所作出的这种必要解释可能同时兼具要点性、口头性、理由简略性等特点,但可以推知这种必要解释与裁判文书中所载明的说理部分具有必定的一致性。否则,合议庭的行为就会一目了然地出现自相矛盾的情形,合议庭的诚信就会因此荡然无存,因为依照《河南人民陪审团意见》第 32 条第 1 款,人民陪审团成员享有在裁判文书生效后获得其复印件的权利。退一步来看,即便法院怠于履行发送裁判文书复印件给人民陪审团成员的义务,认真负责的人民陪审团成员也能够通过其他合法的途径获得裁判文书的复印件。

合议庭不采纳人民陪审团的评议意见应当作出的必要解释和裁判文书中所载明的说理部分之间所具有的一致性,将会孕育出一股强大的倒逼性力量来促使合议庭在裁判文书中不得不千方百计地去避免"不会说理"、"不善说理"和"不敢说理"三种情形的出现。否则,复杂案件之司法裁判的当事人认同和社会认同都将一并失去。如此一来,裁判文书作为审理组织说理之主要载体的应然地位将更为牢固、更加无以撼动;"裁判文书说理不充分或不到位"将争议大减地成为发回重审或启动再审的法定事由;当前有关"裁判文书须说理"的规则将会因为程序性制裁后果的出现而形成完整的内容结构,进而会一改过去的疲软形象并发挥出刚性的约束力量。值得一提的是,人民陪审团制关于"合议庭不采纳人民陪审团的评议意见必须作出必要解释"的规则设计还将延伸性地触发审判人员遴选机制、审判人员在职培训机制、错案追究制、司法裁判之不当干扰排除机制的改进,因为"不会说理"的克服离不开审判人员遴选标准的严格化、"不善说理"的克服离不开审判人员在职培训的常态化与非点缀化、"不敢说理"的克服离不开错案追究制的科学化以及司法裁判之不当干扰排除机制的系统化和实效化。

## 二、人民陪审团制对人民陪审员制之不足的有效补正

(一)扩大成员规模以提高群体决策的质量

从《民事诉讼法》第 39、40 条和《行政诉讼法》第 46 条的内容来

看，民事诉讼和行政诉讼中混合合议庭①的成员人数没有被设定上限，其成员人数不区分法院的级别，只要满足"3名以上的单数"即可。从《刑事诉讼法》第178条的内容来看，混合合议庭被基层人民法院、中级人民法院采用时，其成员人数恒定为3名，人民陪审员最多有2名；混合合议庭被高级人民法院、最高人民法院采用时，其成员人数可能为3名、5名或7名，人民陪审员最多有6名。由于审判人员的整体素质与规模无法有效应对不断增加的案件压力等原因，成员人数为5名以上单数的大合议庭在司法实践中一直踪影难觅，成员人数为3名的小合议庭则长期出演"独角戏"。"一审两陪"（一名职业法官和两名人民陪审员）和"两审一陪"（两名职业法官和一名人民陪审员）因此成为司法实践中混合合议庭的绝对主导型组成方式，当前混合合议庭中的人民陪审员因此通常最多有2名。

一般而言，群体的规模与群体决策的效率成反比例关系，群体的规模越小，群体决策的效率越高；群体的规模与群体决策的质量成正比例关系，群体的规模越小，群体决策的质量越低。规模偏小、决策错误可能偏大的三人制群体在混合合议庭中占有压倒性优势，其虽可保证群体决策的效率，但无法保证群体决策的质量。②凭借群体智慧以保证复杂案件之司法裁判的质量是合议制被立法确立为基本制度的根本原因所在。在合议制的诸多目标中，群体决策的质量处于比群体决策的效率更为优先的顺位。混合合议庭长期以"一审两陪"或"两审一陪"的面目出现，无助于提高群体决策的质量。而群体决策的质量长期在较低的水平上徘徊，将会对合议制作为诉讼基本制度的地位产生削弱和侵蚀的作用。

根据《河南人民陪审团意见》第15条第1款的规定，人民陪审团

---

① 由职业法官和人民陪审员共同组成的合议庭被称为混合合议庭，而全部由职业法官组成的合议庭则被称为职业合议庭。

② 刘加良：《民事诉讼调解模式研究》，中国人民大学2010年博士学位论文。

由 9 至 13 名成员组成。人民陪审团成员的人数远多于当前混合合议庭中同为非专业人士的人民陪审员的人数。成员人数维持一个较大的规模,可确保人民陪审团之评议意见的质量。通过人民陪审团的评议意见对合议庭的判断所发挥的看似柔性、实则具有很强约束力的参考作用,人民陪审团之成员人数的较大规模便可递进性地对复杂案件司法裁判之质量的提高产生积极的影响。《民事诉讼法》和《行政诉讼法》就混合合议庭的人数没有设定上限,相当于为针对混合合议庭进行"团式"改造预留了可用的空间。在此前提下,人民陪审团之成员规模的扩大与其评议意见的质量提高之间如果能形成一种良性的正比例关系并能经得起多次验证,那么就可诱导混合合议庭放弃对三人制的迷恋,进而可为大合议庭一展身手乃至大放异彩提供宽阔舞台。

毋容置疑,人民陪审团之成员固定化程度与其评议意见的可接受性之间存在反比例关系。成员的固定化程度越高,人民陪审团之评议意见的可接受性越低;成员的固定化程度越低,人民陪审团之评议意见的可接受性越高。人民陪审团制对成员库的建设可防止成员规模的扩大所带来的积极效应因为成员的固定化而受到吞并或抵销。《河南人民陪审团意见》第 10 条第 2 款硬性规定各县、区人民陪审团成员库的人数不能低于 500 人,并鼓励有条件的可逐步扩大成员库的人数。截至 2010 年 5 月,河南全省人民陪审团成员库的人数已增至 15 万人,人民陪审团成员人数占河南全省人口(2008 年底为 9918 万)的比例为万分之十五。截至 2009 年 10 月底,全国人民陪审员的人数为 77705 名[1],人民陪审员人数占全国人口(2009 年底为 13.45 亿)的比例为万分之零点五八。人民陪审团成员的相对人数已达人民陪审员之相对人数的 25 倍之多。成员库规模的如

---

[1] 《弘扬司法民主 促进司法公正》,载《人民法院报》2010 年 3 月 1 日第 1 版。

此之大可使得选取人民陪审团成员时不会遇到"备选人员匮乏"的问题,但这一问题却是人民陪审员妥当选取中时常会碰到的瓶颈性难题。可以说,辅之以被严格执行的随机选取机制,人民陪审团制对成员库的建设足以彻底消除成员固定化的色彩并保证评议意见的可接受性。

（二）修正遴选标准来实现最大限度的广泛代表性

自 2005 年 5 月 1 日《陪审决定》施行以来,在我国已运行数十年的人民陪审员制被国家不断投入不菲资源予以强力推动。其除了要发挥提高群体决策之质量的功能外,还要发挥实现司法民主的功能。实现司法民主的制度载体具有多样性,但以划入宪法法律部门的《人民法院组织法》和《陪审决定》为主要法律渊源[①]的人民陪审员制最具有正式性和制度建设意义。人民陪审员制对司法民主的实现状况取决于人民陪审员的广泛代表性,而人民陪审员的广泛代表性则取决于人民陪审员之遴选标准的合理性与科学性。《陪审决定》第 4 条从拥护宪法、年龄条件、品德条件、健康条件和学历条件五个方面对人民陪审员的遴选标准予以正面规定;第 5、6 条则从反面否定了人大常委会的组成人员和法院、检察院、公安机关、国家安全机关、司法行政机关的工作人员以及执业律师、因犯罪受过刑事处罚的人员、被开除公职的人员担任人民陪审员的资格。在这些遴选标准中,"人民陪审员一般应当具有大学专科以上文化程度"的学历条件自《陪审决定》施行之初就备受诟病。在《陪审决定》第 4 条中,"一般"一词虽然字面上包括"允许例外存在"的意味,但其很容易被"应当"一词暗含的"命令、倡导"气息所覆盖。人民陪审员数次选任中

---

[①] 与 1954 年《宪法》和 1978 年《宪法》明确规定人民陪审员制不同,现行的 1982 年《宪法》对人民陪审员制没有规定。在《陪审决定》这一单行性法律文件施行之前,尽管三大诉讼法对人民陪审员制也进行了规定,但 1983 年修订的《人民法院组织法》一直是人民陪审员制在宪法法律部门中能够找到的唯一形式性法律渊源。

对学历条件的强调与攀比①也足以说明"一般应当"的立法用语已异化为不允许例外的"应当"。

人民陪审员之职业分布的严重失衡问题相当普遍、格外刺眼。成都市武侯区法院的54名人民陪审员中,身份为现职教师、公务员、事业单位工作人员的有39名,占72.2%;身份为离退休人员的有8名,占14.8%;身份为公司职员的有6名,占11.1%;身份为工人的有1名,占1.9%;身份为学生、个体经营者、待业人员和农林牧渔劳动者的1名没有。② 上海松江法院2010年确定的60名人民陪审员中,本科学历以上的占68%,身份为国家机关工作人员、村居委会等基层组织工作人员、企事业单位人员和教师的占92%。③ 虽然很难找到实证材料来证明过高的学历条件与人民陪审员职业分布的过于集中之间存在必然性很高的因果关系,但是从学理上完全可以将过高的学历条件认定为人民陪审员之职业分布严重失衡的主要原因之一。人民陪审员的广泛代表性与其职业分布的均衡状况紧密关联,职业分布的严重失衡使得人民陪审员的广泛代表性背离了制度设计者和社会公众的期待。

人民陪审团制降低学历条件和限制成员库中特定群体之人数比例的做法堪称人民陪审员之遴选标准的修正样本与学习榜样。最大限度的广泛代表性对应着人民陪审团成员的大众化、平民化,但其并不意味着人民陪审团成员不需要具备起码的文化水平。基于我国当前依然只有少数人拥有专科以上学历和九年制义务教育普及状况良

---

① 如江西省宜春市法院系统在报道宣传2010年第二届人民陪审员选任情况时,突出说明"315名人民陪审员中文化程度在大专以上者占73.5%",并专门强调"出现了博士、硕士研究生陪审员"(参见蔡小林:《天光云影共徘徊——宜春中院配合人大审议陪审员工作侧记》,载《人民法院报》2010年10月12日第5版);湖南省桃源县法院的51名人民陪审员(为职业法官人数的67%)90%以上具有大专以上学历,其中研究生学历1人,本科学历22人(参见文左龙:《桃源法院将人民陪审员制度落到实处》,载《人民法院报》2012年12月1日第4版)。

② 张永和、于嘉川等著:《武侯陪审:透过法社会学与法人类学的观察》,法律出版社2009年版,第75页。

③ 刘岚:《松江法院严把人民陪审员选任关》,载《人民法院报》2010年7月25日第4版。

好的实情,人民陪审团制以"一般具有初中以上文化程度"为成员遴选的学历条件并规定国家公职人员、人民陪审员所占成员库人数的比例不能超过30%,这样不但能够获得可观的基本面以使人民陪审团成员在职业分布、学历层次上呈现出多样性并最终实现按辖区人口的一定比例来组建成员库的理想,而且能够有效地防止人民陪审员制由于学历条件过高而产生的职业分布过于集中、学历层次单一和官民比例失调等弊端扩散性地传染给人民陪审团制。另外,人民陪审团制还特别强调成员的实质参与,以"热心参与审判活动,并有时间参与人民陪审团工作"为成员的选任条件。可以乐观地预计,在人民陪审团成员之遴选标准的映照下,人民陪审员之遴选标准的修正步伐将提速,潜伏在过高之学历条件背后的"学历高低与司法裁判的可接受性之间存在正比例关系"的荒唐预设将寿终正寝,人民陪审员制因为广泛代表性的欠缺而备受指责的时代将一去不再复返。

### 三、人民陪审团制的限度:以审级适用为例

二审程序以一审裁判为审理对象且偏重法律适用问题,相应地要求其审理组织的组成人员接受过更多的专业化训练。鉴于此,与域外的普遍性做法一样,我国《人民法院组织法》第9条规定人民陪审员制只适用于一审程序。由此可见,混合合议庭在刑事诉讼、民事诉讼、行政诉讼中都不能成为二审程序的审理组织,人民陪审员制在一审程序之外没有适用的空间。而根据《河南人民陪审团意见》第15条第2款的规定,高级法院、中级法院、基层法院都可邀请人民陪审团参加案件的庭审,不区分一审程序与二审程序。开全国适用人民陪审团制之先河的梁红亚死刑上诉案即是人民陪审团制适用于二审程序的例证。人民陪审团制没有审级的限制固然有利于在更大范围内体现"一切权力属于人民"的宪法原则和补正合议制、人民陪审员制的不足,但是会得不偿失地抹杀掉多年来围绕一审中心主义进行正当化制度建设与

改进所取得的成果,还会继续令人失望的目睹司法专业化训练得不到应然之尊重与信任的局面。

在政治民主比较发达的国家和地区,民众参与司法之机制的司法功能更被看重;而在政治民主并不发达的国家和地区,民众参与司法之机制的政治功能更被看重。近些年来,我国内地政治民主化取得了不少的成就,但依然有一段不短的路途需要尽快去走。在此背景下,河南法院系统试行人民陪审团制当然不能无视司法与政治之间的密切关联且须在具体层面承担起展示民众参与司法机制之政治功能的责任。可以说,人民陪审团制的政治功能被更看重,属无可厚非之举。但必须注意的是,"更看重"并不等于"只看重",完全忽视人民陪审团制之司法功能的作法将产生过犹不及、令人惋惜的结果。在人民陪审团制之审级适用的二元性对一审中心主义和司法专业化所可能产生的消极影响的映照下,人民陪审团制的司法功能趋向稀释和政治功能甚嚣尘上的轮廓将越来越清晰。这种自试行之初就带有的先天性不足,如不尽快加以消除,则将构成人民陪审团制的"阿喀琉斯之踵"。长此以往,人民陪审团制的存在与功能发挥极有可能会因此受到致命性打击。

**四、走出"羊群效应"的困境(代结语)**

在过去二十多年中,我国司法改革的基本路径是自下而上式的。虽成就不少,但乱象环生,缺乏合法理性、必要性、可行性或持续性的制度创新时常可见,这令热忱关注司法实践的人们出现了观察疲劳和思考困顿,进而使得他们近乎本能的对司法改革中出现的新事物产生反感和排斥情绪。人民陪审团制甫进入公众视野,便陷入了这种非理性情绪的包围之中。陪审制在全球范围内的普遍衰落和我国以人民陪审员制为典型代表的民众参与司法机制在过去一段时期内的不如人意,使得人民陪审团制被批评为"非驴非马"的多余之举。不难看出,批评者没能脱离"羊群效应"的禁锢,依然以盲目性的从众心理和笃信己身之过往经验的害怕心理来看待民众参与司法的机制创新。日至当下,对人民陪审员制进行"团式改造"①的条件事实上已基本具备,河南法院系统试行人民陪审团制可谓正当其时。天下惟庸人无咎无誉。② 逢司法改革艰难期,抱残守缺者无咎,积极进取者可赞。只要能够走出"羊群效应"的困境并做到扬长补短,人民陪审团制的乐观前景可期。

---

① 汤维建教授早在2000年就提出了将人民陪审员制改造为人民陪审团制和专家陪审制的具体建议。可参见汤维建:《英美陪审团制度的价值论争——兼议我国人民陪审员制的改进》,载《人大法律评论》2000年卷第2辑,中国人民大学出版社2000年版,第278页。
② 梁启超:《李鸿章传》,百花文艺出版社2008年版,第2页。

# 继承与发展马锡五审判方式之思

诉讼调解和判决是两种各有所长、彼此不可替代的独立型民事结案方式。在特定时期把任何一者推到极端的位置，都会在很多方面产生"过犹不及"的消极后果，引发不良反应，使民事诉讼针对民事纠纷的化解出现面积不小的不适应性和非针对性，进而会降低民事诉讼对民事纠纷主体的亲和力与吸引力、动摇民事诉讼在民事纠纷解决机制中的中心地位、削弱法院在构建"大调解"机制和社会矛盾纠纷化解机制中的实质性影响力。

我国当前正处在社会转型关键期，民事纠纷呈现出数量多、烈度大、成因复杂、化解困难等特点。在"纠纷罪恶观"被理性地放弃之后，探寻民事纠纷的有效解决之道便迫在眉睫、刻不容缓。因具备有利于一次性和彻底性解决民事纠纷、易于执行、善于修复或维持社会关系、成本低廉等比较优势，之前一度被严重冷落的诉讼调解自2002年再次进入被关注的视野，并强势复兴至今。作为马锡五审判方式的发源地，甘肃省庆阳两级法院的继承与发展实践是诉讼调解复兴的重要组成部分和夺目亮点，有必要对此给予系统总结与理论提升。

司法注重经验、倚重传统。社会在广度和深度两个层面的剧烈转型带来的结构性利益冲突此起彼伏，这使得本来就不十分乐观的司法能力与社会公众迫切且全面的期待之间客观的存在着一定的距离。此距离如不尽快加以缩小，会诱使社会公众对司法产生可怕且短期内无法很好消除的失望感、不信任感和陌生感，司法也会因得不到普遍的社会认同而无法获得应有的尊重与权威。面对这种必须予以正视的状况,很多法院一直都在千方百计、想方设法、殚精竭虑地思考对策并将之付诸尝试。吸收传统做法的合理内核、向传统做法借力是一种正当性更足、操作性更强、外在质疑更小、内在阻力更少的进路。庆阳两级法院继承与发展马锡五审判方式的做法即是这种进路的生动体现。

事实胜于雄辩,数据彰显效果。庆阳两级法院2003年重视诉讼调解以来所取得的"两高两低"(调解率高、执行率高、上诉率低、信访率低)工作局面与此前"判多调少、上访缠诉多、案结事不了"之尴尬境地的对比,会让那种不注重解决中国当前之实践问题、不耐心等待去看效果而情绪化地急于断言"马锡五审判方式已经过时、已无可取之处"的论调不攻自破、毫无立锥之地。继承与发展马锡五审判方式不是刻意求新的作秀之举,也不是偏重突破的违法之举。它除了能在很大程度上化解案结事了难、减少涉诉上访外,还能为借民事诉讼法全面修改的机会来完善、改进诉讼调解制度和建立、健全诉讼与非诉讼程序衔接机制提供宝贵的经验支持、难得的智力资源和丰富的实践智慧。可以肯定地说,民事诉讼法的良善化水平会因为这种自下而上式的实践而进一步提高。

继承与发展马锡五审判方式要实现长效化而不至于昙花一现,离不开科学理念的塑造和有效方法的创新。若没有科学的理念和有效的方法,相关的实践则很可能会沦为空泛的口号和短暂的风景。庆阳两级法院每幢大楼之一楼大厅陈设《马锡五调解婚姻纠纷案》木刻画,属于一种显性的法院文化建设。这一法院文化的显性载体会全天候地如此提醒每一位路过的审判人员:"这里是陕甘宁边区高等法院陇东分庭的前身,这里是马锡五审判方式的发源地,马锡五审判方式所蕴含的为民、便民、亲民、近民的司法精神理应首先在这里得到继承并发扬光大。"如此一来,假以时日,"为民、便民、亲民、近民"的司法精神便会以润物无声、潜移默化的方式注入审判人员的血脉之中,内化为他们的自觉意识与科学理念,外化地引导、指导他们的审判工作实践。如想使马锡五审判方式由历史性资源转化为现代性资源、由抽象层面演进到具体层面,必须有一套系统性的工作方法予以配套。庆阳法院系统提炼总结出的"五心四法"、"四就地"、"三步骤"等调解方法让马锡五审判方式再现活力,现代因素的注入让从历史远处走来的马锡五审判方式具有了很强的当前适应性。

诉讼调解的规范化是其长效化、实效化的关键凭借与必要条件,诉讼调解的长效化、实效化是其规范化的逻辑起点与基本依归。出于"鼓励、支持诉讼调解"这一公共政策的考虑,诉讼调解结案的规范化标准被允许低于判决结案的规范化标准,但这绝不意味着诉讼调解可以不遵循规范、不坚持原则。恰恰相反,唯有不突破原则与底线,才能确保诉讼调解的长效化与实效化。庆阳两级法院在继承与发展马锡五审判方式时对"自愿、公开、公正、公平"四项原则的特别强调说明,诉讼调解的规范化具有极端重要性。若缺失这一点,相关实践的效果就会打折,初衷就会异化,社会公众就会失望。

庆阳两级法院的多年实践表明,司法传统的内核合理性、可继承性是继承与发展马锡五审判方式的前提条件,强烈、确定的现实问题意识是继承与发展马锡五审判方式的动力源泉,扎实有效、不断创新的工作方法是继承与发展马锡五审判方式的关键环节,必要的异化防范机制是继承与发展马锡五审判方式的重要保障。我们有理由相信,只要抛开那种要么"棒杀"要么"捧杀"的非理性情绪与氛围,辅之耐心的审视、客观的观察、科学的评估、有序的试点、稳妥地推进,马锡五审判方式将会在更多的地方再现辉煌,诉讼调解将会对社会生活产生更多的积极作用,司法的为民性将会在更大的范围内得以有效实现。

# 民事督促起诉的制度化路径、角色定位与基本构造

**本部分所涉规范性文件全简称对照表**

| 全称 | 简称 |
|---|---|
| 《中华人民共和国民事诉讼法》（2012年8月31日通过） | 《民事诉讼法》 |
| 《浙江省检察机关办理民事督促起诉案件的规定》（2007年8月发布） | 《浙江规定》 |

民事督促起诉是指检察机关以法律监督者的名义，针对已经或可能导致国有资产流失、社会公共利益受损的民事案件，督促具有原告资格的有关单位依法及时向法院提起诉讼的制度。作为以提高民事检察权运行之有效性为依归的崭新事物，民事督促起诉的试点及其在全国范围内的扩展，与《民事诉讼法》2012年之修改所坚持的"强化与完善民事检察制度"之基本理念高度契合、完美互动。立足于解释论的视角，对民事督促起诉进行系统性研究，有助于实质性地提高相关实践的规范化程度和长效化水平，也有助于在更大层面上消解立法论研究视角时常遇到的"立法举动与对策建议相去甚远"之现象背后的缺憾与无奈。

## 一、民事督促起诉的制度化路径

民事督促起诉为浙江检察系统所首创。2002年末以公益代表人的身份作为原告提起民事公益诉讼（浦江县良种场拍卖案）后遭到的强烈质疑与批评乃是浙江检察系统自2003年起开始探索民事督促起

诉的直接动因。2003 年初,浙江省检民行检察部门在总结基层检察机关以检察建议、支持起诉等方式挽回国有资产损失之经验的基础上,创造性地提出了"民事督促起诉"的设想;当年 6 月,浙江省人民检察院将民事督促起诉列为基层检察院民事检察工作的十项职责之一,当年下半年拥有支持起诉良好经验的丽水、温州、金华等地检察机关被选定为试点单位;继 2004 年第一次在湖州长兴县试水后,民事督促起诉作为民事检察权作用领域拓展的实践载体很快在浙江全省次第铺开。2007 年 8 月,浙江省人民检察院出台《浙江规定》,对民事督促起诉的条件、情形和程序等事项作出了明确规定。在此之后,浙江检察系统的民事督促起诉"工作明显提速,案源渠道拓宽,工作趋于规范,成效更为明显"。① 最高人民检察院先后两次在全国性相关会议上对这一创新性尝试予以介绍、推广。2008 年 6 月,浙江省人民检察院与浙江省国资委会签了《关于积极运用检察民事督促起诉保护企业国有资产的意见》,尝试建立运用民事督促起诉保护企业国有资产的协作机制。《2009 年最高人民检察院工作报告》在第三部分将民事督促起诉定性为"检察建议"。江苏、海南、贵州、宁夏、福建、湖南、湖北等地的检察机关纷纷开展民事督促起诉专项行动。2010 年和 2011 年两年中各省级人大常委会密集性地相继出台了关于加强检察机关对诉讼活动之法律监督的地方性法规。在这些明显扎堆的地方性法规中,尽管对民事督促起诉予以正式确认者占绝对少数,但《浙江省人大常委会关于加强检察机关法律监督工作的规定》(2010 年 7 月 30 日通过)第 3 条和《福建省人大常委会关于加强人民检察院对诉讼活动的法律监督工作的决定》(2010 年 5 月 27 日通过)第 4 条对民事督促起诉之形式性法源的提升属点睛之作、格外引人关注。尽管 2009 年 12 月印发的最高人民检察院《关于进一步加强对诉讼活动法律监督工作的意

---

① 范跃红:《浙江:督促起诉七年挽回 40 亿国有资产》,载《检察日报》2011 年 1 月 19 日。

见》对民事督促起诉只字未提,但《2011年最高人民检察院工作报告》时隔两年再次提及督促起诉,并将督促起诉的案件数单独予以统计。纵观以上这段前后持续近十年的制度化历程,可以发现:检察机关对国有资产流失严重的现象不能坐视不管的实践需求为民事督促起诉的发端提供了充足动力;选择相近但有区别的支持起诉为经验借鉴对象为民事督促起诉的实践提供了尽快打开局面的有效手段;逐步扩大试点范围和立足但不局限于实践的总结提升为民事督促起诉的稳妥推进提供了策略保障;及时采取区域性检察规则和地方性法规来固定既有成果为民事督促起诉的全国性立法确认提供了先期准备。

尽管2009年12月印发的最高人民检察院《关于进一步加强对诉讼活动法律监督工作的意见》对民事督促起诉只字未提,但出于在全国范围内更好地实现民事督促起诉之整体有效性的考虑,立法论者很早就提出了民事督促起诉立法化的详细建议。代表性的建议主张"首先是宪法层面的立法确认(修改《人民检察院组织法》中关于检察机关职权的规定),其次是司法解释层面的过渡性细化,最后是部门法层面的立法化;部门法层面的立法化是指在《民事诉讼法》中将民事督促起诉与抗诉、执行监督、支持起诉、民事公诉并列"[①]。毋容置疑,这种"分步走,逐步推进"的立法建议具有十足的合理性。2011年10月29日公布的《民事诉讼法修正案(草案)》(以下简称"一审稿")第1条拟将法典第14条修改为"人民检察院有权以检察建议、抗诉方式对民事诉讼实行法律监督"。鉴于最高人民检察院的官方表述和理论通说均将民事督促起诉定性为"检察建议"和"民事诉讼活动"是包括起诉在内的当事人诉讼活动的上位概念,立法论者倍感意外与惊喜,由此判定"一审稿"第1条将助民事督促起诉一举完成部门法层面的立法化。然而,2012年8月31日通过的修改决定却将"一审稿"第1条中"以检

---

① 叶珍华:《民事督促起诉若干问题研究》,载《河北法学》2010年第3期。

察建议、抗诉方式"的表述予以删除,对民事检察权的实现方式作了抽象化、模糊化处理,封闭性、列举型的立法技术被不当抛弃,检法两家关于民事检察权之实现方式由来已久的争论将继续延续,借《民事诉讼法》2012年修改之机实现民事督促起诉立法化的意图已被立法论者看成落空之事。从本来不抱希望、遥不可及的对策理想到突如其来、近在咫尺的变现机会,再到貌似没有出路的立法现实,立法论者在不到一年内由满腔热情骤然变为一脸无奈。

从关于民事督促起诉的既有研究成果来看[①],学术界对民事督促起诉整体上缺乏持续性关注和着眼于微观的理论省思,具有相关研究兴趣者少之又少;作者几乎都是检察实务界的工作人员且集中供职于浙江、福建、江苏三地的检察机关,试点之初对民事督促起诉之概念加以界定的"泛保护国有资产"现象一直持续至今;这些成果对各地实践做法的差异与冲突缺少解析与辩论,缺乏跨省域角度的研讨和与学术界的因应性互动,更有深度之实践所迫切需求的智力资源过于依赖部分检察机关中极少数人员的单打独斗。只有改变这种注定是孤掌难鸣的智库格局,有的放矢地运用各种解释方法对法典中的规定进行分析、解释、总结并引导相关实践,方可为民事督促起诉的制度化提供共识性路径。

相较于民事执行监督,民事督促起诉为法典所确认的必要性显然要差不少。修改后的法典对民事执行监督也仅用了一个条文予以原则性规定,对民事执行监督的范围、程序、形式、效力等具体问题则均未涉及。举重以明轻,即便民事督促起诉的立法化把握住了2012年

---

[①] 具有一定学术价值的相关文献主要有张利兆的《督促起诉——检察机关介入民事公益诉讼途径探究》(2003)、傅国云的《论民事督促起诉——对国家利益、公共利益监管权的监督》(2008)和《民事督促起诉职能的实践与发展》(2010)、叶珍华的《民事督促起诉亟须厘清的几个问题》(2009)和《民事督促起诉若干问题研究》(2010)、许志鹏等的《民事督促起诉制度探析》(2011)、蒲志强等的《民事督促起诉的现状与完善设想》(2010)、韩彦霞的《支持、督促起诉若干问题择析》(2011)、张步洪的《构建民事督促起诉制度的基本问题》以及刘荣军的《督促起诉的公共性基础》(2010)。

的修法机会,其最好的结局也不过是如民事执行监督一样,还是会把更多的细节留给以后、留给司法解释,而不会对相关实践产生立竿见影的拉动作用。"宜粗不宜细"的修法指导思想短期内还不会发生实质性改变,民事诉讼法典短期内也不会再行修改,立法论的视角如不切换,民事督促起诉的制度化就会至此停滞不前。鉴此,解释论视角才是未来的出路所在,而且,法典中的抽象规定已为解释论视角的大展身手提供了充分空间。

**二、民事督促起诉的角色定位**

(一) 民事督促起诉是检察机关之一般监督权的实现方式

检察机关的一般监督权是指检察机关针对国家机关、社会团体、公职人员和一般公民是否遵守法律的行为有权进行监督。在苏联模式下,检察机关的一般监督权针对立法、执法、司法和守法领域一切行为,强调监督的最高性、全面性、单向性,缺乏权力制约与控制机制,给当时的社会发展带来了许多制度风险,其在斯大林时期的滥用让人长期心生畏惧并成为否定论者紧抓不放的理由。① 我国现行1982年《宪法》虽然没有像1954年《宪法》那样模仿苏联模式而明文规定检察机关的一般监督权,但其129条关于检察机关之宪定法律监督者的规定足以说明有限的一般监督职权与专门的诉讼监督职权被组合式的配置给检察机关。我国检察机关承担有限的一般监督权在宪法框架内具有正当性根据,且在当今世界范围内并非孤例,因为俄罗斯、法国、德国、葡萄牙、美国等主要国家也有相类似的制度设计。

民事检察权是对检察机关在民事诉讼程序中之法定权限的总和性称谓,其长期被等同为民事检察监督权。新近一种令人耳目一新的观点认为,民事检察监督权(源于公权力制约功能)只包括针对法院之

---

① 雷小政:《往返流盼:检察机关一般监督权的考证与展望》,载《法律科学》2012年第2期。

审判活动的审判监督权和针对法院之执行活动的执行监督权;在民事检察监督权之外,民事检察权还包括针对法院以外之主体的行为所实施的其他检察权形态,这些检察权形态源于社会治理职能、被称为守法监督权。① 这一观点以组织法与程序法的关系为认识论基础,主张既然《人民检察院组织法》已经基于权力性质的不同把宪法意义上的法律监督权分解为监督权与平行于监督权的其他检察权,程序法意义上的民事检察权亦应做二元分解。这一论证有力、极难辩驳的观点为检察机关之一般监督权的现实存在提供了更为坚实的法理依据。

权力的覆盖面过大,极易贬损权力运行的效果。权力运行效果的不理想,会反向侵蚀权力存续的正当性。曹建明 2012 年 11 月 29 日在全国检察机关学习贯彻修改后《民事诉讼法》座谈会上明确指出:"必须明确民事检察监督的对象是人民法院确有错误的生效判决、裁定,损害国家利益、社会公共利益的调解书,审判监督程序以外的其他审判程序中审判人员的违法行为,以及法院在执行活动中的违法情形,而不是任何一方当事人的诉讼活动。"②这一出自修法受益者的官方定调可谓立场鲜明、阐述细致、清醒冷静、自觉而不假惺,有利于确保民事检察监督权在扩张后的有序运行、降低乃至消除权力滥用的风险,同时也明确的承认"民事检察权的外延大于民事检察监督权的外延"。

在区别论的语境下,如果民事检察权还是被等同为民事检察监督权,以特定主体之诉权的怠于行使为对象的民事督促起诉就会被看成是民事检察监督权的实现方式,这不仅会造成对民事检察权二元分解的盲目无视,而且会导致民事检察监督权之覆盖面的不当扩大,影响检察机关之资源与精力的合理配置,削弱或抵销民事检察监督权在基本领域的运行效果,进而会无端的维持或增加民事检察监督之反对力

---

① 傅郁林:《我国民事检察权的权能与程序配置》,载《法律科学》2012 年第 6 期。
② 曹建明:《全面正确理解贯彻落实修改后的民事诉讼法 坚持和完善中国特色社会主义民事检察制度》,载《检察日报》2012 年 12 月 7 日。

量的存量。

在我国当前乃至将来,诉权的已然强大均不是对不当行使诉权之行为进行规制的前提条件,对诉权的强力保障和对诉权不当行使的合理规制应同步进行,不应存在先后之序。诉权的不当行使目前主要表现为一般主体之诉权的滥用和特定主体之诉权的怠于行使,民事检察权若可针对这两种主要情形来运作,不仅不会加剧诉权的脆弱性,反而会补强诉权行使的正当性。民事督促起诉指向特定主体之诉权的怠于行使。国有资产、社会公共利益之管护者的诉权具有权责一体性,兼具权利的性质和义务的性质。与一般的私权主体相比,国有资产、社会公共利益的管护者在处分诉权时理应受到更多限制,即应以"不造成国有资产流失、社会公共利益受损"为条件。换言之,民事检察权不能直接针对当事人之诉权的观念存在以偏概全的明显瑕疵和高估民事检察权之越界风险的倾向,此观念亦不足以从基本法理上阻止民事督促起诉成为检察机关之一般监督权的实现方式之一。

(二)民事督促起诉属于强势的检察建议

我国现行《民事诉讼法》第208条第2、3款规定了检察建议在再审程序和再审程序以外的其他审判程序中的运用,但这并不能说明针对民事诉讼活动的检察建议只有再审检察建议和纠正违法的检察建议两种,因为立法部门的解释亦允许民事执行监督也采取检察建议的方式。① 所以,将民事督促起诉划归检察建议具有妥当性,不会诱发突破现有法制框架的危险。

"依检察建议行使的制约效果,可以将检察建议分为强势的检察建议与弱势的检察建议。一般而言,与检察机关法律监督权联系紧密

---

① 修改后的法典对民事执行监督的具体问题没有涉及,立法部门的解释允许在明确规定出台前,民事执行监督可按照最高人民检察院和最高人民法院以高检会[2011]2号的名义联合发布的《关于在部分地方开展民事执行活动法律监督试点工作的通知》予以实践,该通知第3条明确规定民事执行监督采取检察建议的方式。详细内容可参见全国人大常委会法制工作委员会民法室:《〈中华人民共和国民事诉讼法〉条文说明、立法理由及相关规定》,北京大学出版社2012年版,第372—373页。

或者制约关系紧密的检察建议往往具有较强的强制力。"①民事督促起诉属于事前的民事检察权实现方式，无须依申请启动，也即可直接依职权主动启动，建议被督促单位提起民事诉讼。对此项建议，被督促单位没有必须接受的义务，是否起诉的决定权依然掌握在被督促单位手中，被督促单位可依建议而起诉，也可在收到建议后拒绝起诉，检察机关不可在被督促单位拒绝起诉后直接以自己的名义提起诉讼。这符合民事诉讼处分原则的基本要求和当事人适格的一般法理。但是，如果只聚焦于这一点，就很容易浅尝辄止地把民事督促起诉看成是一种弱势的检察建议，认为其属于"软约束"或柔性的监督方式。其实对民事督促起诉的定位更需要考量被督促单位拒绝起诉之后的保障手段。国有资产流失、社会公共利益受损的背后大多隐藏着或者即将出现职务犯罪与违纪现象。被督促单位拒绝起诉的，相关行为若构成职务犯罪，检察机关的自侦部门依此可立案侦查或将有关犯罪线索移送其他有权侦查机关；相关行为若不构成犯罪但需要追究党纪政纪责任的，检察机关则可将相关情况反馈给纪检监察部门。这种后置性的保障手段与倒逼机制应该能够实质性地带来一种事实上的强制力量，迫使被督促单位接受起诉的建议，积极实施其应为之诉讼行为。实践中，绝大多数的民事督促起诉案件在起诉之前即可实现预期目的，进入诉讼程序的案例仅占很小的比例，民事督促起诉已获得不战而胜的巨大威力与"不战而屈人之兵"的良好口碑，这与被督促单位接到建议后积极主张权利的行为密不可分，而接到建议前的懈怠行为之所以被接到建议后的积极行为所取代，与民事督促起诉之保障手段的潜在强制性息息相关。简言之，因被督促单位对起诉自由权的处分会受到检察机关后续行为的强力影响，故民事督促起诉实属名弱实强、外柔内刚的检察建议。最高人民检察院2009年11月17日发布的《人民检

---

① 万毅、李小东：《权力的边界：检察建议的实证分析》，载《东方法学》2008年第1期。

察院检察建议工作规定(试行)》以 11 个条文对检察建议的提出原则、发送对象、内容要求、适用范围、提出程序、制发主体、审批程序等方面作了明确规定,该解释性规则内容比较完备、可操作性强,很好地推动了检察建议之采纳率的提升。将民事督促起诉定性为"强势的检察建议",有利于借力该解释性规则来提高民事督促起诉的制度化水平。

(三)民事督促起诉不是民事公益诉讼的替代物

如果只盯住探索的初始阶段,民事督促起诉易被看成是民事公益诉讼缺失状况下的权宜之策,其独立价值易被遮蔽或贬损。而且,这一思路若被趋于严格地依循,民事督促起诉和民事公益诉讼将不可并存,立法机关将面对择一而立的制度选择问题,民事公益诉讼入法之日即是民事督促起诉退出之时;这一思路若被趋于和缓地依循,民事督促起诉将被视为民事公益诉讼的"备胎",民事公益诉讼和民事督促起诉之间将存在先后之序,二者的案件适用范围将具有同一性和联动性。

我国现行《民事诉讼法》第 55 条规定:对污染环境、侵害众多消费者合法权益等损害社会公共利益的行为,法律规定的机关和有关组织可以向人民法院提起诉讼。整部法典中只有这一个法条涉及了与民事私益诉讼相并列的民事公益诉讼,显然规则供给存在严重不足,同时也为该法条中"法律规定"和"机关"两个关键词的解释留下了极大的空间。张卫平教授等认为,"法律规定"应包括一般性规定和具体明确规定,基于宪法和民事诉讼法关于检察机关法律监督权的一般性规定,检察机关具有提起民事公益诉讼的资格。[①] 肖建国教授认为,"法律规定"中的"法律"应被目的性地扩张解释为包括立法机关制定颁布的法律和最高人民法院的司法解释,"机关"则应被目的性地限缩解

---

① 参见张卫平、李浩:《新民事诉讼法原理与适用》,人民法院出版社 2012 年版,第 130 页;张卫平:《民事司法制度的新发展》,载《检察日报》2012 年 9 月 7 日。

释为人民检察院和行政机关。① 这两种学理解释皆肯定检察机关提起民事公益诉讼的原告资格,以有利于民事公益诉讼的顺利开展为基本立场,但与立法部门更多是基于政治层面之考虑的有权解释之间存在显著差别。为做到有效治理、强调国有资产和社会公共利益之管护者的首位责任以及防止滥诉和恶意诉讼,"适度开展,有序进行"已成为民事公益诉讼立法化的官方态度,"案件范围和提起主体均不宜过宽"已成为立法设计的当前策略②;"法律规定"中的"法律"被有权解释严格地限定为全国人大及其常委会制定的法律(即通常所指的狭义上之法律),"法律规定"被有权解释缩小限定为具体性规定。由此可知,检察机关发动民事公益诉讼的原告资格没能得到立法的直接确认,这尽管可以避免检察机关在民事公益诉讼中同时作为诉讼启动者与法律监督者所引起的角色混乱问题,也可以在一定时间内平息支持者与反对者之间的辩论或者使此种辩论趋于降温,但与当前实践中有关民事公益诉讼的迫切需求却相去甚远。检察机关目前被排除在民事公益诉讼的提起主体之外,一方面意味着经由民事公益诉讼来防止国有资产流失、社会公共利益受损的意图落空,另一方面也意味着民事公益诉讼的入法并不能带来民事督促起诉的终结。

作为检察机关提起民事公益诉讼之原告资格未被立法确认后的应对方案,建议"在民事公益诉讼条款之后紧跟着增加规定民事公益诉讼督促起诉权"的设想③在《民事诉讼法》2012 年修改即将完成之前跃入了献策之行列。如按这一设想,民事公益诉讼将优位于民事督促

---

① 参见肖建国:《民事公益诉讼制度的具体适用》,载《人民法院报》2012 年 10 月 10 日。
② 具体分析可参见全国人大常委会法制工作委员会民法室:《〈中华人民共和国民事诉讼法〉条文说明、立法理由及相关规定》,北京大学出版社 2012 年版,第 82 页。另外,2012 年 10 月 27 日上午在中国民事诉讼法学研究会 2012 年年会上作主旨报告结束后,全国人大法工委民法室扈纪华巡视员在回答主持人潘剑锋教授有关"检察机关可否提起民事公益诉讼"的问题时,清晰地指出"法律无明文规定即无原告资格,我国目前尚无法律明文规定检察机关有权提起民事公益诉讼"。
③ 参见余梦秦:《民诉法应规定公益诉讼督促起诉权》,载《检察日报》2012 年 8 月 20 日。

起诉,民事督促起诉将成为民事公益诉讼的后置方案,民事督促起诉的案件范围和被督促者之外延将被严格对接并受制于民事公益诉讼的案件范围和提起主体之外延。《民事诉讼法》第55条中"等"字的使用,说明立法者对民事公益诉讼的案件范围予以了开放性、前瞻性的设计,以便于将来在保持该法条不加修改的情况下将更多的损害社会公共利益的案件纳入民事公益诉讼的范围,但适度有序推进的立法态度与行动策略注定了民事公益诉讼的案件范围不可能立即过宽地放开,只可能逐步予以扩充。可以说,在民事公益诉讼制度施行之初乃至一段可预计的不短时间内,立法对其案件范围的开放性设计更多地仅是具有象征意义和立场宣示意味。如此一来,民事公益诉讼之案件范围的有限性就会顺延导致民事督促起诉之案件范围的狭小,污染环境案件和侵害众多消费者合法权益案件之外的其他导致国有资产流失、社会公共利益受损的案件将被排除出民事督促起诉的案件范围。另外,在当前的法律体系中,只有海洋环境监督管理部门依据《海洋环境保护法》第90条第2款有权成为民事公益诉讼的原告,尽管立法部门已透露会通过修改《环境保护法》和《消费者权益保护法》来尽快扩大民事公益诉讼的原告范围,但这仍然与国有资产、社会公共利益之管护者的范围存在无法相提并论的距离。不难发现,将民事督促起诉作为民事公益诉讼之后置方案的设想将会使民事督促起诉的案件范围和被督促者之外延均无法获得可观的基本面,进而将会重挫民事督促起诉的良好势头,相关管护者放任、漠视国有资产流失、社会公共利益受损的情形就会继续重回并维持在高发态势,检察机关作为权力监督者的护法角色就会无法满足民众期待,法律就会得不到严格的执行,进而还会重创法律的权威。

### 三、民事督促起诉的基本构造

(一)为何督促

根据我国《物权法》第五章有关国家所有权的规定,国有资产的占有、使用、收益和处分权能等通常由国务院和地方各级人民政府代表作为抽象主体的国家来行使,国有资产的权利所有者与权利行使者出现了身份分离,国有资产之权利所有者的抽象性决定了其无法形成对国有资产之权利行使者的有力制约。在社会剧烈转型、经济高速发展、产业转型升级波及面巨大的关键时期,对国有资产负有管理和维护职责的各级行政主体及其工作人员基于部门利益、权力寻租等原因而以作为或不作为的方式造成国有资产流失的现象时有发生,但兼具国有资产之权利救济主张者身份的他们往往不会自我否定、自寻麻烦地积极行使民事起诉权,他们利用民事诉讼的方式防止国有资产流失的动力和激励普遍不足。社会公共利益具有整体性和抽象性,对其进行甄别是一个世界性的普遍难题,现有的规范性法律文件对社会公共利益之管护者的规定仍是"模糊多于清晰,概括多于具体",管护者大多可以轻而易举地找到放弃全部或部分责任的理由,他们利用民事诉讼的方式来防止社会公共利益受损的责任意识明显且普遍地欠缺。管护者怠于提起民事诉讼,无疑会导致更多国有资产的流失和更大社会公共利益的受损,针对国有资产和社会公共利益的法律保护将出现软化或缺位,有法必依和执法必严的法治要求将难以实现,管护者理应带头促进法律有效实施的示范角色与榜样作用将大打折扣。"从维护国家和社会公共利益的基本职能考虑,我国的检察机关最适合担当监督法律统一正确实施的重要职责。"① 在此背景下,作为宪定的专门法律监督者,检察机关以促进法律有效实施为首要任务和根本职责,如果其不督促出现懈怠行为的管护者起诉,则意味着不当之失职,构成对管护者之懈怠行为的非法背书和过分纵容,进而须对管护者之懈怠行为导致的国有资产流失和社会公共利益受损承担间接责任或连带责任。

笔者认为,为获得持续的有效性和好评的一致性,民事督促起诉

---

① 刘拥、刘润发:《检察机关行使行政公诉权的正当性阐释》,载《法学评论》2011年第2期。

宜采取"重点突破、避免贪大求全"的推进策略,其适用范围的界定不能停留在"国有资产流失和社会公共利益受损"这一抽象层面上,而应在具体列举层面有所进取。根据《浙江规定》第3条,民事督促起诉适用于如下情形:(1)在国有土地、矿藏、水流、海域、森林、山岭、草原、荒地、滩涂等自然资源出让、开发过程中,国家或社会公共利益受到损害的;(2)在国有文物保管、收藏、使用、保护过程中,国家或社会公共利益受到损害的;(3)在公共工程招标、发包过程中,国家或社会公共利益受到损害的;(4)政府部门基于各类扶助目的而向企业或个人出借的专门财政资金未按规定或合同约定及时收回,或违反相关政策规定将资金借给不符合条件的当事人的;(5)在国有企业改制中,造成国有资产流失的;(6)在国有资产拍卖、变卖中,造成国有资产流失的;(7)其他由于监管不力或滥用职权,损害国家或社会公共利益的。该条文采取的是具体列举与兜底概括相配合的进路,说明了《浙江规定》在规则设计技术方面的成熟:具体列举的六种情形很好地涵盖了当前民事督促起诉的试点领域,具有不错的操作可行性与指引性;兜底概括可弥补具体列举的不周延性,同时又可使条文保持适当的开放性,为将来民事督促起诉之适用范围的调整或扩充留下了空间。但应指出的是,该条文对适用情形的具体列举立足于正向的肯定,缺乏反向的否定,故不足以完全去除民事督促起诉之适用情形的模糊性。全国的实践状况表明,民事督促起诉的重点仍系针对国有土地出让金的收回和专项财政资金的收回这两大难题。由此可见,把常见情形排序在前、兼用正向罗列与反向排除应是将来全国性规则中具体列举民事督促起诉之适用情形的最优选项。同时还需要指出的是,"集体利益受损"不能成为民事督促起诉的理由,少数检察机关将集体利益受损纳入民事督促起诉之适用范围的做法①不具有正当性。原因在于,与

---

① 如海南省东方市检察院利用民事督促起诉程序解决农村土地承包中的"三过"(土地承包时间过长、面积过大、租金过低)问题。详细资料可参见李轩甫、符海、石政奇:《海南东方:督促起诉护民生获人大肯定》,载《检察日报》2012年5月7日。

国有资产、社会公共利益相比,集体利益的主体具有特定性、明确性和实在性,而且集体利益的主体属一般私权主体;集体成员对集体利益的维护拥有更为直接的方式。基层自治组织之组成人员产生机制的日益完善和集体组织内部治理水平的不断提高,应该能够很好地降低集体组织在集体利益受损时怠于起诉的比率。将"集体利益受损"列入民事督促起诉的范围,将会带来其适用范围的泛化且由此引发对特殊私权主体和一般私权主体不加区分的危险,进而会使民事督促起诉丧失适用的特定性,使相关的检察资源将无法做到良善利用。

（二）何时督促

民事督促起诉的时机取决于国有资产、社会公共利益的管护者怠于起诉之行为的出现时间。国有资产、社会公共利益之管护者的行为是否构成怠于起诉,需要判断超过诉讼时效的风险是否已经存在,而作出这一判断前则首先需要弄清管护者提出权利保护请求所依据的实体性基础权利是否受诉讼时效期间的限制。诉讼时效不适用于支配权和抗辩权,而只适用于请求权。① 亲属领域的请求权不适用诉讼时效,债权请求权整体上适用诉讼时效,这点已成共识。尽管关于物上请求权是否适用诉讼时效的问题,国内外有肯定说、否定说、有限说三种观点,但我国通说否定诉讼时效适用于物上请求权,此点已为最高人民法院《关于审理民事案件适用诉讼时效制度若干问题的规定》所接受。所以,当国有资产流失、社会公共利益受损涉及物上请求权时,不适用诉讼时效;当国有资产流失、社会公共利益受损涉及债权请求权时,则应适用诉讼时效。

若国有资产、社会公共利益之管护者的起诉行为以物上请求权为基础,固然不受诉讼时效期间的限制,但这并不等于承认其起诉行为不会构成怠于行使。笔者认为,可参照我国普通诉讼时效期间两年的

---

① 参见龙卫球:《民法总论》(第2版),中国法制出版社2002年版,第614—615页。

长度并将其一分为三,以最初的 6 个月为上段、中间的 12 个月为中段、最后的 6 个月为下段,管护者在中段过后仍未起诉的,民事督促起诉的时机即为成就。

若国有资产、社会公共利益之管护者的起诉行为以债权请求权为基础,则管护者在诉讼时效届满 6 个月前未起诉的,民事督促起诉的时机即为成就。考虑到诉讼时效可因权利人主张全部或部分权利、提起诉讼或实施与提起诉讼具有同等诉讼时效中断效力的事项(如申请仲裁、申请支付令、申请破产、申报破产债权、为主张权利而申请宣告义务人失踪或死亡、申请诉前保全)、向法院外有纠纷解决权的主体提出保护民事权利的要求(如申请人民调解)、报案与控告等不同事由而中断,民事督促起诉一般至迟应给管护者留出实施可导致诉讼时效中断之事项的合理时间。对债权请求权已经超过诉讼时效的,义务人一方的履行意愿是否明确不应影响民事督促起诉的启动,因为即使义务人一方在国有资产、社会公共利益的管护者起诉之前已明确表达出不履行的意愿,但诉讼时效是否存在中止、中断或延长的事由只有在法院立案后方可查明,更何况义务人一方在诉讼程序中还有可能不提出诉讼时效抗辩或同意履行债务。因此,那种认为"对于那些确已过了诉讼时效,当事人又不愿再履行债务的,则不宜启动民事督促起诉程序"[①]的观点是站不住脚的,因为其可能没有意识到"法院不得主动援引诉讼时效条款作为裁判依据"的禁止性规定和义务人一方之履行意愿存在着发生变化的可能性。

(三) 如何督促

当前我国的民事检察权的实现方式三分为事前型、事中型、事后型的格局已经确定,与支持起诉、附带民事诉讼一道,民事督促起诉已经成为事前型的主力,其所具有之"职权监督"的属性决定了其不能采取口头方式,书面方式方可表征民事督促起诉的正式性和严肃性,方

---

① 叶珍华:《民事督促起诉亟须厘清的几个问题》,载《人民检察》2009 年第 16 期。

可确保民事督促起诉成为规范的有文书程序。实践中检察机关启动民事督促起诉的文书并不统一,称谓各异,如浙江省海宁市检察院2007年督促国土部门收回7000万元土地出让金时发出的是《民事督促起诉决定书》[1]、贵州省各级检察机关的民行检察部门办理督促起诉案件时发出的是《督促起诉意见书》或《督促起诉令》[2]、宁夏回族自治区盐池县检察院首创的"五书两函"督促起诉方式采用的是《检察建议书》[3]、江苏省淮安盱眙县检察院督促该县国土局清收1000万元土地出让金时发出的是《民事督促起诉立案决定书》[4]、湖南省浏阳市检察院督促该市国土资源局追回金碧公司所欠的土地出让金1亿余元时发出的是《督促起诉书》[5]。有关民事督促起诉之文书的内容、发出者名义等要素的讨论,迄今仍呈现"仁者见仁,智者见智"的特征。"理论争鸣可以继续进行,但制度改革必须尽快启动。"[6]笔者认为,地方各级检察机关因地制宜、各具特色的创新实践不应否定,但民事督促起诉之文书的内容与格式则应逐步趋于统一与固定,唯如此,方可保证民事督促起诉的制度化更好地运行在理性轨道上。具言之,既然被定性为"强势的检察建议",民事督促起诉的文书即应划一地采取"检察建议书"的称谓,以被督促单位存在的问题、检察建议的具体内容、提出检察建议的事实依据及法律依据作为文书的构成部分,以检察机关的名义而非以其内设之民行检察部门的名义向被督促单位发出。

---

① 参见范跃红、汤秋生:《42份督促起诉书挽回4.5亿国资》,载《检察日报》2011年1月26日。
② 参见周以明、冯豫黔、杨彰立:《贵州:去年督促起诉追回亿元国有资产》,载《检察日报》2011年2月18日;周以明、周勇、涂正鹏:《贵州督促起诉592件》,载《检察日报》2012年1月3日。
③ 参见薛正俭:《民事督促起诉收回国资4.7亿》,载《检察日报》2010年9月6日。
④ 参见李明耀、冀益斌、蔡耿耿、汪彦:《督促起诉收回国资4.2亿元》,载《检察日报》2011年12月15日。
⑤ 参见汤维骏、黄文辉、陶健:《督促起诉破解土地出让金收回难题》,载《检察日报》2012年11月29日。
⑥ 赵钢、王杏飞:《民事司法改革的几个前沿问题——以〈人民法院第二个五年改革纲要(2004—2008)〉为分析对象》,载《法学评论》2006年第6期。

# 论列席监督的正当化转向

本部分所涉规范性文件全简称对照表

| 全称 | 简称 |
|---|---|
| 最高人民法院、最高人民检察院《关于人民检察院检察长列席人民法院审判委员会会议的实施意见》(2010年1月12日发布) | 《列席审委会会议意见》 |

列席监督是指检察机关依人民法院的通知或依职权,在审判委员会讨论决定重大或疑难案件时派员列席,针对程序问题、实体问题和影响公正审判的行为所实施的监督。与传统的事后纠偏型检察监督相区别,列席监督兼具事前防范型检察监督和事中过程型检察监督的双重性质并与检察监督方式多样化的发展趋势相契合。以下从列席监督的制度变迁和积极功能出发,认为列席监督具有转向诉中监督的可能性和必要性,列席监督的终极合法性将在转向诉中监督后得到实现。

## 一、列席监督的制度变迁

根据1951年9月3日中央人民政府委员会第十二次会议通过的、实行三级两审制的《人民法院暂行组织条例》第15条第1款和第23条第2款的规定,县级人民法院和省级人民法院得设审判委员会,审判委员会开会时得邀请有关机关的负责人及原来参加有关案件审判的其他工作人员参加。根据1954年9月21日实施的、实行四级两审制的《人民法院组织法》第10条的规定,各级人民法院设审判委员会,各级人民法院审判委员会会议由院长主持,本级人民检察院检察长有权列席。稍加分析1954年《人民法院组织法》第10条的规定,可以发现,该规定在授予检察长之列席监督权力时,在"有权"二字之前省略了虚词"应当"二字,但这不妨碍该规定被认定为一条使用虚词"应当"进行授权的规则。对比《人民法院暂行组织条例》和1954年《人民法院组织法》的上述规定,可以得出如下四方面的结论:(1)在1954年《人民法院组织法》实施之前,由于最高人民法院不设审判委员会,检察机关只能派员列席地方人民法院的审判委员会会议;在1954年《人民法院组织法》实施之后,由于各级人民法院都设立了审判委员会,检察机关不仅可以派员列席地方人民法院的审判委员会会议,而且可以派员列席最高人民法院的审判委员会会议。(2)《人民法院暂行组织条例》通过"得"这一术语表达、以义务性规则的方式从人民法院应履行之义务的角度反向确认了检察机关享有派员列席审判委员会会议的权力;1954年《人民法院组织法》则通过"有权"这一术语表达、以授权性规则的方式从正面确认了检察机关享有派员列席审判委员会会议的权力。(3)在1954年《人民法院组织法》实施之前,检察机关派员列席同级人民法院的审判委员会会议的人员被规定为"检察机关的负责人";在1954年《人民法院组织法》实施之后,检察机关派员列席同级人民法院的审判委员会会议的人员被规定为"检察长"。从字面解释看,"检察机关的负责人"的外延比"检察长"的外延要大,检察机关的负责人包括但不限于检察长。(4)1954年《人民法院组织法》实施后,一方面,检察机关可以派员列席的审判委员会会议的范围有所扩大,由两级审判委员会扩至四级审判委员会;另一方面,可以列席审判委员会会议的人员的范围则有所缩小,除检察机关以外的其他机关的负责人不再拥有列席审判委员会会议的权力。

1954年《人民检察院组织法》第17条规定:"最高人民检察院检察长列席最高人民法院审判委员会会议,如果对审判委员会的决议不同意,有权提请全国人民代表大会常务委员会审查处理。地方各级人民检察院检察长有权列席本级人民法院审判委员会会议。"该规定表明:1954 年《人民检察院组织法》和 1954 年《人民法院组织法》一样,也通过"有权"这一术语表达、以授权性规则的方式从正面确认了检察机关进行列席监督的权力,还赋予了最高人民检察院检察长在列席最高人民法院审判委员会会议但不同意其决议时有提请全国人民代表大会常务委员会处理的权力。

根据 1979 年 7 月 1 日第五届全国人民代表大会第二次会议通过的《人民法院组织法》第 11 条的规定,各级人民法院设审判委员会,各级人民法院审判委员会会议由院长主持,本级人民检察院检察长可以列席。1979 年《人民法院组织法》将检察长列席同级人民法院的审判委员会会议之权力的确认用语由"有权"改为"可以",此后虽经过 1983 年、1986 年、2006 年三次修改,但一直沿用"可以"的立法用语。1979 年《人民法院组织法》第 11 条使用虚词"可以"进行的授权因属于具体语境下的授权而在实质层面与 1954 年《人民法院组织法》第 10 条使用虚词"应当"进行的授权没有差别,此时"可以"与"应当"应作同义解释。原因在于:(1)"'可以'既被用于一般而预先地授权,此时往往意味着'可以不'。同时,'可以'也被用来表示具体语境下的授权,此时并不意味着'可以不',而往往意味着某种必为性(确定性指引)"。① (2) 虚词"可以"被用于授予私权时通常意味着"可以不",而被用于授予公权时则通常不意味着"可以不"。然而,对"可以"用于设定授权性规则时的两种语义的不加区分,使得列席监督被看成是检察机关的一项具有极大不确定性的权力,也使得人民法院作为这项权力的义务主体寻找不承担或懈怠承担积极义务之借口的企图得以实现。

1979 年《人民检察院组织法》及其在 1983 年的修改均未涉及列

---

① 周赟:《"可以"在立法中的误用与勘正》,载《厦门大学法律评论》(总第十五辑),厦门大学出版社 2008 年版,第 260 页。

席监督制度,列席监督制度以《人民法院组织法》和《人民检察院组织法》为二元形式性法律渊源的格局没能够伴随改革开放之初的法制重建而得以恢复,《人民法院组织法》独自作为列席监督制度的形式性法律渊源的状况至今仍在持续。

为贯彻2004年中共中央转发的中央司法体制改革领导小组《关于司法体制和工作机制改革的初步意见》,2005年9月最高人民检察院颁布的《关于进一步深化检察改革的三年实施意见》将"最高人民检察院商最高人民法院制定相关规定,完善检察长列席人民法院审判委员会会议的制度,规范检察长、受检察长委托的副检察长列席审判委员会会议的具体程序"作为2005年至2008年检察改革的主要任务之一。2005年10月最高人民法院颁布的《人民法院第二个五年改革纲要》将"落实人民检察院检察长或者检察长委托的副检察长列席同级人民法院审判委员会的制度"作为2004年至2008年人民法院司法改革的主要内容之一。可以说,是近些年来的司法政策的出台与推行终结了列席监督制度长期被忽视、软化、冷落、虚置的状态,制定列席监督之具体规则的呼声也越来越高。最高人民检察院在《关于进一步深化检察改革的三年实施意见》中明确建议以"两高"联合发文作为列席监督之具体规则的出台方式。2010年1月12日最高人民法院、最高人民检察院联合发布《列席审委会会议意见》(法发〔2010〕4号),用10个条文就谁可列席、就何列席、如何启动、发言顺序、文书移送、保密要求等事项作出了简要的规定。与全国性规则出台较晚相比,列席监督的地方性规则在2000年前则不鲜见,如2005年上海市高级人民法院和上海市人民检察院印发的《关于检察长列席审判委员会会议的若干规定》、2005年海南省高级人民法院和海南省人民检察院联合发出的《关于检察长列席审判委员会会议的通知》以及广东省高级人民法院和广东省人民检察院2008年印发的《关于检察长列席审判委员会会议的若干意见》。

## 二、列席监督的积极功能

列席监督制度目前呈现出发展不平衡、转向趋势不明朗、检法态度不统一的显明特征,这与其积极功能未被进行科学的阐释和充分的挖掘密切相关。列席监督制度具有如下几方面的积极功能:

### (一) 增进重大或疑难案件的审判正当性

审判的正当性指的是审判的过程和结果在整体上为当事者以及社会上一般人所接受、认同和信任的性质。① 为了实现法律秩序的社会整合功能和法律的合法性主张,法庭判决必须同时满足判决的自洽性和合理的可接受性这两个条件。② 伴随着程序正义的宣扬、审判公开的强调,案件裁判结论的形成过程实行公开化成为案件当事人和一般社会公众的强烈诉求,他们对案件裁判结论形成过程的不公开持有越来越少的容忍,一旦他们的这种诉求未被直接或间接满足,仅存的点滴容忍就会被放弃而极易的转化为一种充斥着怀疑和猜测的情绪表达,即便结果正当的案件裁判结论也会被案件当事人和一般社会公众不加区别的、态度坚决的打上"拒绝"或"反对"的烙印,审判的正当性和裁判结论的合理的可接受性因而无从获得。

提高审判委员会会议讨论重大或疑难案件的效率和防止审判委员会会议成为庭审过程的重演可能是对重大或疑难案件的裁判结论拥有决定权的审判委员会会议一直采取秘密运行模式的最根本原因。审判委员会对重大或疑难案件行使事实上之裁判权所产生的"审者不判,判者不审"的怪状撕裂了程序正义的底线,致使审判权力明目张胆的压制了当事人的诉讼权利并取得了滥用的余地与可能。程序法治不能拒绝,审判委员会的裁判权力面临取消或改良的抉择以回应案件

---

① 王亚新:《社会变革中的民事诉讼》,中国法制出版社2001年版,第6页。
② 〔德〕哈贝马斯:《在事实和规范之间:关于法律和民主法治国的商谈理论》,童世骏译,生活·读书·新知三联书店2003年版,第245页。

当事人和一般社会公众对审判委员会之裁判权力公开运行的吁求。当取消审判委员会的裁判权力在短期内不可行时,改变此权力以往的运行模式便成为次优的选择,检察机关的参与于是成为审判委员会之裁判权力运行的拐杖,列席监督随之成为间接满足案件当事人和一般社会公众对审判过程的正当性所持有已久之诉求的制度载体,可以说,在现有的体制框架内,审判委员会会议对重大或疑难案件的讨论因为列席监督的存在而正当。

(二)壮大抗击不当干扰的力量

对不当干扰的实施所可能带来之利益的乐观预期和对拥有错综复杂之关系资源的过分自信,容易促使案件当事人轻而易举地放弃道义上的负担而使出浑身的解数去谋求对案件的不当干扰。"打官司就是打关系",不当干扰成为寻常可见之事。在国家权力结构体系中地位并不理想的人民法院和在日常工作生活中经常不得不面对诸多风险的审判人员需要凭借内在力量的壮大来排除几近常态的、来自四面八方的不当干扰。当现有的制度尚不能为独任制法官和合议庭组成人员抵御不当干扰提供足够的支持与资源时,人数较多(通常为9人以上)、整体业务能力更高、实行集体决策和简单多数表决规则的审判委员会成为壮大人民法院抵御不当干扰之力量的政策性选择,并在相对合理的语境中顽强的发挥着保护审判人员、排除不当干扰的作用。不当干扰成因的复杂化、来源的多样化、压力的集团化、目的的强盗化往往让人民法院以审判委员会集体议决为基础而进行的名为无奈实为不屈从之举的解释起不到实质性作用,因为"即使社会条件恰当,一个制度只解决一个或几个问题,一套制度才解决一套问题,并且也仅限于常规的情况"①。于是,寻求外在的力量支持成为人民法院更好地排除不当干扰或排除更强大的不当干扰的必选项,以监督影响公正审

---

① 苏力:《送法下乡:中国基层司法制度研究》,中国政法大学出版社2000年版,第144页。

判的权力主体和压力集团为主要内容的列席监督成为最佳的必选项。针对特定案件的压力集团干扰一个或几个审判人员不难,但干扰多数的或全部的审判委员会组成人员就会遭遇困难,想一并干扰列席审判委员会会议的检察人员就会难上加难。面对有碍审判公正的外来干扰,检察机关以其"国家的法律监督机关"的身份可以名正言顺地予以正面抗击,这也是检察机关履行列席监督职能应尽的义务。即便压力集团不可遏制,审判机关在无奈地接受其解决方案之前可以列席监督的存在为理由让压力集团寻找检察机关进行较量,压力集团的干扰成本会因此大大增加,其也会对其自身摆平能力的局限进行评估,降低干扰预期、放弃此次干扰或以后不再进行类似的干扰就会成为可能发生的事情。

(三)促进司法职业共同体的发展

"正是这种专门的知识体系、独特的思维方式和普遍的社会正义感,使得法律共同体成为一个自治的共同体,一个分享共同的知识、信念和意义的想象共同体;正是司法实践中发展起来的一套精致的法律技术或艺术,使得法律共同体成功地捍卫了现代法律的自主性。"[①] 司法职业共同体是法律共同体的重要组成,认同多于分歧、协同多于冲突是检法关系的应然指向,捍卫公益而非追逐部门私利是检法相互制约与配合的共同依归。中国当前司法制度的独特之处在于将检察机关与审判机关并列,二者同属于国家司法机关,彼此之间形成"荣辱与共、损益同担"的关系。然而,二十余年的司法改革历程令人沮丧地发现,检法冲突此起彼伏,权力抢滩争先恐后,意气用事层出不穷,司法职业共同体发展缓慢。近年来检察官、法官相互交流任职在不同级别的司法机关之间次第展开,说明谋求检法之间的认同早已成为共识。列席监督可让列席人员了解审判委员会对重大或疑难案件的决定过程和对其他事项的决策过程,为检察机关做到"换位思考"提供信息来

---

① 强世功:《法律共同体宣言》,载《中外法学》2001年第3期。

源,轻率的事后性抗诉监督将得以避免;没有表决权的列席人员发表意见不仅无损于审判独立,而且可为审判委员会作出决定提供参考,从而将检察监督的重心从"纠错于既然"转移到"防错于未然"之上,事后性抗诉监督将得以减少,法院裁判的既判力和司法权威将得以更好的维护,抗诉监督程序将成为名至实归的特殊救济程序。"没有职业共同体,司法人员由于学识、思维方式等方面的差异在一些重大的问题上就无法形成共识,不但形不成合力,还会在利益的诱惑下产生矛盾。"①从推动司法改革向纵深发展的角度看,不论是采取自下而上还是采取自上而下的改革路径,人民法院在司法改革的过程中都将充任最为重要的角色,其对改革方案的建议、设计与推行都会遇到或多或少的阻力,而来自司法职业共同体内部的阻力除可能使司法改革步履维艰或功败于垂成,还必定会成为外部阻力集团证明其设阻并非理亏的重要论据。所以,列席监督通过对检法冲突的消解所实现的促进司法职业共同体发展的价值更值得珍视。

### 三、列席监督与诉中监督②的比较:基于民事诉讼的视角

(一) 适用范围

从理论上讲,凡是审判委员会讨论决定的重大或疑难的民事案件都可适用列席监督。然而,《列席审委会会议意见》第 3 条则过于保守的规定只有民事抗诉案件方可适用列席监督。相比之下,地方性规则的相关设计则更为合理。从列席监督的地方性规则看,适用列席监督的民事案件包括:(1) 检察机关支持起诉的民事案件;(2) 合议庭和审判业务庭对基本事实、重大证据、处理结果存在争议的民事案件;(3) 发回重审的民事案件;(4) 须向上级法院请示的民事案件;

---

① 侯欣一:《从司法为民到人民司法:陕甘宁边区大众化司法制度研究》,中国政法大学出版社 2007 年版,第 156 页。

② 为表述简练,本部分将"检察机关对民事诉讼的诉中监督"简称为"诉中监督",本部分若无专门说明,皆作此解。

(5)影响社会稳定的群体性民事案件;(6)在辖区内有重大影响的民事案件;(7)党委、人大、上级院批办、交办的民事案件;(8)热点民事案件;(9)新类型民事案件;(10)重大执行裁决案件;(11)再审的民事案件;(12)人民法院或人民检察院认为需要适用列席监督的其他民事案件。需要说明的是,下级法院就事实认定或法律适用问题向上级法院请示和党委、人大、上级法院批办、交办民事案件存在贬损审判独立的可能,而列席监督的适用以及由此形成的对抗击不当干扰之力量的壮大,对审判权的顺利运行与成长的重要性不可低估;对重大执行裁决案件适用列席监督可谓是地方性规则的重大创新,这一做法将列席监督的触角延伸至民事执行活动而不只限于民事审判活动,这意味着民事检察监督的适用范围向民事执行领域的拓展在司法实践中早已成为事实;对再审的民事案件可否适用列席监督,各地方性规则持一致性的肯定态度,但对所有的再审民事案件是否都可适用列席监督,各地方性规则则持不同态度,一种做法主张所有的再审民事案件都可适用列席监督,另一种做法则主张只有检察机关提出抗诉的民事案件和人民法院根据检察建议启动再审的重大、疑难民事案件或拟维持原判的民事案件才可适用列席监督;对检察机关提出抗诉的民事案件是否都可适用列席监督,与肯定者的态度不同,否定者主张只有对检察机关抗诉被发回下一级人民法院重审的民事案件[①]才可适用列席监督。

由上可知,列席监督之适用范围的确定实行的是限定主义而非普及主义。而诉中监督的适用范围则实行普及主义,所有的民事案件都可适用诉中监督。诉中监督的适用范围大于列席监督的适用范围。但是,兜底条款的存在为列席监督将来在适用范围层面具备非限制性

---

[①] 根据我国《民事诉讼法》第211条的规定,人民检察院提出抗诉的民事案件,有下列五种情形之一的,接受抗诉的人民法院可以交下一级人民法院再审,但经该下一级人民法院再审的除外:(1)有新的证据,足以推翻原判决、裁定的;(2)原判决、裁定认定的基本事实缺乏证据证明的;(3)原判决、裁定认定事实的主要证据是伪造的;(4)原判决、裁定认定事实的主要证据未经质证的;(5)对审理案件需要的主要证据,当事人因客观原因不能自行收集,书面申请人民法院调查收集,人民法院未调查收集的。

提供了可能与余地,适用范围上的差距不足以成为列席监督转向诉中监督的永恒障碍。

(二) 启动方式

从列席监督的既有规则看,列席监督的启动方式有"通知制"和"要求制"两种。前者是人民法院认为需要适用列席监督而通知检察机关派员列席审判委员会会议;后者是检察机关认为需要适用列席监督而向人民法院提出列席要求。对于以何种启动方式为主这一问题,有学者撰文指出:"出于追逐权力主动的本性,实践中'法检'两院对此各有侧重,前者更愿意采用'通知制',而后者更希望选择'要求制'。"①

诉中监督有依当事人申请参加、依法院通知参加、依职权参加三种启动方式。其中,依当事人申请参加适用于所有的民事案件;依职权参加这种参诉形式应当受到严格的限制,立法上应当采取列举主义,以明确划定职权监督的案件类型和范围。② 对比列席监督与诉中监督的启动方式,不难发现,"通知制"与"依法院通知参加"并无差别,"要求制"与"依职权参加"也无差别。"依当事人申请参加"是诉中监督多于列席监督的一种启动方式,这种启动方式并非可有可无,诉中监督作为当事人获得公正之民事裁判的保障性要件因为这种启动方式的设定而成为必要,也因为这一启动方式所蕴涵的对程序主体理念的尊重而成为正当;列席监督因为缺少这种启动方式而遍斥权力的影子,超越当事人之处分权的权力运作可能沦为一厢情愿并诱发当事人基于被忽视而产生的强烈不满。

(三) 监督对象

列席监督的对象可以是审判委员会讨论民事案件中出现的程序问题,也可以是检察机关与审判委员会存在分歧的事实认定或法律适

---

① 陈建平、徐英荣:《检察长列席审判委员会之合理性质疑》,载《法学》2006年第7期。
② 汤维建:《论检察机关对民事诉讼的诉中监督》,载《检察日报》2008年11月3日第3版。

用方面的民事实体问题,还可以是压力集团所实施的影响公正审判的行为。列席监督所指向的程序问题主要包括如下七个方面:(1)案件提交审判委员会会议讨论的程序是否合法;(2)审判委员会会议是否达到法定人数;(3)出席审判委员会会议的人员是否适格;(4)出席审判委员会会议的人员应否回避;(5)案件承办人员的汇报是否客观、全面、真实;(6)主持人是否利用职权违反民主集中制;(7)审判委员会的决定是否达到法定多数。

诉中监督指向法院的审判行为、当事人的诉讼行为和压力集团影响公正审判的行为。从监督对象上看,诉中监督的对象具有更大的容量,包括但不限于列席监督的对象,这意味着列席监督转向诉中监督不会因监督对象大于后者或与后者存在交叉而出现困难。

(四)参加人员

依《列席审判委员会会议意见》第 1 条的规定,有权列席同级人民法院审判委员会会议的检察人员只能是检察长或受检察长委托的副检察长。这一规定导致列席监督的主体明显偏少,将严重影响列席监督的效果。根据目前的实践状况,有权列席同级人民法院审判委员会会议的检察人员可以是检察长、受检察长委托的副检察长,还可以是受检察长委托的检察委员会委员或部门负责人。在检察长不能列席的情况下,由检察长指派部门负责人列席同级人民法院审判委员会会议是上海市检察机关近些年来改进列席监督制度的举措之一[①],可以应对人民法院专业审判委员会的设立对检察机关进行列席监督所形成的案件压力并保证相应监督的针对性和有效性。列席人员可以带包括案件承办人员和部门负责人在内的助手出席审判委员会会议。

对有权列席同级人民法院审判委员会会议的检察人员进行限制性规定,一方面是为了表明列席监督工作的特殊性,另一方面是为了

---

[①] 有关资料可参见万海富、王薇:《上海市检察机关检察长列席人民法院审判委员会会议情况的调研》,载《检察实践》2005 年第 3 期。

与审判委员会或专业审判委员会的组成规格进行匹配。而相关助手的配备实际上使得所有的负责民事检察的工作人员都具有了出席审判委员会会议的资格,其与列席人员只是在称谓上存在差异。检察机关对民事诉讼进行诉中监督时,具体的诉讼行为也是由负责民事检察的工作人员代为实施。可以说,在参加人员的范围上,列席监督与诉中监督具有一致性。

### 四、寻求终极合法性:列席监督转向诉中监督的必要性分析

对列席监督之正当性的质疑以其违反秘密评议原则为立论依据。质疑者认为,审判组织在评议案件时处于一个相对隔离的场所,审判组织以外的人员不得在评议案件时参与讨论,发表意见。既然审判委员会具有审判组织的性质,在讨论案件时行使的是裁判权,因此,它在案件评议过程中也理应遵循秘密原则①,列席监督无疑构成对秘密评议原则的破坏。不难发现,质疑者遵循"三段论"的推理方式,以"审判组织评议案件时遵循秘密进行原则"为大前提,以"审判委员会是审判组织"为小前提,以"审判委员会评议案件时遵循秘密进行原则"为推理结论。

审判委员会是否审判组织的一种类型,可从其是否符合审判组织的构成要件来加以判断。亲历庭审、形成裁判、以自己的名义对外公布裁判结论是审判组织的三大必要性构成要件,缺一不可。审判委员会虽然有权决定重大或疑难案件,但不直接参加这些案件的开庭审理活动,其对重大或疑难案件所形成的处理决定并非以自己的名义对外发布,而是以合议庭的名义对外发布。合议庭对是否将重大或疑难案件提交审判委员会讨论所拥有的主动权以及合议庭对审判委员会的决定所拥有的建议权和异议权,表明审判委员会对于提交其讨论决定

---

① 陈建平、徐英荣:《检察长列席审判委员会之合理性质疑》,载《法学》2006 年第 7 期。

的重大或疑难案件之裁判结论的形成并不具有必然性或完全的自主性。当审判委员会全部地接受合议庭的处理意见而形成处理决定时或者当审判委员会接受合议庭的异议而全部地修改其决定时，审判委员会充当的便不是形成裁判的角色；当审判委员会部分地接受合议庭的处理意见而形成处理决定时或者当审判委员会部分地接受合议庭的异议而修改其决定时，审判委员会充当的便不是独立形成裁判的角色；当审判委员会完全不接受合议庭的处理意见而形成处理决定时或者当审判委员会完全不接受合议庭的异议而坚持其决定时，审判委员会充当的才是独立形成裁判的角色，但是，这种情形的出现不可能呈现常态化而只可能以极端的面目出现，原因在于合议庭作为基本审判组织形式之无可撼动的地位和法院内部的审判责任承担决定了审判委员会不能完全漠视合议庭的意见。由此可见，审判委员会十分明确地不具备审判组织之"亲历庭审"和"以自己的名义对外公布裁判结论"这两个必要性构成要件，是否实质性地具备"形成裁判"这一要件则需要具体分析，不能以审判委员会可能具备"形成裁判"这一要件为根据认定审判委员会是审判组织或具有审判组织的性质，否则即铸成以偏概全的错误。所以，以违反秘密评议原则为立论依据质疑列席监督之正当性的观点由于其进行演绎推理的小前提的不成立而站不住脚。此外，审判组织评议案件形成裁判遵循秘密原则以在当事人和其他诉讼参与人参加的场合公开的获知裁判信息为前置条件，以在裁判文书中基于自己的名义公开心证理由为后置条件。因此，即使以审判委员会可能具备"形成裁判"的要件而将其认定为审判组织，因审判委员会无法满足"在当事人和其他诉讼参与人参加的场合公开获知裁判信息"和"在裁判文书中基于自己的名义公开心证理由"这两个条件而不能在评议案件时如审判组织一样采用秘密进行原则。

审判委员会的职能除讨论决定重大或疑难案件以外，还包括总结审判工作经验和研究审判工作中的其他问题。从历史上看，之所以赋予审判委员会讨论决定重大或疑难案件的职能,是因为"当时我国司法审判干部极其缺乏、法官整体素质不高,为了保证审判质量,有必要采取集体决策的方式"①。时至今日,扩大法院的编制和提高法官的素质虽仍是亟待解决的棘手问题,但审判人员的数量和法官的整体素质已非审判委员会创设之初的状况可比。大合议庭制的实行,使得审判委员会相较于小合议庭制所具有的抵御干扰、预防腐败的制度优势将不复存在,审判委员会以集体决策的方式保证审判质量的职能被正当的转移承接和审判委员会的职能实行纯化已具可能。当"形成裁判只能是审判组织的任务"这样的理念逐成共识时,当审判委员会讨论决定重大或疑难案件的职能被取消可以被给予乐观预期时,具有多项积极功能且不违反秘密评议原则的列席监督制度宜未雨绸缪式地考虑其未来的出路,展开对其自身之终极合法性的寻求已刻不容缓。上述在第三部分对列席监督与诉中监督在适用范围、启动方式、监督对象和参诉人员方面进行比较的结果说明,列席监督与诉中监督之间的距离并非不可消除,列席监督转向诉中监督并无实质性障碍。所以,审判委员会讨论决定重大或疑难案件的职能被取消后,列席监督制度不应被视为无的放矢之物,而应被作为构建诉中监督制度的既有资源而加以充分利用,其将在检察机关对诉讼审判活动实施过程监督的制度体系中以新的面目获得发展。

---

① 黄文艾:《检察机关派员列席审委会制度的反思与建构》,载《河北法学》2008 年第 3 期

# 民事抗诉：政策化实践与体制制约

**本部分所涉规范性文件全简称对照表**

| 全称 | 简称 |
|---|---|
| 《中华人民共和国民事诉讼法》（2007年10月31日通过） | 2007年《民事诉讼法》 |
| 最高人民法院《关于人民法院民事调解工作若干问题的规定》（2004年8月18日通过） | 《民事调解规定》 |
| 《人民检察院民事行政抗诉案件办案规则》（2001年9月30日通过） | 《民行抗诉办案规则》 |
| 《诉讼费用交纳办法》（2006年12月8日通过） | 《讼费办法》 |

在我国《民事诉讼法》2007年修改之前，民事抗诉事由有四项，比当事人申请再审的事由少一项；对于"有新的证据，足以推翻原判决、裁定的"这一事由，当事人可以申请再审，而人民检察院不得抗诉；民事抗诉事由与当事人申请再审的后四项事由等同。在《民事诉讼法》2007年修改之后，民事抗诉事由有十五项[①]并得以具体化，与当事人申请再审的事由完全等同；对于"有新的证据，足以推翻原判决、裁定的"这一事由，当事人可以申请再审，人民检察院有权提出抗诉。在强化检察监督的号角已经吹响且短期内不可能停息的现实语境中，民事抗诉案件的数量是顺势攀升还是逆势减少，将成为一个让人着迷、可借以评估修法对社会生活之实际影响的课题。笔者的研究将表明，是

---

① 我国2012年修改《民事诉讼法》时，立法者将"违反法律规定，管辖错误的"和"违反法定程序可能影响案件正确判决、裁定的"两项从再审事由中删除。

人民检察院定位民事检察监督之着力点的政策性取向而非民事抗诉事由的具体化和量的扩张,实质性地决定着民事抗诉案件的数量是升还是降;民事抗诉案件数量的下降是由多个体制性因素共同作用而促成。

## 一、关于样本选择的说明

G省Z市位于东南沿海,面积为1952平方千米,人口为145.44万人(2007年末),为外商在中国投资的热点地区之一,以电子信息、家电电气、生物医药、石油化工、机械制造、电力能源为六大优势产业,2006年实现本地生产总值749.6亿元,人均GDP达5.2万元。H省L市位于中国中部,横跨黄河中游,面积为15208平方千米,人口为654.4万人(2008年末),为中国历史上建都最早、朝代最多、时间最长的城市,以机械电子、石油化工、冶金、建材、轻纺、食品为六大支柱产业,2008年全年完成生产总值1919.6亿元,人均GDP达30080元。G省Z市有3个基层人民法院,H省L市有16个基层人民法院。

根据2007年修订的《民事诉讼法》第187条第2款的规定,地方各级人民检察院对同级人民法院已经发生法律效力的判决、裁定,发现有法律规定的抗诉事由的,应当提请上级人民检察院向同级人民法院提出抗诉。该规定说明民事抗诉案件实行"提高一级抗诉"的模式,基层检察院没有对民事案件进行直接抗诉的权力,地级市级检察院是有权提出民事抗诉的最低级别的检察院。虽然某省级人民检察院提出抗诉的民事案件数量可能多于其辖区内的某地级市级检察院提出抗诉的民事案件数量,但是其提出抗诉的民事案件数量不可能多于其辖区内的所有地级市级检察院提出抗诉的民事案件数量之和,因此可以说,地级市级检察院是提出民事抗诉的主要力量。对地级市级检察院的民事抗诉实践进行分析而得出的结论会更具代表性和说服力,这就是笔者选择G省Z市检察院和H省L市检察院为分析样本的原因所在。

笔者所使用的实证资料以受访单位的年度工作报告、年度统计报表和对从事民事检察监督工作的受访人进行结构化访谈所作的记录为主要来源。

## 二、民事抗诉案件数量缘何悬殊

从笔者调研的数据看,与G省Z市检察院同级的G省Z市中级人民法院2004年至2006年三年间共审理抗诉案件43件,改判6件,其中2005年受理检察院抗诉案件12件,在审结的11件抗诉案件中改判2件;2007年G省Z市检察院的民事抗诉案件为9件;2008年G省Z市检察院的民事抗诉案件为3件。虽然G省Z市中级人民法院2004年至2006年的抗诉案件数量统计未明确列出民事抗诉案件、刑事抗诉案件、行政抗诉案件的数量和指令再审的案件数量,但根据笔者访谈获知的信息可以推知,2004年至2006年G省Z市检察院的民事抗诉案件每年应为10件左右。H省L市检察院2004年至2008年的民事抗诉案件依次为108件、111件、109件、121件、74件。从2004年至2008年民事抗诉案件的数量总和来看,G省Z市检察院的民事抗诉案件不到H省L市检察院的十分之一,这说明:尽管G省Z市与H省L市在地理位置、面积、人口、地位、优势产业、经济水平、所辖基层人民法院的数量方面存在着很大的差异,但这些差异性因素和G省Z市检察院、H省L市检察院民事抗诉案件的数量之间不存在比例关联。需要指出的是,G省Z市检察院和H省L市检察院民事抗诉案件数量方面的悬殊,不能说明G省Z市的基层人民法院作出的生效裁判的质量一定比H省L市的基层人民法院作出的生效裁判的质量高,也不能说明在编制差距很小(G省Z市检察院负责民事检察监督的在编人员为6人,H省L市检察院负责民事检察监督的在编人员为7人)的情况下G省Z市检察院的工作人员的办案能力一定比H省L市检察院的低很多。

G省Z市检察院的民事抗诉案件数量与H省L市检察院差距巨

大的根本性原因究竟在哪里？"监督的出发点不同"（受访人语），可谓一语中的。在G省Z市检察院，"民事抗诉会使案件当事人的平等对抗失去平衡,会冲击生效裁判的既判力"的工作指导理念和历年来民事抗诉的低改判率使得其不将民事抗诉率和民事抗诉改判率视为硬性的考核指标,负责民事检察监督的工作人员因没有案件数量须达到一定要求的压力而缺乏提出抗诉的足够动力,但G省Z市检察院在民事检察监督方面并非无所事事。G省Z市检察院2007年的工作报告中有这样的一段话："在审判监督中,注意查办司法不公背后的索贿受贿、徇私舞弊等司法腐败案件,维护司法公正",这段话可例证G省Z市检察院的民事检察监督以初查民事司法腐败案件为重点,其所属的民事检察监督部门对民事司法腐败案件有初步的侦查权,查证属实后,要么移交其他部门办理,要么与其他部门联合办理。如此的定位是以"存在错误的生效民事裁判的背后肯定存在审判人员的违纪违法或职务犯罪行为"和"查处民事司法腐败案件所带来的'查一儆百'的震慑效果比提出民事抗诉更能实现监督的目的"为预设,笔者在访谈的过程中曾就实践中是否普遍存在这两个预设向G省Z市检察院的受访人求证,他们在表达"这两个预设可能有失偏颇"的想法后承认他们的工作的确以这两个预设为指导,因为"基调是领导定的"（受访人语）。

在H省L市检察院，"民事检察监督应以民事抗诉为最重要的实现方式"的工作指导理念和有些让人感到意外的高民事抗诉改判率[①]使其以民事抗诉率和民事抗诉改判率为硬性的考核指标,负责民事检察监督的工作人员为了让案件数量达标而整天忙得不可开交。H省L市检察院多年来因民事抗诉案件数量的可观而多次受到上级检察院的表彰并名列全国同级检察院民事检察监督工作的前茅。笔者在访谈的过程中曾向H省L市检察院的受访人介绍过G省Z市以初查民

---

① 如2006年H省L市检察院的民事抗诉案件为109件,改判49件,改判率接近45%,不可谓不高。

事司法腐败案件为民事检察监督重点的情况,他们表示十分羡慕,"这样既可减少工作量,又可起到更好的效果"(受访人语),同时他们也表示以初查民事司法腐败案件为民事检察监督的重点在 H 省 L 市不可行,因为那里的司法环境决定了"查不动",民事检察监督工作位列全国前茅、多年来在民事司法腐败案件查处方面一直近乎空白的 H 省 L 市检察院近年来为实现与外在评价相符合,曾尝试在初查民事司法腐败案件上有所作为,但都没有明显的效果。

在其他变量恒定的情况下,民事抗诉事由的具体化程度与民事抗诉案件的数量之间存在着反比例的关系。具体而言,民事抗诉事由的具体化程度越高,检察院在对生效判决、裁定是否符合抗诉条件进行判断时所拥有的裁量权就越小,检察院可提出民事抗诉的案件数量就越小。然而,"基本事实认定缺乏证据证明"、"法律适用错误"等主观色彩严重、检法判断易生分歧的实体性民事抗诉事由以及"违反法定程序可能影响案件正确判决、裁定"这一兜底式程序性民事抗诉事由的存在决定了民事抗诉事由并没能够在严格意义上实现"具体化",这种名不符实的民事抗诉事由"具体化"很可能实然地逆向推动民事抗诉案件数量的上升而颠覆应然的反比例关系。此外,从整体上看,在其他变量恒定的情况下,民事抗诉事由的覆盖面与民事抗诉案件的数量之间存在着正比例关系。即民事抗诉事由的覆盖面越广,民事抗诉案件的数量越多,反之亦然。基于以上的分析,G 省 Z 市检察院民事抗诉案件在 2008 年突破年均 10 件左右的低水平而上升至一个可观的水平应毫无困难,但全年 3 件的实际数量与巨大降幅则说明在民事检察监督的重点未从初查民事司法腐败案件上移开之前,民事抗诉事由的具体化和量的扩张不会对民事抗诉案件数量的升降产生实质性的影响。

### 三、民事抗诉案件数量缘何明显下降

以提出民事抗诉为民事检察监督之重点的 H 省 L 市检察院 2008

年的民事抗诉案件数量跌破百件,仅有 74 件,比 2007 年下降了 38.8%,比 2004 年至 2007 年的平均数下降了 34.1%。虽然 G 省 Z 市检察院 2008 年的民事抗诉案件仅为 3 件,比 2007 年下降了 66.7%,下降的幅度比 H 省 L 市检察院要大很多,但由于分析民事抗诉案件数量明显下降的原因需要一定规模的样本,G 省 Z 市检察院因其民事抗诉案件的总量相对太少而不具有成为分析对象的典型性。H 省 L 市检察院的民事抗诉案件数量明显下降的原因可从如下几个方面得以说明:

(一) 民事案件调解结案率的升高

进入 21 世纪以后,纠纷解决的社会需求和"综合治理"战略使得司法政策出现了一系列新的动向,并带来了调解的复兴。① 自 2002 年至今,诉讼调解被作为"东方经验"加以宣扬,"能调则调"被作为法院的工作方针加以贯彻,"调解优先、调判结合"被作为民事审判的观念加以强调。根据王胜俊 2009 年 3 月 10 日在第十一届全国人民代表大会第二次会议上所作的最高人民法院工作报告,2008 年全国各级法院经调解结案的民事案件为 3167107 件,占全部民事案件的 58.86%。基层人民法院的民事案件调解结案率最高并且会远高于四级法院民事案件调解结案率的平均水平,这一判断在当前中国肯定站得住脚。虽无具体的数据,H 省 L 市的 16 个基层人民法院 2008 年的民事调解结案率肯定都在 60% 以上,"70% 可能是倒数前几位的成绩",一位在 H 省 L 市某基层人民法院专司数据统计的受访者如是说。

《民事调解规定》(法释[2004]12 号)第 12 条规定,调解协议具有下列情形之一的,人民法院不予确认:(1)侵害国家利益、社会公共利益的;(2)侵害案外人利益的;(3)违背当事人真实意思的;(4)违反法律、行政法规禁止性规定的。该条文是关于人民法院有权对诉讼调

---

① 范愉:《纠纷解决的理论与实践》,清华大学出版社 2007 年版,第 417 页。

解协议进行合法性审查的规定,其法理依据在于:当事人在民事诉讼中享有的处分权具有相对性、是有条件的,人民法院在尊重当事人之处分权的前提下有权对诉讼调解协议的合法性进行有限且适当的限制。而根据最高人民法院《关于人民检察院对民事调解书提出抗诉人民法院应否受理问题的批复》(法释[1999]4号)的规定,检察院无权对民事调解书提出抗诉,此一局面直到《民事诉讼法》在2012年的修改完成方才发生改变。由此可见,作为法释[2004]12号和法释[1999]4号共同的制定主体,最高人民法院对于法院、检察院可否对在合法性方面存在严重瑕疵的诉讼调解协议或以诉讼调解协议为蓝本而形成的民事调解书提出实质性否定动议这一问题上采取了区别对待而非一视同仁的处理方案,以十分明显的"自利"立场对民事抗诉的范围进行了蛮横的限制,检察机关对当事人在诉讼调解中之不当行为的法定监督权由此被否定。所以,H省L市检察院对该市基层人民法院作出的、可能提出抗诉的生效裁判所占的比重大为下降,延伸性的导致该院2008年民事抗诉案件数量的大幅下降。

(二)再审检察建议的广泛使用

根据《民行抗诉办案规则》第47条的规定,有下列情形之一的,人民检察院可以向人民法院提出再审检察建议:(1)原判决、裁定符合抗诉条件,人民检察院与人民法院协商一致,人民法院同意再审的;(2)原裁定确有错误,但依法不能启动再审程序予以救济的;(3)人民法院对抗诉案件再审的庭审活动违反法律规定的;(4)应当向人民法院提出检察建议的其他情形。再审检察建议制度使"提级抗诉"的民事抗诉模式以另一脸孔出现了松动,检察院得以对同级法院直接进行监督,人数最多的基层检察院变相的获得了对民事案件进行监督的权力,这种监督的效果与抗诉的效果几可等同,民事检察监督的重心得以下移,上级检察院的办案压力得以缓解。H省L市的基层检察院2004年提出再审检察建议39件,与当年抗诉之比为36:100;2005年提出再审检察建议为 21 件,与当年抗诉之比为 19:100,采纳 17 件,采纳率为 81%;2006 年提出再审检察建议 14 件,与当年抗诉之比为 13:100,采纳 8 件,采纳率为 57%;2007 年提出再审检察建议 22 件,与当年抗诉之比为 18:100;2008 年提出再审检察建议为 17 件,与当年抗诉之比为 23:100。如上数据表明,再审检察建议已经成为 H 省 L 市的检察系统在民事抗诉之外的进行民事检察监督的重要方式。全国的情况也如此:2001 年,再审检察建议制度在全国民行检察系统推广。当年,检察机关提出再审检察建议 2942 件,2008 年这一数字攀升至 5220 件。采纳率也在稳步递增,比如,2008 年再审检察建议的采纳率为 75.7%,比 2007 年上升了 15 个百分点;2007 年的采纳率为 60.7%,与 2006 年的 60.9% 基本持平,而 2005 年的采纳率为 59.8%,2004 年为 51.6%,2003 年则是 36.4%。① 2003 年至 2008 年全国的再审检察建议平均采纳率为 57.5%。仅 2005 年,全国检察机关就提出再审检察建议 5192 件,人民法院采纳 3109 件;同期提出抗诉 12757 件,检察建议与抗诉之比为 40:100。② 尽管笔者没能获得关于 2004 年、2007 年、2008 年 H 省 L 市基层检察院再审检察建议采纳率方面的数据,但根据该院 2005 年和 2006 年的数据和访谈的资料可以估测出 2004 年至 2008 年该市基层检察院的平均再审检察建议采纳率应不会低于 2005 年全国的水平,应在 60% 以上。与 2005 年全国的情况相比,H 省 L 市基层检察院 2004 年至 2008 年提出的再审检察建议与 H 省 L 市检察院提出的抗诉之间的比例均低于 2005 年的全国水平,其中 2005 年至 2007 年的比例未达到 2005 年全国水平的一半。另据《检察日报》的报道,从 2007 年到 2009 年 3 月,江西省检察机关共向法院发出再审检察建议 188 件,法院启动再审程序后改判 121 件,再审改

---

① 张立:《再审检察建议:推行八年何时入法》,载《检察日报》2009 年 5 月 4 日第 5 版。
② 夏黎阳:《民事行政个案再审检察建议之适用与完善》,载《法学杂志》2006 年第 5 期。

判率为64%。① 虽然该报道没有涉及再审检察建议的采纳率,但考虑到通常情况下因检察建议而引发的再审的改判率与再审检察建议的采纳率之间会存在一定的差距,可以判断江西省检察机关2007年到2009年3月期间再审检察建议的采纳率要比2003年至2008年的全国平均水平高出不少。2004年以来,河南省南召县检察院共向法院发出再审检察建议127件,法院采纳127件,采纳率为100%,再审改判106件,改判率为83%。② 通过简单对比,可以发现:H省L市基层检察院在再审检察建议方面仍有不小的进取空间。

H省L市检察系统的受访人多次谈及,"针对裁定提出的再审检察建议几乎没有"。之所以如此,是因为最高人民法院凭借长期以来在司法解释权方面形成的近乎垄断的优势地位,以批复的形式单方面地将大量裁定排除在民事抗诉的范围之外。例如,根据最高人民法院1995年以来的相关批复,人民检察院对执行程序中的裁定、破产程序中债权人优先受偿的裁定、终结企业法人破产还债程序的裁定、诉前保全裁定、中止诉讼的裁定、撤销仲裁裁决的裁定、不撤销仲裁裁决的裁定提出抗诉的,人民法院不予受理。"城门失火,殃及池鱼",检察院针对不可提出抗诉的民事裁定提出再审检察建议往往陷入不被理睬的境地。H省L市检察系统的受访人坦言:"尽管提出再审检察建议的法定情形有四种,但针对后三种情形提出的可以忽略不计。"在实践中,"原判决符合抗诉条件,人民检察院与人民法院协商一致,人民法院同意再审的"由此成为提出再审检察建议事实上的唯一法定情形。因为再审检察建议针对的原判决符合抗诉条件,所以再审检察建议针对的民事案件构成对民事抗诉案件的分流与转化,二者之间形成一种此消彼长的紧张关系。这种紧张关系恰好可用以说明以提出民事抗诉为民事检

---

① 欧阳晶:《江西巧用再审检察建议 再审案件64%获改判》,载《检察日报》2009年4月8日第1版。

② 柴春元:《检察监督:遏制虚假诉讼应有作为》,载《检察日报》2009年5月18日第2版。

察监督之重点的H省L市基层检察院2004年至2008年提出的再审检察建议与H省L市检察院提出的抗诉之间的比例为何均低于2005年的全国水平,还可用以说明H省L市基层检察院2008年提出的再审检察建议与H省L市检察院提出的抗诉之间的比例的上升为何会成为H省L市检察院2008年民事抗诉案件数量出现实质性下降的成因之一。

尽管再审检察建议针对的民事案件与民事抗诉案件之间存在着此消彼长的紧张关系,但H省L市基层检察院2004年至2008年的再审检察建议仍维持着一个不小的规模,年均逾22件。"对符合民事抗诉条件的案件提出再审检察建议而不提出抗诉,法院反悔不再审的情形以及不采纳或少采纳再审检察建议的情形是否经常发生?"笔者在访谈中曾表达过这样的担心,受访人皆回答"不会的",因为"不是一票买卖,法院得看长远"。平均逾六成的再审检察建议采纳率、程序简便、规则约束少、效率高让H省L市检察院近年来不再一味地花更多的人力、物力通过对抗色彩浓厚、程序复杂、规则约束多、周期长的民事抗诉程序去争取很难过半的民事抗诉改判率。"自行主动纠错"比"在监督下被动纠错"更能保全法院的"面子","知错就改"容易博得外在谅解,"被迫改错"容易招致外在愤慨,法院可以把接受再审检察建议而纠正生效裁判的错误当成"政绩"加以宣扬。另外,在中国当前构建和谐司法的特定形势下,H省L市的检法系统都被要求要充分地意识到"相互配合"重于"相互制约",二者也意识到只有形成合力才能在司法环境本来就不理想的当地争取到尽可能好的外部环境。所以,再审检察建议以其协商性、非对抗性、高效性的优势为H省L市的检法系统所接受并会扩大适用的规模。

(三)民事抗诉之吸引力的下降

根据2007年修订的《民事诉讼法》第178条和第181条的规定,当事人对已经发生法律效力的判决、裁定,认为有错误的,只能向上一级人民法院申请再审,因当事人申请而裁定再审的案件由中级人民法院以上的人民法院审理，基层人民法院无权受理再审申请，也无权审理因当事人申请而裁定再审的任何案件，当事人对基层人民法院很难否定自己作出的生效裁判的疑虑与担心得以消除。但根据2007年修订的《民事诉讼法》第188条的规定，对于地级市级检察院提出的民事抗诉案件具备如下五种情形之一的，基层人民法院可以再审，进而导致当事人对基层人民法院很难否定自己作出的生效裁判的疑虑与担心得以继续存在：(1) 有新的证据，足以推翻原判决、裁定的；(2) 原判决、裁定认定的基本事实缺乏证据证明的；(3) 原判决、裁定认定事实的主要证据是伪造的；(4) 原判决、裁定认定事实的主要证据未经质证的；(5) 对审理案件需要的证据，当事人因客观原因不能自行收集，书面申请人民法院调查收集，人民法院未调查收集的。在H省L市2008年提出抗诉的74件民事案件中，抗诉事由为"有新的证据，足以推翻原判决、裁定的"有2件，抗诉事由为"原判决、裁定认定的基本事实缺乏证据证明的"有69件，抗诉事由为"原判决、裁定适用法律确有错误的"有1件，抗诉事由为程序性事由的有2件。对于H省L市2008年提出抗诉的74件民事案件，绝大多数（71件）可由基层人民法院再审。当事人为消除对基层人民法院的不信任，更愿意向H省L市中级人民法院申请再审，而不愿意向H省L市检察院申诉。

民事抗诉审查耗费的时间远多于再审申请审查耗费的时间也是民事抗诉之吸引力下降的原因之一。根据《民行抗诉办案规则》第12条、第14条和2007年修订的《民事诉讼法》188条的规定，人民检察院受理民事申诉案件后决定立案的期限最长可为30日，人民检察院在调阅人民法院审判案卷后审查的期限最长可为3个月，接受抗诉的人民法院自收到抗诉书之日起到作出再审裁定的期限最长可为30日。简单估算，从人民检察院受理民事申诉案件到接受抗诉的人民法院作出再审裁定的时间跨度要远多于3个月，若考虑到人民法院对人民检察院调阅案卷的不配合，这个时间跨度将更大。而根据2007年修订的《民事诉讼法》第181条的规定,人民法院自收到再审申请书之日起到作出是否准予申请的裁定的时间一般不多于3个月。"《民事诉讼法》修改后,时间长、程序烦琐决定了当事人不愿意向检察院申诉,而更乐意向中院(H省L市中级人民法院)申请再审",一位H省L市检察院的受访人如是说。人民检察院以当事人申诉为案件主要来源,当事人申诉的减少决定了民事抗诉案件数量的必然减少。

人民检察院办理抗诉案件不收取案件受理费的优势因《诉费办法》的施行而被大为削弱,民事抗诉的吸引力也因此受到影响。根据《诉费办法》第9条的规定,除下列两种情形以外,当事人申请再审的案件不收取案件受理费:(1)当事人有新的证据,足以推翻原判决、裁定,向人民法院申请再审,人民法院经审查决定再审的案件;(2)当事人对人民法院第一审判决或者裁定未提出上诉,第一审判决、裁定或者调解书发生法律效力后又申请再审,人民法院经审查决定再审的案件。从H省L市检察院2008年民事抗诉案件的情况看,抗诉事由为"有新的证据,足以推翻原判决、裁定"的案件所占比例不到3%,这极低的比例说明即使持有足以推翻原判决、裁定之新证据的当事人为了节省申请再审应交的案件受理费而选择向人民检察院申诉也不会对民事抗诉案件数量的下降形成遏制力量。当事人不经上诉而申请再审通常属于违背诚信原则的策略性诉讼行为,《诉费办法》规定这类须交案件受理费的目的在于对这种策略性诉讼行为进行费用制裁,但这种规制与再审补充性原则的核心要求相去甚远。所谓再审的补充性,是指再审相对于上诉、申请复议等救济途径而言,是一种补充性的救济方式。造成裁判错误的事由,有些在第一审程序中就已经存在,对此,当事人完全可以通过上诉、提出异议和请求复议这些常规的方式寻求救济,而不应当等到判决生效后再来提出再审之诉。如果当事人明明能够用上诉等方式提出却没有提出,则会产生失权的效果,即不允许再以提出再审之诉或者申请再审的方式提出。① 申请再审不以提出过上诉为前提构成对再审补充性原则的根本性背离,不实行失权处理而实行费用制裁很难有效规制"不打上诉打再审"的策略性诉讼行为,也很难通过实质性加大当事人申请再审的成本来抑制当事人启动再审程序的盲动与非理性情绪。在《诉费办法》施行后诉讼费用的大幅度下降使得当事人不经上诉而申请再审所要交纳的案件受理费要远少于当事人因为没有上诉而节省的上诉费、代理费等费用,当事人不经上诉不仅利益未受损失,而且可节省不少的成本支出,这使得民事抗诉案件不收取案件受理费的优势大打折扣,再加上申请再审的审查效率更高和提级审查可消除当事人对基层人民法院的不信任,所以,"民事抗诉案件若想在《诉费办法》实施之后保持与以往差不多规模将越来越困难",H省L市检察院受访人的判断是有充分依据的。

## 四、结语

政策主导型社会治理模式已经远去,法律主导型社会治理模式尚未完全建成。政策主导型社会治理模式的身后留下的影子依然斑驳地遮掩着正处在社会变迁关键期的当下中国。具体到民事检察监督,法律制度倡导民事抗诉与初查民事司法腐败案件并重;具体到民事结案方式,法律制度倡导调解与判决并重;具体到诉讼费用,法律制度倡导便利民众诉讼与防止权利滥用并重。众多原因使司法政策改"并重"为"侧重",司法政策对法律制度的优越大面积呈现,司法政策对法律制度的软化或异化时常可见,司法政策顽固作用所形成的体制环境让法律制度不得不具备显明的政策化特征,民事抗诉亦是如此。若要准确地理解并评估《民事诉讼法》2007年修改后民事抗诉制度的实践,司法政策视角的审视为需首先完成的基础性作业。

---

① 李浩:《再审的补充性原则与民事再审事由》,载《法学家》2007年第6期。

第二编　常规机制的良善化：
　　宏观聚焦与微观研讨

# 我国《民事诉讼法》丁亥年修改之冷思考

**本部分所涉规范性文件全简称对照表**

| 全称 | 简称 |
|---|---|
| 《中华人民共和国民事诉讼法》（1991年4月9日通过） | 1991年《民诉法》 |
| 《中华人民共和国民事诉讼法》（2007年10月28日第一次修订） | 2007年《民诉法》 |
| 《中华人民共和国民事诉讼法》（2012年8月31日第二次修订） | 2012年《民诉法》 |

正当性权威是法律在规则体系内部借以存在和赢得行为主体内心认同的必要条件。没有正当性权威或正当性权威不足，法律将不得不面对存续危机。因为立法是法律之正当性权威的最主要来源，所以立法过程中的瑕疵可否避免以及可在多大范围内有效避免将从来源命题方面决定并衡量着法律的正当性权威。在"重实体法，轻程序法"和"重刑事程序法，轻民事程序法"的法律传统依然强势和推进程序法治建设阻力未减的现实语境中，对于任何有益于增进被视为"轻中之轻"的《民事诉讼法》之正当性权威的机会，都值得加以把握。

经过16年急剧的社会变迁，1991年《民诉法》已经在相当大的程度上不能适应民事诉讼实践的要求，对其进行全面修改的必要性早已具备，对其进行全面修改的基本条件也已成熟。2003年12月，我国第十届全国人大常委会正式将1991年《民诉法》的修改纳入"立法规划"。2007年10月28日，第十届全国人大常委会第三十次会议通过《关于修改〈中华人民共和国民事诉讼法〉的决定》（以下称《修改决定》),完成了对1991年《民诉法》的"小改"。这次"小改"先后经历2007年6月、8月和10月的三次审议,在学术界、检察院等主体的强烈质疑声中,最终以19个条文面世。然而,2012年《民诉法》全面修改的现实紧迫性依然存在,相关探讨依然十分必要。2007年10月至今,民事诉讼法学界针对《修改决定》的回应性研究成果[1]几乎都将重心放在对具体条文的解读上,并以一种"改了总比不改好"的无奈心态去勉为其难地尽力探寻《修改决定》的积极意义与正当性,这种立足微观与现实的努力不可否定,但是也决不能予以高估。我们必须直面1991年《民诉法》丁亥年[2]修改之修法目的具有明显的功利性、修法过程的民主性始终不足、修法背后的轻程序倾向强势存在和修法方式的科学性严重缺失四大瑕疵。1991年《民诉法》丁亥年修改之四大瑕疵的存在也许是其最大价值,能够为2012年《民诉法》的全面修改提供镜鉴,以避免再走错路或弯路。

## 一、修法目的具有明显的功利性

1991年《民诉法》的修改于2003年底列入立法规划,2007年是第十届全国人大常委会五年任期的最后一年,也是把1991《民诉法》的修改当作一项能够按时完成的任务加以对待的最后机会。全国人大常委会法制工作委员会2007年6月24日在第十届全国人大常委会第二十八次会议上所作的《关于〈中华人民共和国民事诉讼法修正案(草案)〉的说明》(以下称"《说明》")中指出,1991年《民诉法》修改已列入2007年的立法计划。2007年7月9日,民诉学者孙邦清和他

---

[1] 相关的研究成果有赵钢:《仓促的修订 局部的完善——对〈关于修改〈中华人民共和国民事诉讼法〉的决定〉的初步解读》,载《法学评论》2008年第1期;陈桂明:《再审事由应当如何确定——兼评2007年民事诉讼法修改之得失》,载《法学家》2007年第6期;李浩:《再审的补充性原则与民事再审事由》,载《法学家》2007年第6期;张卫平:《再审事由构成再探讨》,载《法学家》2007年第6期;齐树洁:《再审程序的完善与既判力之维护》,载《法学家》2007年第6期;汤维建等:《评民事再审制度的修正案》,载《法学家》2007年第6期。

[2] 为便于阅读时的区别理解,此处特用丁亥年指称2007年,他处亦作如此处理。

的导师江伟在《法制日报》上发表《期待民诉法全面修改》一文。文章发表后，有学者曾与人大法工委有过交流，对方答复："时间仓促，全面修订来不及，征集意见也来不及，要尽快完成立法任务。"①不难看出，全国人大法工委也承认1991年《民诉法》全面修改的必要性和征集意见的重要价值，但为了完成立法任务这一直接目的，还是全然不顾、知错而为地选择了赶时间。2007年10月"小改"的完成与全国人大法工委之前的表态形成印证，二者体现的是一种"为完成任务而完成任务，而不顾及任务完成之质量"的功利政绩观，这与修法必须有充足的时间保证、不能只争朝夕的基本法理明显冲突。

对1991年《民诉法》"小改"之目的的审视不仅需要从其直接目的方面进行，而且还需要从其根本目的方面进行。《说明》第三段的后半部分中指出：2007年全国人民代表大会期间，湖南团江必新等30名代表提出《关于修改民事诉讼法以解决"执行难"、"申诉难"的议案》，并提出了民事诉讼法修正案（草案）的建议稿。这个议案的质量较好。为了发挥全国人大代表积极提出高质量议案、促进立法工作的作用，全国人大常委会法制工作委员会以该议案为基础，形成了民事诉讼法修正案（草案）。从这段文字中，我们只能看出1991年《民诉法》"小改"的动因，即回应全国人大代表的法律案，但并不能以此作为其根本目的。至于1991年《民诉法》丁亥年"小改"的根本目的，我们可以从《说明》第三段前半部分的如下表述中窥见一二："中央关于司法体制和工作机制改革的方案中提出，要着力解决人民群众反映强烈的'申诉难'和'执行难'问题。经研究，这次民事诉讼法主要解决意见反映集中、修改条件比较成熟的上述两个问题，对民事诉讼法中的审判监督程序和执行程序作出修改。"

"申诉难"和"执行难"的成因具有多方面性，1991年《民诉法》中

---

① 赵蕾、邓江波：《利益各方未能充分"吵架" 民事诉讼法修改受质疑》，载《南方周末》2007年8月16日第11版。

关于审判监督程序和执行程序的规定所存在的不足绝不是产生"申诉难"和"执行难"的全部原因,甚至连主要原因都算不上。要破解"申诉难"和"执行难",必须通盘设计,单靠1991年《民诉法》的局部修改不可取,更何况局部修改往往连"头痛医头、脚痛医脚"的效果也难以取得。既然如此,全国人大常委会以审判监督程序和执行程序为切入点对1991年《民诉法》进行"小改"的根本目的何在?要回答这一提问,必须得将视角转向我国当前的政治态势。我国目前正处于关键发展期,这一阶段也是矛盾凸显期。为抑制国内的利益冲突、谋求稳定的秩序,执政党2004年提出了构建和谐社会的设想。其后,作为一项政治性任务,构建和谐社会被要求落实到各个层面。新中国成立以来,立法与政治态势的密切关联和立法权在国家权力体系中并不理想的地位与处遇决定了任何政治态势的基本要求都必须在立法层面得到淋漓尽致的体现。由此,1991年《民诉法》丁亥年"小改"的根本目的宜界定为对构建和谐社会这一政治态势的一种简单回应,而非一种适当回应,因为过于匆忙的"小改"并不能符合抑制冲突和谋求稳定的政治预期。需要加以说明的是,如此界定,无意割裂法律创制与政治的天然联系,也无意否定法律创制与政治的密切关联。

### 二、修法过程的民主性始终不足

保证多方主体充分参与并能够对法律的最终形成施加积极影响是贯彻立法民主原则的关键。立法博弈的充分存在是贯彻立法民主原则的核心要求。针对1991年《民诉法》丁亥年的修改,有学者于2007年8月接受采访时指出:立法过程中"吵架"正是为了司法过程中不"吵架",至少少"吵架"。[①]《民事诉讼法》是基本法律,既要调整权力与权力之间的关系、权力和权利之间的关系,还要调整权利和权

---

① 赵蕾、邓江波:《利益各方未能充分"吵架"民事诉讼法修改受质疑》,载《南方周末》2007年8月16日第11版。

利之间的关系。民事诉讼法调整对象的多元性决定了民事诉讼法修改的博弈主体必须具有多元性。具体而言,不仅作为民事审判权和民事执行权享有主体之代表的最高人民法院、作为民事检察监督权享有主体之代表的最高人民检察院、作为对仲裁享有监督和指导权之代表的国务院法制办以及作为对律师、公证、人民调解享有监督和指导权之代表的司法部应当充分的参与民事诉讼法的修改,而且作为民事诉讼之主角的当事人、作为诉讼代理人之主要代表的律师、作为民事诉讼理论探讨之主体的学者也应当充分的参与民事诉讼法的修改。

  然而,综观1991年《民诉法》丁亥年"小改"的全过程,参与性严重不足,立法博弈也无从谈起。对民事诉讼法"小改"参与度最高的是最高人民法院,"2007年6月提交审议的民事诉讼法修正案(草案)出自最高人民法院"这一判断虽未得到正式的印证,但事实上各方主体对此普遍不持怀疑态度。南方周末记者采访最高人民法院研究室主任邵文虹时,有这样的一段对话:"南方周末:此次修改民诉法是全国人大常委会法工委委托最高人民法院进行吗? 邵文虹:我们没有接到这样的委托……全国人大启动立法程序后,全国人大法工委作了大量的工作,广泛听取各方意见。民诉法修正案是程序法,与法院办理民事案件的程序关系极为密切。为此,最高人民法院专门成立了民诉法修改研究小组,认真研究和总结各地的司法实践经验,及时向全国人大法工委提供所需素材、意见和建议。"①

  检察院是对1991年《民诉法》丁亥年"小改""抱怨"最为强烈的权力主体。"一读"后,近年来十分活跃的法律时评作者、江西省赣州市人民检察院检察官杨涛在《民事诉讼法修正岂能关门进行?》一文中将"民事诉讼法修正案(草案)出自最高人民法院"视为"部门立法"行

---

① 赵蕾:《民诉法为何只改再审和执行程序?——专访最高人民法院民诉法修改研究小组有关人员》,载《南方周末》2007年8月16日第11版。

为而加以批评。① 国家检察官学院副教授刘辉在《检察日报》上发表《修订民诉法不该忽略检察监督内容》一文,认为民事诉讼法修正案(草案)严重缺失对民事诉讼检察监督权的合理配置,并认为零敲碎打式的修法思路容易产生弊端。② 从"应否加强检察机关对执行程序的监督"与"再审事由具体化是否合理"、"申请再审全部提级审查是否可行"、"应否将抗诉事由具体化"一起成为 2007 年 8 月"二读"的四大争议焦点来看,检察院在"一读"后的强烈回应使得 1991 年《民诉法》丁亥年"小改"过程中具备了一些博弈的痕迹。

学者对民事诉讼法"小改"反弹最大,普遍持默示否定的态度。原因一方面在于,民事诉讼法修正案(草案)没有建立在学者建议稿上。以江伟为主持人,以李浩、姜启波、廖永安、肖建国、邵明和孙邦清为成员的司法部重点科研项目"民事诉讼法典的修改与完善"课题组于 2005 年便出版了《〈中华人民共和国民事诉讼法〉修改建议稿及立法理由》一书,该书的 20 余位作者在中国民事诉讼法学界绝对是一支必须给予高度重视的学术力量,该书对民事诉讼法的全面修改进行了有意义的探讨,并已经在社会上产生了很大的影响。面对并不让人满意的"小改",2007 年 7 月 9 日江伟、孙邦清在《法制日报》上发表《期待民事诉讼法全面系统修改》一文,认为目前民事审判领域最根本的问题是司法公正与司法权威的问题,"申诉难"与"执行难"仅仅是民事诉讼问题的外在表象之部分,为解决这两个难题出台的修正案不免有"头痛医头、脚痛医脚"之嫌;他们并期待在接下来的审议中能够完善草案并立即着手对民事诉讼法进行全面修订,尽快制定一部适应社会主义市场经济的民事诉讼法典。③ 原因另一方面在于,立法者在民事诉讼法修正案(草案)提交审议前未与学者进行有效沟通,学者始终、

---

① 杨涛:《民事诉讼法修正岂能关门进行?》,载《南方周末》2007 年 7 月 18 日第 30 版。
② 刘辉:《修订民诉法不该忽略检察监督内容》,载《检察日报》2007 年 7 月 20 日第 3 版。
③ 江伟、孙邦清:《期待民事诉讼法全面系统修改》,载《法制日报》2007 年 7 月 9 日第 3 版。

普遍被立法者轻视。民事诉讼法修正案（草案）经"一读"未被通过后，官方修改稿才结束保密状态，全国人大法工委才开始向国内的部分民事诉讼法学者寄送民事诉讼法修正案（草案）。之后，全国人大法工委又组织了一次小型研讨会，参会者主要是最高人民法院和最高人民检察院人员，江伟、杨荣馨、刘家兴、毕玉谦和陈桂明等少数学者也受邀参加。[①] 据笔者的了解，这次会议是民事诉讼法"小改"整个过程中唯一的一次有学者参加的研讨会。与会学者的人数与其他基本法律修改中举办的研讨会动辄十几人甚至几十人的规模相比，根本不可同日而语。与会的五位学者被称为"三老两小"，年老学者与年轻学者的比例失调，且都是在京学者，连被尊称为民诉法"四老"之一的西南政法大学教授常怡都未能受邀与会，这其中可能会有时间和成本的考虑，但对民诉法学者的轻视必定是其中的主要原因之一，因为邀请外地学者进京参与立法研讨并非没有多次发生过。

综上可知，最高人民法院、最高人民检察院和学者参与了1991年《民诉法》丁亥年的修改，其中至少学者的参与很难说具有实质意义。国务院法制办、司法部、当事人和律师代表则缺席1991年《民诉法》丁亥年的修改。1991年《民诉法》丁亥年修改的多方参与程度很低，立法博弈无从发生，将各方主体在立法中没有机会表达的意见延伸到司法中，容易导致司法中的"吵架"，让立法应当承担的吸收不满、消除分歧的部分功能不当的转移给司法。另外，当事人和律师代表的缺席阻止了1991年《民诉法》丁亥年的修改成为一个社会事件，让民众失去了一个参与公共事务的宝贵机会，也让中国失去了一个尝试协商性民主的良好时机。

---

① 赵蕾、邓江波：《利益各方未能充分"吵架"民事诉讼法修改受质疑》，载《南方周末》2007年8月16日第11版。

### 三、修法背后的轻程序倾向强势存在

尽管中国古代法制中不乏程序规则,但程序法一直没有获得相对于实体法的独立地位,"实体与程序不分"和"重实体轻程序"成为中国古代法制的显著特点。尽管以季卫东20世纪90年代初发表的论文《法律程序的意义——对中国法制建设的另一种思考》为标志,程序法制的重要意义和独立价值在国内逐渐被越来越多的人所认同,但几千年来所形成的"重实体轻程序"的法制传统依然在诸多领域顽强的发挥着不可忽视的作用。1991年《民诉法》丁亥年的修改则多视角的展示了这一法制传统对立法领域的强势影响。

首先,1991年《民诉法》丁亥年修改之仓促性特点难免的原因之一便是物权法草案表决的推迟。物权法草案原定于2006年3月提交全国人民代表大会审议。2005年8月12日,北京大学法理学教授巩献田发表题为《一部违背宪法和背离社会主义基本原则的物权法草案》的公开信,指责物权法草案规定平等保护原则违反宪法,是一部背离社会主义基本原则、开历史倒车的《草案》,由此引发所谓物权法草案是否违宪的争论。2005年10月22日,第十届全国人大常委会第十八次会议第四次审议物权法草案,并决定将草案提交全国人大大会审议通过的时间推迟至2007年。2006年12月26日,第十届全国人大常委会第二十五次会议第七次审议物权法草案,认为草案已经成熟,决定提请2007年3月召开的第十届全国人大第五次会议审议通过。2007年3月16日,物权法以高票获得通过。不论物权法草案是否违宪的争论的价值怎样,一部法律因为一封公开信而推迟审议时间一年,这是新中国法制建设史上的首次,这本身就已经说明中国立法的谨慎与进步,《物权法》的制定也将因此作为一个标志性事件而写入中国的立法史。物权法于2007年方获得表决通过,客观上使得十届全国人大常委会在任期的最后一年不得不面对"时间紧、任务重"的境

地。作为一部施行十多年未作任何修改的基本法律,1991年《民诉法》的修改须持的应然的谨慎态度应与物权法制定中的谨慎态度有过之而不及。由此,1991年《民诉法》的修改应顺延到下一届全国人大常委会的任期内进行,而不应赶在本届全国人大常委会任期的最后一年突击进行。然而,即使备受质疑,1991年《民诉法》还是进行了修改,这说明程序法建设的重要性在立法者的脑海中并没有取得与实体法建设同等的地位,因实体法建设而客观上挤占的程序法建设的时间,立法者并没有给予弥补,而采取了将就和凑合的做法,程序法和实体法并重也就无从谈起。

其次,1991年《民诉法》丁亥年修改的神秘进行与物权法草案等多部实体法律草案向全社会公布广泛征求意见的做法截然相反。21世纪初,婚姻法修改草案开本世纪向全社会公布广泛征求意见的先河。2005年6月26日,第十届全国人大常委会第十六次会议第三次审议物权法草案,并决定向社会公布,7月10日,新闻媒体公布《中华人民共和国物权法草案(征求意见稿)》,截至8月20日,立法机关共收到包括26个省市和15个较大的市的人大常委会、47个中央有关部门、16个大公司、22个法学教学研究机构和法学专家提出的修改建议11543件。2006年3月20日,全国人大常委会将《劳动合同法(草案)》向全社会公布广泛征求意见,这是自1954年第一次公布宪法草案以来我国第13部法律草案向社会公布广泛征求意见。2007年3月25日,全国人大常委会将《就业促进法(草案)》向全社会公布广泛征求意见。2007年9月5日,全国人大常委会将《水污染防治法(修订草案)》向全社会公布广泛征求意见。2008年4月20日,全国人大常委会将《食品安全法(草案)》向社会公布广泛征求意见。尽管2007年6月26日全国人大常委会的官方网站——中国人大网对《民事诉讼法修正案(草案)》的审议情况进行了网络直播,但在此前没有1991年《民诉法》将于2007年完成修改的任何正式报道,学者们见到民事诉讼法修正案(草案)是在"一读"之后。接受南方周末记者采访的几位学者一致称,这是三年来他们第一次看到官方修改稿。① 一直到 2007 年 10 月修改的完成,这份官方修改稿也没有全文向社会公众公开,社会公众只能借助人民日报、新华网等官方媒体略有了解,虽然此前不少学者呼吁修改民事诉讼法如此重要的基本法律的一个必不可少的步骤是要向社会全文公开修改稿。单从修改或制定草案是否向全社会公布广泛征求意见这点来看,《民事诉讼法》的重要性不仅不如同为基本法律的《婚姻法》与《物权法》,而且不如比其位阶低一层次的《劳动合同法》《就业促进法》《水污染防治法》和《食品安全法》,以《民事诉讼法》为主要组成部分的程序法之地位于此又可窥见一斑。可以说,"程序法无足轻重甚至可有可无"意识的根深蒂固决定了 1991 年《民诉法》丁亥年的修改只能以无人真心喝彩的结局收场。

**四、修法方式的科学性严重缺失**

从《说明》的名称和内容看,1991 年《民诉法》丁亥年的修改起初打算使用"修正案"的方式。从国外的做法看,以修正案的方式修改法律,具体要求是:(1) 需要废除法律某一条或几条的情况时,为保持法律其他条文的序号不变,应保留所欲废除之条文的序号,并在序号后用括号加注。节或章的废除也可以采取如此的做法。如日本《非讼案件程序法》中对已经废除的第 85 条至第 87 条的表述为"第 85 条至第 87 条(已废除)";对已经废除的第六章至第八章的表述为"第八章至第八章(已废除)"。② 德意志联邦共和国《民事诉讼法》对已经废除的第 499 条之 1 至第 503 条的表述为"第 499 条之 1 至第 503(废除、删除)"。(2) 需要增加法律条文时,应采用在最相似或最相关的条文下

---

① 赵蕾、邓江波:《利益各方未能充分"吵架"民事诉讼法修改受质疑》,载《南方周末》2007 年 8 月 16 日第 11 版。

② 《日本新民事诉讼法》,白绿铉译,中国法制出版社 2000 年版,第 174 页。

以增加副条的办法进行,以保持法律全部条款的序号不发生改变。如法国新《民事诉讼法典》在第338条下以9个副条增加了以1993年9月16日第93—1091号法令为形式渊源的关于"在法庭上听取未成年人的称述"的规定。① 不难看出,以修正案的方式修改法律旨在最大限度地保持法律稳定性和减少法典的数量,值得采用,而这需要一个前提,即需要修改的法律已经相当完备。显然,条文很少、内容粗陋的1991年《民诉法》不具备以修正案的方式加以修改的前提。1991年《民诉法》丁亥年的修改起初打算以修正案的形式进行,除了可以看做是对已采取修正案的形式进行了四次修改的1982年《宪法》和已采取修正案的形式进行了六次修改的1997年《刑法》的盲目跟风外,也可透视"修法方式的科学确定"这一前置性作业之完成状况的不如人意。

第十届全国人大常委会第三十次会议最终放弃以"修正案"的方式,而采取了"决定"的方式并简单的重新公布全文。这使得1991年《民诉法》成为历史,同时也促生了我国实行改革开放以来的第三部民事诉讼法典。通常而言,《民事诉讼法》在现实生活的实际作用状况与其稳定性状况成正比例对应。不到三十年的时间里,我国先后拥有三部民事诉讼法典的事实,一方面可以展示民事诉讼法在实践中未能摆脱被轻视之境地的缘由,另一方面可以展示追求民事诉讼法之稳定性的难度之大与历程之长。

1991年《民诉法》丁亥年的修改是零敲碎打式,与以促生一种与时俱进的诉讼体制为己任的全面系统修改之应然方式相差甚远。对于"小改总比不改好"这种有些无奈、略带自我安慰性质的结论性评价,我们必须予以警惕。事实上,这种评价浓烈的弥漫着立法万能主义和法制浪漫主义情绪,没有看到这种应景式的"小改"已经具有的抵蚀全面修改之紧迫性与力度的巨大威胁。换而言之,如果2012年《民

---

① 《法国新民事诉讼法典》,罗结珍译,中国法制出版社1999年版,第69—70页。

诉法》的全面修改不能立即展开或不能很好地展开,丁亥年的"小改"就极可能成为挡箭牌或辩护理由而最终被指责为阻止2012年《民诉法》的全面修改又快又好进行的"罪魁祸首"。所以,我们必须直面1991年《民诉法》丁亥年的修改所带有的"修法目的具有明显的功利性、修法过程的民主性始终不足、修法背后的轻程序倾向强势存在和修法方式的科学性严重缺失"四大瑕疵。1991年《民诉法》丁亥年修改之四大瑕疵的存在也许是其最大价值,能够为2012年《民诉法》日后的全面修改提供一面镜鉴以避免再走错路或弯路。于是,分析1991年《民诉法》丁亥年修改之四大瑕疵的成因并设计出消除的对策成为全面修改2012年《民诉法》前不得不首先完成的作业。

# 海峡两岸必要共同诉讼制度比较研究

**本部分所涉规范性文件全简称对照表**

| 全称 | 简称 |
|---|---|
| 最高人民法院《关于适用〈中华人民共和国民事诉讼法〉若干问题的意见》（1992年7月14日通过） | 《民诉意见》 |

必要共同诉讼制度是大陆法系国家和地区普遍构建的一项民事诉讼制度，其积极功能在于追求诉讼经济和防止裁判矛盾。当前，我国的必要共同诉讼制度在立法设计和现实运行方面存在弊端，已经在很大程度上阻碍了其积极功能的充分发挥。在修改民事诉讼法、实现民事诉讼现代化的现实语境中，在比较研究海峡两岸的必要共同诉讼制度的基础上，提出改进我国必要共同诉讼制度的建议具有很大的必要性和可行性。

## 一、海峡两岸必要共同诉讼制度的比较

（一）关于概念界定

在我国台湾地区，"民事诉讼法"第53条被看成是界定必要共同诉讼之概念的法律依据。在从法典结构上看，它属于总则编（第一编）的"当事人"章（第二章）的"共同诉讼"节（第二节）。根据台湾地区"民事诉讼法"第53条的规定，二人以上于下列各款情形，得为共同诉讼人，一同起诉或一同被诉：（1）为诉讼标的之权利或义务，为其所共同者。（2）为诉讼标的之权利或义务，本于同一事实上或法律上原因

者。(3)为诉讼标的之权利或义务,系同种类,而本于事实上及法律上同种类之原因者。但以被告之住所在同一法院管辖区域内,或有第4条至第19条所定之共同管辖法院为限。

在祖国大陆,《民事诉讼法》的第52条被看成是必要共同诉讼制度的直接法律渊源。从法典结构上看,它属于总则编(第一编)的"诉讼参与人"章(第五章)的"当事人"节(第一节)。对于必要共同诉讼的概念,江伟教授主编的《中国民事诉讼法教程》从诉讼分类的角度将其界定为"一方或双方当事人为二人或二人以上,其诉讼标的共同的多数人诉讼"①;常怡教授主编的《民事诉讼法学》通过从诉讼当事人的角度将"必要的共同诉讼人"界定为"当事人一方或双方为二人以上,诉讼标的是共同的,必须共同进行诉讼的当事人"的办法来阐明必要共同诉讼的概念。②

从法典结构上看,祖国大陆和台湾都将必要共同诉讼放在民事诉讼法典的总则中加以规定。不同的是,祖国大陆将其放在"当事人"部分间接加以规定,台湾地区将其放在"共同诉讼"部分加以直接规定。从界定角度看,台湾地区的做法是从"当事人一方或双方为二人或二人以上"和"诉讼标的共同或者诉讼标的因同一事实上及法律上原因而具有牵连关系"两个角度来界定;祖国大陆的普遍做法则是从"当事人一方或双方为二人或二人以上"和"诉讼标的共同"两个角度来界定。祖国大陆将必要共同诉讼看成是不可分之诉,而台湾地区并不将必要共同诉讼一概看成是不可分之诉。可以说,台湾地区和祖国大陆对必要共同诉讼的概念界定存在明显的差异,并不等同。

(二) 关于种类划分

在我国台湾地区,直接使用了固有的必要共同诉讼和类似的必要共同诉讼两个概念来划分必要共同诉讼。固有的必要共同诉讼是指

---

① 江伟主编:《民事诉讼法学原理》,中国人民大学出版社1999年版,第421页。
② 常怡:《民事诉讼法学》,中国政法大学出版社2001年版,第129页。

依法律之规定,必须数人一同起诉或数人一同被诉,当事人始为适格,且为诉讼标的之法律关系对于数人必须合一确定是也。① 在固有的必要共同诉讼中,共同诉讼人必须一并起诉或应诉,否则法院可以当事人不适格为理由判定驳回当事人的诉讼,而在起诉审查阶段法院则可以形式要件不具备,判令不予受理。固有的必要共同诉讼须具备两个构成要件:(1) 当事人一方或双方为二人或二人以上;(2) 共同诉讼人具有共同的诉讼标的。所谓类似的必要共同诉讼,是指数人就为诉讼标的之法律关系,虽不必一同起诉或一同被诉,而有选择行单独诉讼或行共同诉讼之自由,然既行共同诉讼,则其法律关系对于共同诉讼人全体,不许为歧异判决之共同诉讼也。② 在类似的必要共同诉讼中,部分共同诉讼人可以单独的起诉或者被诉,法院不能以当事人不适格为理由,判定当事人的诉不成立,而共同诉讼人一旦一并起诉或被诉,则法院对于共同诉讼人之间的诉讼必须合一确定。类似的必要共同诉讼须具备两个构成要件:(1) 当事人一方或双方为二人或二人以上;(2) 共同诉讼人的诉讼标的具有客观牵连性。

从种类划分看,我国大陆没有将必要共同诉讼划分为固有的必要共同诉讼和类似的必要共同诉讼。台湾地区则将必要共同诉讼进行了如此的划分,并将固有的必要共同诉讼看成是不可分之诉,将类似的必要共同诉讼看成是可分之诉。于是,单纯地依据我国《民事诉讼法》第 53 条的规定所界定的必要共同诉讼只能与台湾的固有的必要共同诉讼相等同。

(三) 必要共同诉讼人的内部关系

必要共同诉讼除了存在原被告之间的对立性关系外,在共同诉讼人之间还存在着相互关系,即必要共同诉讼人的内部关系。根据台湾

---

① 转引自韩象乾、葛玲:《关于完善我国共同诉讼制度的一个理论前提》,载《政法论坛》2001 年第 1 期。
② 王甲乙、杨建华:《民事诉讼法新论》,台湾三民书局 1990 年版,第 300 页。

地区"民事诉讼法"第56条的规定,诉讼标的对于共同诉讼之各人,必须合一确定者,共同诉讼人中一人之行为有利益于共同诉讼人者,其效力及于全体;不利益者,对于全体不生效力。由此可见,在台湾,在确定必要共同诉讼人的内部关系时,坚持的是"有利说"的立场。

在我国大陆,共同诉讼的一方当事人对诉讼标的有共同权利义务关系的,其中一人的诉讼行为经其他共同诉讼人承认,对其他共同诉讼人发生效力。换而言之,在必要共同诉讼中,共同诉讼人为一定的诉讼行为须采取协商一致的做法,协商一致且采取明示方式的诉讼行为方对全体必要共同诉讼人有效,若共同诉讼人中的一人的诉讼行为不能取得其他共同诉讼人的承认,其实施的诉讼行为只能对其本人有效。由此可见,在我国大陆,在确定必要共同诉讼人的内部关系时,坚持的是"承认说"的立场。

## 二、祖国大陆必要共同诉讼制度的设计弊端

(1)法典对概念的抽象性界定和《民诉意见》通过列举具体情形而间接进行的具体性界定相矛盾。

根据《民诉意见》的有关规定,可将必要共同诉讼的具体情形归纳为如下九种:(1)个体工商户、个人合伙或私营企业与所挂靠的集体企业因个体工商户、个人合伙或私营企业挂靠集体企业并以集体企业的名义从事生产经营活动而参加的共同诉讼;(2)业主和实际经营者因营业执照上登记的业主与实际经营者不一致而参加的共同诉讼;(3)个人合伙的全体合伙人参加的共同诉讼;(4)分立后的企业法人因分立前的民事活动发生纠纷而参加的共同诉讼;(5)出借单位和借用人因借用业务介绍信、合同专用章、盖章的空白合同书或者银行帐户而参加的共同诉讼;(6)继承人因继承遗产而参加的共同诉讼;(7)被代理人和代理人因承担连带责任而参加的共同诉讼;(8)共有财产权人因共有财产受到他人侵害而参加的共同诉讼;(9)保证人和

债务人因连带责任保证合同发生纠纷而参加的共同诉讼。上述九种情形可归纳为两类，一类是共同诉讼人之间原来就有共同的权利义务关系的，如第（4）、（6）、（8）种情形；一类是共同诉讼人之间原来没有共同的权利义务关系，但后来由于同一事实和法律上的原因而在彼此之间产生了共同的权利义务关系的，如第（1）、（2）、（3）、（5）、（7）、（9）种情形，它们所针对的诉讼标的并不是共同的，与民事诉讼法典所要求的"诉讼标的是共同的"存在冲突和紧张关系。要解决法典和司法解释之间的矛盾，要么对"共同的诉讼标的"作扩大解释，要么将司法解释规定的部分情形排除在必要共同诉讼之外，但扩大解释的做法与必要共同诉讼制度的基本原理不相符合，也容易造成社会公众理解的困难。排除部分情形的做法则将导致被排除的部分情形在现行的法典框架内失去法律适用依据，显然这些情形也很难纳入普通共同诉讼的范围。由此可见，祖国大陆从"当事人一方或双方为二人或二人以上"和"诉讼标的共同"两个角度来界定必要共同诉讼的普遍做法，明显带有注释法学的烙印，固然可以使民事诉讼法学理论与民事诉讼法典保持一致和便于法律研习者、司法实践工作者学习与掌握，但无法解释民事诉讼法典和《民诉意见》所存在的冲突，同时也牺牲了民事诉讼法学理论对于民事诉讼法典应有的前瞻性，不利于民事诉讼法学理论在广度和深度上的发展。

（2）没有将必要共同诉讼作进一步的划分，导致司法实践对固有的必要共同诉讼和类似的必要共同诉讼作混同处理。

法院对固有的必要共同诉讼和类似的必要共同诉讼作混同处理，尽管可以一定程度上方便其实施裁判行为和追求诉讼效率，但凸显了强烈的国家干预色彩，尤其是在类似的必要共同诉讼中。与在必要共同诉讼中的做法一样，法院在类似必要共同诉讼中依然可以依职权通知遗漏的共同诉讼人参加诉讼，这侵害了遗漏的共同诉讼人之对方当事人的处分权利，构成对其诉权自由行使的不当限制，也在一定程度上背离了诉讼平等原则。更为严重的是,这为司法地方保护主义的出现提供了途径,尤其是遗漏的共同诉讼人为法院管辖区域之外的被告时。固有的必要共同诉讼更多地注重对效率的追求和司法资源的节省,可以允许法院职权的适当介入。在类似的必要共同诉讼中,必须尊重当事人对实体权利和程序权利的依法处分,防止法院职权的不当干预。固有的必要共同诉讼和类似的必要共同诉讼的法理基础既然存在区别,那么二者在追求诉讼经济和防止裁判矛盾方面的程度也应当有所区别。也就是说,在类似的必要共同诉讼中,追求诉讼经济和防止裁判矛盾的冲动要尽力克制一些。

(3)没有确认遗漏的共同诉讼人可以主动申请参加到已经开始的诉讼中的权利,与诉权保障原则和司法权的多方参与性原则的要求相冲突。

诉权保障原则和司法权的多方参与性原则要求可能受裁判结论直接或间接影响的人应当以有效的方式参与到裁判结论形成的过程中,并能够对裁判结论的形成施加积极的影响。从我国大陆现有的法律渊源中可以发现,遗漏的共同诉讼人参加到已经开始的诉讼中的方式要么是法院依职权的主动追加,要么是法院依当事人申请的被动追加。遗漏的共同诉讼人不可以主动申请参加到已经开始的诉讼中,这与诉权保障原则和司法权的多方参与性原则的要求相去甚远。另外,根据现有的法律规定,在固有的必要共同诉讼中,如果人民法院不依职权主动追加、当事人的追加申请被驳回或当事人没有提出追加申请,遗漏的共同诉讼人将被剥夺诉权,失去司法救济途径。

(4)具体列举必要共同诉讼的情形,难以做到周延。

现有法律渊源对必要共同诉讼情形的规定采具体列举的方法,这种做法固然可以便于整体素质普遍不高且短时期内很难发生实质性改变的我国法官在具体案件处理中的操作,固然可以在一定程度上防止法官在判断必要共同诉讼的构成要件满足与否方面之自由裁量权的滥用,但社会生活的复杂和剧烈变动以及人们的认知能力的有限使得这种方式难以避免不周延、不全面的苛责。在技术层面,以具体列举和抽象概括相结合的方式规定必要共同诉讼的情形是更好的选择。当然,在诉讼法律中不能单独且很好地解决此问题,需要实体法的配合。最好的选择是,必要共同诉讼的具体情形更多地衍生于实体法的具体规定,诉讼法律的任务只是规定抽象的认定标准。

### 三、祖国大陆必要共同诉讼制度的理性改进

通过上文对海峡两岸必要共同诉讼制度的比较研究,不难发现,台湾地区的不少相关制度设计都具有借鉴意义。笔者认为,借鉴台湾地区的做法改进祖国大陆的必要共同诉讼制度可从如下几个方面进行:

第一,以"当事人一方或双方为二人或二人以上"和"诉讼标的共同或者诉讼标的因同一事实上及法律上原因而具有牵连关系"为构成要件重新界定必要共同诉讼的概念。这样可以克服现行民事诉讼法典与《民诉意见》之间存在的矛盾,可以为普通共同诉讼在共同诉讼这个上位概念下找到真正的对应概念,也可以为固有的必要共同诉讼和类似的必要共同诉讼的划分提供统一的上位概念,满足成文法对法律概念确定、合理、明晰、位阶分明的基本要求,增强民事诉讼法典的科学性。

第二,对必要共同诉讼作进一步划分,并依照诉的基本原理作区别对待。对于固有的必要共同诉讼,共同诉讼人必须一并起诉或应诉,否则法院可以裁定不予受理或驳回起诉;对于类似的必要共同诉讼中,部分共同诉讼人可以单独起诉或者被诉,法院不能以当事人不适格为理由而裁判当事人的诉不成立。

第三,取消人民法院在类似的必要共同诉讼中可以主动追加遗漏的共同诉讼人的职权,确认遗漏的共同诉讼人可以主动申请参加到已经开始的诉讼中的权利。规定使遗漏的共同诉讼人参加到已经开始的固有的必要共同诉讼中的方式有如下三种:(1)法院依职权的主动追加;(2)法院依当事人申请的被动追加;(3)法院依遗漏的共同诉讼人的申请的被动追加。规定使遗漏的共同诉讼人参加到已经开始的类似的必要共同诉讼中的方式有如下两种:(1)法院依当事人申请的被动追加;(2)法院依遗漏的共同诉讼人的申请的被动追加。

第四,在我国法官整体素质普遍不高且短时期内很难发生实质性改变、司法地方保护依然是一种十分严重的现象和我国现有的实体法依然存在诸多缺陷的现实情况下,结合实体法的有关规定,以具体列举和抽象概括的方式分别规定固有的必要共同诉讼和类似的必要共同诉讼的具体情形。

# 夫妻忠诚协议的效力之争与司法应对

本部分所涉规范性文件全简称对照表

| 全称 | 简称 |
| --- | --- |
| 《中华人民共和国婚姻法》(2001年4月28日通过) | 《婚姻法》 |
| 最高人民法院《关于适用〈中华人民共和国婚姻法〉若干问题的解释(一)》(2001年12月24日通过) | 《婚姻法解释(一)》 |
| 最高人民法院《关于适用〈中华人民共和国婚姻法〉若干问题的解释(二)》(2003年12月26日颁布) | 《婚姻法解释(二)》 |
| 最高人民法院《关于适用〈中华人民共和国婚姻法〉若干问题的解释(三)》(2011年7月4日通过) | 《婚姻法解释(三)》 |

## 一、问题的提出——从2012年山东"女方净身出户案"谈起

通过网络认识的白某和李某于2010年11月登记结婚,结婚登记当日订立夫妻忠诚协议,约定双方在夫妻关系存续期间,任何一方必须忠诚于婚姻,存在不忠情形而导致离婚的,过错方应主动放弃夫妻共同财产和孩子抚养权。后李某发现白某背着自己与其他男性不正常交往,而于2012年8月向山东日照岚山区法院起诉离婚,请求法院依据夫妻忠诚协议将夫妻共同财产判归自己所有,其此项请求得到法院支持。① 此案一经媒体披露,即以惊人的速度引起了社会公众对夫

---

① 详细资料可见张萍、刘斌、季秀臻:《妻子违反"忠诚协议"丢了财产》,载《齐鲁晚报》2013年1月25日第A14版。

妻忠诚协议这个婚姻法领域内十年来论战最为犀利、争议最为深刻之问题的强烈关注。然而,有关夫妻忠诚协议之基本类型、效力以及如何从实体与程序两方面展开规制的认知一直没有达成共识,令人倍感遗憾但又充满热切期待。笔者拟就这些问题从程序法研习者的中立视角予以研讨,以求教于方家。

## 二、夫妻忠诚协议的基本类型

夫妻忠诚协议的基本类型包括:(1)财产给付型,即约定违反忠实义务的夫妻一方须给付对方一定金钱或财物的协议。(2)权利放弃型,即约定违反忠实义务的夫妻一方须无条件同意对方之解除婚姻关系的要求,丧失离婚自由权或要求对方承担夫妻间扶养义务的权利,全部或部分放弃夫妻共同财产中的应得部分或共同财产管理权,丧失对未成年子女的直接抚养权、监护权或探望权的协议。(3)伤害虐待型,即约定违反忠实义务的夫妻一方须自行或同意他人伤害自己的肢体、采取非正常的方式和有损人格尊严的手段物质性虐待自己的协议。(4)辱骂起誓型,即约定违反忠实义务的夫妻一方须自行或容许他人采取不文明语言辱骂自己及其长辈先人、起诅咒式或恶毒性誓言的协议。(5)特定行为型,即约定违反忠实义务的夫妻一方须实施危及社会秩序(如卧轨自杀、阻塞交通)或有伤善良风俗(如在公共场所裸奔)之特定行为的协议。夫妻忠诚协议的这些基本类型可单独出现,也可组合出现,其内容设计的可能性无法估测、几乎可追人类智识之极限。

作为一种公众当前时常可见、逐渐见多不怪的法律现象,夫妻忠诚协议的社会关注度极高。然而,有关夫妻忠诚协议的概念界定迄今尚未形成通说或定论,导致相关的公众认知十分混乱、莫衷一是。既有的探讨大多采取演绎推理的方式,试图通过形成周延的概念界定来为各种各样的夫妻忠诚协议提供解析框架,此种勇气可嘉但忽视夫妻忠诚协议之多样性和不可穷尽性的尝试往往带来削足适履的结果,为维护理论的解释力,而不得不有意地对已有的法律现象予以裁剪或忽视。相较之下,基于经验事实对夫妻忠诚协议的基本类型予以概括,进而抽象归纳出其概念是更优的方案。由此,笔者认为,夫妻忠诚协议是指夫妻双方在婚前或婚后达成的、要求在婚姻关系存续期间违反忠实义务的一方须实施一定行为的约定。

## 三、夫妻忠诚协议的效力之争

### (一)主要学说及初步评价

#### 1. 无效说

马忆南 2003 年初在研讨上海市闵行区的"夫妻不忠赔偿案"①时,曾认为夫妻忠诚协议无效,理由如下:(1)《婚姻法》规定"夫妻应当相互忠实"而非"必须忠实","应当"意在提倡,只有"必须"才是法定义务;《婚姻法》规定的四种赔偿情形并不包括一般婚外情,判定"不忠赔偿"显然扩大了对法律的解释;法律不允许通过协议来设定人身关系,人身权是法定的,不能通过合同来调整。② 这种观点判定《婚姻法》第 4 条有关忠实义务的规定为倡导性规定,而非强制性规定,对其违反不应施以制裁性法律后果;主张在实现浅层次的法律化后,夫妻应相互忠实的道德义务与通常的法律义务之间仍然存在很大的距离,暗含忠实义务的彻底法定化应以"必须"字样的使用为标志;认为《婚

---

① 上海市闵行区"夫妻不忠赔偿案"的基本案情如下:1999 年,同是离异的曾明与贾雨虹认识,后登记结婚。由于双方均是再婚,为慎重起见,2000 年 6 月二人经"友好协商",签署"忠诚协议书",特别约定"若一方在婚期内由于道德品质的问题,出现背叛另一方不道德的行为(婚外情),要赔偿对方名誉损失及精神损失费 30 万元"。后因曾明有不忠行为,二人的婚姻终于破裂。2002 年 5 月,曾明向上海市闵行区法院提起离婚诉讼,随后贾雨虹以曾明违反夫妻忠诚协议为由提起反诉,要求法院判令曾明支付违约金 30 万元。闵行区法院认定曾明存在违约行为,遂判令其支付给对方违约金 30 万元。曾明不服一审判决,上诉至上海市第一中级人民法院,但不久后撤诉。最终,曾明一次性赔偿贾雨虹 25 万元。本案开创以协议的方式,让法律作用于婚外情的先河。

② 参见徐寿松:《法律能干预婚外情吗——一起"夫妻不忠赔偿案"引发的思考》,载《人民法院报》2003 年 1 月 11 日第 4 版。

姻法》第 46 条对离婚损害赔偿之法定情形的具体列举反对扩大解释，一般婚外情与同居相去甚远、不可做同等对待。

陈甦认为，夫妻忠诚协议更多可能是情绪化的产物，不具有合同法上的效力，不属以违反忠实义务为条件的赠与合同，其订立时的自愿与一般合同订立时的自愿大不相同，其订立主体不必为被迫的允诺负责；夫妻忠诚协议的约束力与夫妻一方的经济能力成反比，无法很好地保护婚姻关系中的弱者，用金钱维系的忠诚具有虚伪性、脆弱性；夫妻忠诚协议若具有强制执行力，则可能会因为其在婚姻存续期间的单独可诉性而沦为情感游戏的裁判或私房钱的索取工具。① 这种观点强烈质疑夫妻忠诚协议在修复关系、维系情感方面的功能，通过对夫妻忠诚协议不具有合同法上之效力的集中论证，间接但明确地对夫妻忠诚协议的法律效力持否定态度。

郭站红认为，夫妻忠诚协议具有非道德性和不可执行性，其忽视了忠诚的自愿本质、违背婚姻自愿原则，其将金钱赔偿作为不忠诚的对价实质上将导致婚姻关系的异化并可能沦为守信方攫取钱财的工具，其以金钱责任约束夫妻彼此的自由人格将导致婚姻自由名存实亡，夫妻关系的私密性和家庭生活的非计算性、情感性决定了法院不得以公权力对夫妻忠诚协议的效力进行肯定性评价。② 这一观点从侵蚀婚姻法之最重要的基本原则（婚姻自由）的角度详细阐释承认夫妻忠诚协议之法律效力的具体危害，视夫妻忠诚协议中有关财产给付的约定为允许违反忠实义务的条件，并不遗余力地申明公权力面对家庭生活时整体上应恪守的谦抑原则与退却主义，旨在有效清除赋予夫妻忠诚协议以法律效力的必要性。

---

① 参见陈甦：《婚内情感协议得否拥有强制执行力》，载《人民法院报》2007 年 1 月 11 日第 5 版。
② 参见郭站红：《夫妻忠诚协议的法学思考》，载《宁波大学学报》2010 年第 2 期。

2. 有效说

王旭冬将夫妻忠诚协议与已被法律正面肯定的收养协议、遗赠抚养协议作相似对待,认为其也是基于特定身份关系的特殊合同,具有契约的根本属性;主张《婚姻法》没有明确禁止夫妻就忠诚问题进行约定,协议又出自平等双方的真实意愿,既不损害他人利益,且有利于淳化善良风俗,完全为法感情所接受;指出对夫妻忠实义务的一般违反构成侵害配偶权,对相应损害赔偿数额的事先约定与具体量化更多反映的是夫妻忠诚协议的财产属性。① 这种观点以婚姻契约观和"法无明文禁止即许可"的私法观念为逻辑前提,以婚姻家庭领域中体现契约因素的制度事实为分析参照,试图把违反夫妻忠实义务之行为的法律责任定性为侵权责任和违约责任的竞合,以便在"侵权责任不可约定"和"夫妻忠诚协议不是合同"两种论说被提出时分别祭出应对方案。

吴晓芳以婚姻法对夫妻双方有关财产的约定予以充分保护为立论基础,认为夫妻忠诚协议系双方自愿签订且不违反法律的禁止性规定,具有制约放纵方之行为、经济性补偿无过错方的功能,理应得到法律层面上的保护,夫妻忠诚协议不失为聪明女性的明智选择。② 夫妻忠诚协议使得《婚姻法》中"夫妻应当互相忠实"的原则性规定得以具体化、具备了可诉性,夫妻忠诚协议符合婚姻法的基本精神,给付的金钱具有违约赔偿性质,这种协议应当受到法律保护。③ 这种观点立场鲜明地坚持女性本位,判定违反忠实义务的主体多是男方,推崇夫妻忠诚协议在感情消失、婚姻解体后对无过错方的经济性安慰作用与保障功能。

---

① 参见王旭冬:《"忠诚协议"引发的法律思考》,载《南通师范学院学报》2004年第4期。
② 参见吴晓芳:《关于"婚姻契约"问题的思考——兼与陈甦研究员商榷》,载《人民法院报》2007年2月8日第5版。
③ 参见吴晓芳:《当前婚姻家庭案件的疑难问题探析》,载《人民司法·应用》2010年第1期。

马忆南 2010 年 11 月 8 日在接受《法治周末》采访时,认为将道德义务约定为合同义务的夫妻忠诚协议属于广义的民事契约、符合我国民法中的"合同"之含义,其因涉及身份关系而不由现行合同法来调整,但这不能成为否定其具有"合同"之本质特点的理由;完全民事行为能力人签订、意思表示真实且不违反法律之禁止性规定和公序良俗原则的夫妻忠诚协议可被认定为有效。① 这种观点依然坚持夫妻间相互忠实并非法定义务,基于对滥用可能的担心对夫妻忠诚协议的签订持不倡导的立场,以民事法律行为的构成要件作为评价夫妻忠诚协议之效力的依据,主张在法律和司法解释就夫妻忠诚协议作出明确规定前对其效力的司法认定应持特别谨慎和保守的态度。

3. 二元区分说

王歌雅认为,夫妻忠诚协议彰显私法自治精神和契约观念,融合人身关系和财产关系,属广义契约范畴下纯粹的无名契约,其效力判断应分别适用有关人身关系和财产关系的法律规范;夫妻忠诚协议中有关特定身份权变动的约定(如丧失离婚同意权、监护权或探望权)将不具有法律效力,有关损害赔偿的约定应被视为附忠诚义务的夫妻财产约定、具有法律效力。② 这种观点提醒研究者注意夫妻忠诚协议之内容的二元性,遵循"从内容看效力"的基本思路,抛弃对夫妻忠诚协议之效力作整体判断的泛化路径,强调效力判断应针对夫妻忠诚协议所包含的事项逐一进行。

隋彭生主张,夫妻忠诚协议包括以不作为的身份行为为客体的法律关系和以财产给付为客体的法律关系,身份法律关系的给付(精神给付)具有道德性、不附条件、不能强制执行,但财产法律关系的给付附延缓条件、可强制执行;夫妻忠诚协议属于意定相对法律关系,产生

---

① 参见李恩树:《专家称夫妻间可签"忠诚协议"追究过错方责任》,载《法治周末》2010 年 11 月 10 日。
② 参见王歌雅:《夫妻忠诚协议:价值认知与效力判断》,载《政法论丛》2009 年第 5 期。

意定之债而非法定之债,夫妻忠诚协议中有关财产给付的部分若无违反法律强制性规定的事由,即应有效;夫妻忠诚协议中有关财产给付的约定本质上是给付精神损害违约金的约定,其数额可参照《合同法》的有关规定予以调整。① 这种观点独辟蹊径地将夫妻忠诚协议之内含事项一分为二并主张宜区别对待,同时关照夫妻忠诚协议的身份性和财产性,以契约理念为解析夫妻忠诚协议的工具,不固守"违约责任不适用于精神损害赔偿"的理论通说,将违反夫妻忠诚协议的责任定性为过错责任。

4. 自然债务说

何晓航、何志虽认为夫妻忠诚协议属于广义的民事契约,但以其订立违反身份权法定原则、依据《婚姻法》第 4 条不能得出其有效或无效的结论、认定其有效或无效均会陷入"道德审判"之困境为主要理由主张其不具有法律约束力,即否定夫妻忠诚协议的有效性,但不认可其无效性。若当事人一方依据夫妻忠诚协议提出赔偿要求的,不予支持;若对方当事人依据夫妻忠诚协议进行赔偿后反悔进而要求返还的,也不予支持。② 这种观点把基于夫妻忠诚协议产生的债务归为自然债务,尝试为法律不向夫妻忠诚协议提供强制保护和法院不在夫妻忠诚协议有效或无效问题上作出择一评价方面提供正当理由。

(二)综合评析及笔者立场

与其他三种学说以"夫妻忠诚协议的法律效力有无"为聚焦点不同,自然债务说则主动与这一聚焦点隔离,以便把基于夫妻忠诚协议产生的债务阐释为自然债务,相关论者在后续论证中却认为把违反夫妻忠诚协议的行为纳入《侵权责任法》的调整范围更为妥当并较大篇幅的详列三项理由③。然而,《侵权责任法》的调整对象仅可针对法定

---

① 参见隋彭生:《夫妻忠诚协议分析——以法律关系为重心》,载《法学杂志》2011 年第 2 期。
② 参见何晓航、何志:《夫妻忠诚协议的法律思考》,载《法律适用》2012 年第 3 期。
③ 参见同上。

之债,自然债务说却无视这一基本法理,不应该地出现了立场摇摆与前后矛盾的问题,自我折损地削弱了说服力。

从辩证的视角看,任何事物的效果都有正面和负面两个观察维度,夫妻忠诚协议亦不例外。出现时间在先的无效说与有效说之所以针锋相对、互不相让,始终在夫妻间相互忠实之义务的定性等方面存有诸多分歧、缠战不止,是因为前者"言之凿凿"地渲染夫妻忠诚协议的负面影响、后者则"不遗余力"地宣扬夫妻忠诚协议的积极作用。无效说看似咄咄逼人,却无法做到理直气壮;有效说看似气力欠缺,却能保证屹立不倒。夫妻忠诚协议的负面影响客观存在、不容小觑,其积极作用有目共睹、无可否认,对夫妻忠诚协议进行定量层面的利弊分析已极为困难,并且这种极为困难的局面在很长的一段时间内都无法扭转。鉴于此,无效说与有效说的着力点均应有所调适,应克服非此即彼、择一而选的路径依赖,否则在解释实践中数量越来越多、内容越来越复杂的夫妻忠诚协议时将日趋苍白无力,更何况二者此前长期以财产给付型夫妻忠诚协议为唯一或主要的分析对象,本身就早已存在观察视野偏于狭窄、观察对象不够周延的明显瑕疵。

与无效说、有效说皆不同,二元区分说对夫妻忠诚协议的效力采取了精细化分析视角,自觉且主动地放弃了粗线条的审视进路,注意到了夫妻忠诚协议之内容的复合性,但有些武断地强调涉财产部分的必然存在,并以此对夫妻忠诚协议的内容作简单化的二元区分,无法有力地解释夫妻忠诚协议的基本类型及其组合形式,精细化的深度尚不彻底。此点固然令人遗憾,但二元区分说之"以内容看效力"的基本思路值得坚持。

"法无明文禁止即许可"的私法基本理念一直覆盖并日渐强势地作用于我国的婚姻家庭领域,夫妻忠诚协议的订立在现有的法制框架中拥有宽阔的可容忍空间,相关的司法评价不应一直处于缺位状态。值得一提的是,《婚姻法解释(三)》在公布施行前曾对夫妻忠诚协议之效力的认定有所正式关照。即《婚姻法解释（三）》征求意见稿中起初写明法院应当支持"自愿签订且不违反法律、法规禁止性规定"的夫妻忠诚协议，后来改为"夫妻一方以婚前或婚后双方所签订的相互忠实、违反予以赔偿的财产性协议主张权利的，人民法院不予受理；已经受理的，裁定驳回起诉"，再到正式稿中相关条款的彻底消失。从最初的有条件支持到后来一概封死针对财产给付型夫妻忠诚协议的诉讼救济之路、再到最终的搁置处理，这种前后反差明显的应对方案在抽象层面可与司法评价介入婚姻家庭领域的谦抑立场和必要性原则保持一致，但也足以说明规则制定者对夫妻忠诚协议的基本类型缺乏很好的清晰认识且存在高估夫妻忠诚协议之负面影响的极大可能，为法院是否受理以及如何裁判有关夫妻忠诚协议的案件留下了宽泛的自由裁量空间，"同案异判"的相关案例将继续存在并可能层出不穷。所以，从实体法和诉讼程序运作两个角度找出合理规制夫妻忠诚协议的方案十分必要、刻不容缓。

## 四、夫妻忠诚协议的实体法规制

（一）夫妻忠诚协议不应为《侵权责任法》《婚姻法》以及《合同法》所调整

婚姻是以终生共同生活为理想目标、自愿互为配偶、具有权利义务内容且为当时的正式社会制度所确认的两性结合。配偶权是夫妻双方基于婚姻关系而享有，其一方面具有对世性，婚姻外的任何主体都必须尊重而不得侵害这种配偶关系；其另一方面具有对人性，婚姻内的任何一方都必须维护而不得破坏这种配偶关系。违反夫妻忠实义务的行为，不管严重程度如何，毫无疑问地都构成对配偶权的侵害。我国迄今为止的民事立法尚未出现"配偶权"这一特定用语、也无具体规定从正面来确认配偶权这一极为重要的人身权，但配偶权可以纳入《侵权责任法》的保护对象之列，因为该法第2条采取"概括加列举"

的方式和使用"等人身、财产权益"的兜底用语来明确其保护对象为"民事权益"。但如果仅以配偶权为民事权益所包含为由来认定夫妻忠诚协议可为《侵权责任法》所调整,那么违反协议的夫妻一方和婚姻外第三方便成为侵害配偶权的共同主体,根据《侵权责任法》第3条关于"被侵权人有权请求侵权人承担侵权责任"的明确规定,婚姻内的无过错方就可有依据的诉请其配偶和婚姻外第三方共同承担侵权责任,这样不仅与"不惩戒婚姻外第三方"的国际立法趋势背道而驰,而且与《婚姻法解释(一)》第29条第1款的制度设计①相冲突。不难发现,将夫妻忠诚协议纳入《侵权责任法》的调整范围,允许无过错方把婚姻外第三方列为侵权诉讼的共同被告之一或单独被告,将同时带来《侵权责任法》内部的自相矛盾及其与《婚姻法解释(一)》的抵牾。

我国《婚姻法》第32条关于离婚理由的规定和第46条关于离婚损害赔偿之法定情形的规定实际上已把违反夫妻忠实义务分为一般情形和严重情形,"重婚"和"有配偶者与他人同居"被归为严重情形。关于离婚损害赔偿的法定情形,《婚姻法》第46条"只列出四种较重情形,连兜底条款都不留,不是立法上的疏忽,而是鉴于婚姻关系的特殊性"②,其所采取的具体列举、封闭设计的技术进路轻易地驱除了对其进行扩张解释的可能性。据此可知,只有当"重婚"和"有配偶者与他人同居"这两种严重违反夫妻忠实义务的情形出现时,婚姻关系中的无过错方主张离婚损害赔偿,才可能获得法院的支持;当违反夫妻忠实义务的一般情形和其他严重情形出现时,婚姻关系中的无过错方主张损害赔偿则将因欠缺明确的法律依据而得不到法院的支持。由此可以说,《婚姻法》分则中的制度设计没能很好地体现与衔接《婚姻法》总则中第4条关于"夫妻应当互相忠实"的原则性规定。在扩充离

---

① 根据《婚姻法解释(一)》第29条的规定,承担婚姻法第46条规定的损害赔偿责任的主体只是离婚诉讼当事人中无过错方的配偶,不包括婚姻外第三方。

② 吴卫义、张寅编著:《法院审理婚姻家庭案件观点集成》,中国法制出版社2012年版,第85—86页。

婚损害赔偿之适用范围的修法思路短期内不可行的前提下,将夫妻忠诚协议纳入《婚姻法》的调整范围,只能寄希望于《婚姻法》的总则部分。《婚姻法》总则只有四个条文,第1条规定的是婚姻法的地位,第2条规定的是婚姻法的五大基本原则(婚姻自由、一夫一妻、男女平等以及保护妇女、儿童、老人的合法权益和计划生育),第3条规定的是保障基本原则的六项禁止性行为(包括"禁止重婚"和"禁止有配偶者与他人同居"),第4条规定的是三项法律化的道德性原则(包括"夫妻应当互相忠实")。考虑到"一夫一妻制的要义就是将人类的性爱行为规范在一对配偶之间,除此而外的性爱行为都具有道德或法律的违反性"①,可以判定《婚姻法》总则的后三个条文都可为夫妻忠诚协议的司法评价提供法律依据,夫妻双方应以构成婚姻法规范之本源的婚姻法基本原则为行为准则。"为了实现法律的强制性,行为规范只有同时作为审判规范才具有法律上的意义而与其他规范相区别,因此,法律上的行为规范与审判规范具有同一性。"②由此可见,《婚姻法》总则的后三个条文在逻辑上可无障碍地成为司法评价夫妻忠诚协议的裁判准则。《婚姻法》总则的后三个条文所具有的非规范性、模糊性特征,要求裁判者依据它们进行司法评价时须具备良好的整体素质。然而,法院的级别越低,裁判者的整体素质状况越不理想;依级别管辖的一般性确定标准,对夫妻忠诚协议进行司法评价的多是级别较低的基层法院或中级法院。根据《婚姻法》总则的后三个条文来评价夫妻忠诚协议,必然无法做到"相同情况相同对待,类似情况类似对待",且会放大对法院依一般性规定进行裁判持警惕态度者的担心与恐惧。在这种语境下,面对诉请司法评价的夫妻忠诚协议,法院的积极作为可能带来司法对婚姻领域过多、过深的介入,进而不当地挤压

---

① 孟令志、曹诗权、麻昌华:《婚姻家庭与继承法》,北京大学出版社2012年版,第88页。
② 徐国栋:《民法基本原则解释——成文法局限性之克服》(修订本),中国政法大学出版社2001年版,第16页。

婚姻自治和加重司法负担;法院的消极作为则可能带来司法对婚姻领域之必要规制的缺位,进而无法抑制婚姻自治突破合理界限而损害公共利益和他人合法权益。所以,在低层司法者的整体素质得到很好的改观和依一般性规定司法获得广泛的社会认同之前,将夫妻忠诚协议纳入《婚姻法》的调整范围,不具有充分的可行性。

根据《合同法》第 2 条的规定,《合同法》的调整对象是平等主体的自然人、法人、其他组织之间设立、变更、终止合同债权法律关系的协议,婚姻、收养、监护等有关身份关系的协议不适用《合同法》。不管夫妻忠诚协议缔结于结婚登记之前抑或之后,针对的行为均是发生在婚姻关系存续期间。婚姻关系的合法存续是夫妻忠诚协议得以缔结和发生约束力的基础,夫妻忠诚协议的身份性特征十分明显、无法抹煞,且这种特征在夫妻忠诚协议的诸多特征中占有首要位置。从操作技术上看,把夫妻忠诚协议涵盖的事项二分为有关身份关系的部分和有关财产关系的部分,是将其纳入《合同法》之调整范围的前置性举措。即便不考虑这种一分为二的做法能否有效地回应夫妻忠诚协议之类型的高度复杂性,由于夫妻忠诚协议中有关身份关系之事项的实体法依据仍然处于悬而未定的搁置状态,也不得不面对夫妻忠诚协议之实体法依据的模糊化困境和更为严重的裁判尺度不一的问题。倘若只将财产给付型夫妻忠诚协议纳入《合同法》的调整范围,其中有关财产给付的内容一方面将被定性为精神损害赔偿,另一方面将被定性为违约金,则会同时诱发对"精神损失可否约定"和"违约责任可否适用于精神损害赔偿"这两大冲击法理通说之问题的不休争论,进而会致使相关的司法评价举棋不定、左右摇摆。从宏观策略来看,婚姻契约说是把夫妻忠诚协议纳入《合同法》之调整范围的理念基础。虽然市场经济的发展使契约观念深入人心、婚姻立法重视并引入了契约因素(如夫妻约定财产制的确立),但几千年来"家国同构"的治理传统和婚姻领域的民族特色与伦理色彩使得婚姻契约说所能牢牢占据的阵地十分有限,婚姻制度说被广为接受的格局短期内无法改变。夫妻忠诚协议如以《合同法》为实体法依据,将遭到社会层面的普遍抵制与深刻质疑。

(二)夫妻忠诚协议应为《民法通则》所调整

20世纪90年代中后期以来,伴随着《担保法》《合同法》《物权法》《侵权责任法》和《涉外民事关系法律适用法》等民事单行法的制定与施行,颁布于1986年的《民法通则》在民事法律体系中的基础地位逐渐被削弱和趋于边缘,有效条文越来越少,法院处理新型案件、棘手案件往往是在不得已或最后时刻才把目光投向《民法通则》且多抱有较小的希望。研讨者在为夫妻忠诚协议寻找实体法依据时,要么无视《侵权责任法》《婚姻法》《合同法》调整夫妻忠诚协议所面对的很难克服的客观性障碍而做无用功,要么选择绕道避开、置之不理。其实,《民法通则》第55条能为夫妻忠诚协议的司法评价提供操作性很好的可行方案。

根据《民法通则》第55条的规定,民事法律行为应当具备"行为人具有相应的民事行为能力"、"意思表示真实"和"不违反法律或者社会公共利益"三个条件。不管是在结婚之前抑或在结婚之后订立夫妻忠诚协议,缔结双方均需符合的结婚登记之法定要件(主要是年龄要件)可确保他们的民事行为能力满足相应的要求。考虑到夫妻忠诚协议订立时,双方主体可能意思表示自主、态度冷静理性,也可能意思表示受制(如被现场捉奸)、态度冲动感性,加之意思表示的主观性特征明显,法院在探究处在过去时态的意思表示是否真实时不应轻信一方之词,应重视对夫妻忠诚协议订立时之客观情况的全面性调查核实,在尽职调查核实后,此一争议事实若仍处于真伪不明的状态,则应支持无过错方关于双方意思表示均真实的事实主张。以不特定的多数人为主体的社会公共利益的捍卫主要有赖于公共秩序的维系和善良风俗的坚守,夫妻忠诚协议若想获得法律的有效认可,必定离不开对公序良俗原则的真心认可与严格遵循。违反宪法是最严重、最不可容忍的违反法律,夫妻忠诚协议首先须确保不违反宪法,凡是其中涉及到限制或剥夺过错方之人身自由权、通信自由权、人格尊严等宪法权利与自由的事项均应归于无效。需要指出的是,我国《宪法》第 37 条第 1 款规定的人身自由权可分为行动自由权和意志自由权两种,包括但不限于与夫妻忠诚协议紧密相关的性自主权。缔结婚姻表明已婚者承诺自此之后对其性自主权的任意性予以严格控制,从而保证对方基于婚姻关系所享有之被忠实的权利不受损害,这种已婚者对其性自主权必要且有益的控制可以通过与对方订立夫妻忠诚协议的方式来完成,且可从我国《宪法》第 51 条①的规定中找到正当依据。不难看出,无效说关于"夫妻忠诚协议侵犯宪法规定的人身自由权进而构成对公民自由人格的非法限制"的判断是站不住脚的。夫妻忠诚协议其次须确保不违反法律中的效力性禁止性规定,考虑到熟知法律体系中所有的效力性禁止性规定是件"说到容易,做到则万难"的事情,将来的统一性细则可略加抽象地要求夫妻忠诚协议中的具体约定不得危及家庭关系(如约定断绝亲子关系、丧失直接抚养权或探望权、免除配偶间的扶养义务)和不得损害第三人的利益(如约定丧失财产权进而影响到过错方偿还个人债务或承担赡养等身份性义务的能力)。随着各级法院审查夫妻忠诚协议之经验的逐渐累积,最高法院在科学论证后可连续性地发布若干典型案例,对夫妻忠诚协议效力认定中的常见问题、疑难问题予以阐明,从而为各级法院适用《民法通则》来审查夫妻忠诚协议提供统一性标准。

---

① 我国《宪法》第 51 条规定:中华人民共和国公民在行使自由和权利的时候,不得损害国家的、社会的、集体的利益和其他公民的合法的自由和权利。

## 五、夫妻忠诚协议的司法应对

(一)承认夫妻忠诚协议的单独可诉性

依《婚姻法解释(一)》第29条第2、3款和《婚姻法解释(二)》第27条的规定可知:(1)无过错方的离婚请求得到法院支持,其基于《婚姻法》第46条提出的离婚损害赔偿请求才可能不被法院驳回;(2)无过错方的离婚请求若被法院驳回,其基于《婚姻法》第46条提出的离婚损害赔偿请求则肯定得不到法院支持;(3)无过错方在婚姻关系存续期间不起诉离婚而单独基于《婚姻法》第46条提出损害赔偿请求的,法院不予受理;(4)无过错方在协议离婚登记手续办理后基于《婚姻法》第46条提出损害赔偿请求的,法院应当受理。显而易见,婚姻关系的解除被当作无过错方的离婚损害赔偿请求得到法院支持的必要条件。协议离婚后,无过错方的离婚损害赔偿请求具有单独可诉性;诉讼离婚时,无过错方的离婚损害赔偿请求不具有单独可诉性。离婚损害赔偿法定情形中的"重婚"和"有配偶者与他人同居"属于违反夫妻忠实义务的严重情形,若依"举重以明轻"的类比思路,很容易武断且草率的得出"夫妻忠诚协议也不具有单独可诉性"的结论。另外,不管是2002年上海市闵行区的"夫妻不忠赔偿案"、2004年重庆市九龙坡区的"空床费案"①,还是2012年山东省日照岚山的"女方净身出户案",无过错方都是在离婚之诉中依据夫妻忠诚协议提出相关

---

① 重庆市九龙坡区"空床费案"的基本案情如下:均系再婚的王樑渝与尹春于1990年1月登记结婚。2003年7月因尹春经常以工作忙为由不回家居住,王樑渝对尹春在外的交往产生怀疑,双方约定如尹春晚上12时至凌晨7时不回家居住,每一小时支付空床费100元。事后由于尹春不回家居住,双方常发生打架纠纷,尹春共计向王樑渝出具了欠其空床费4000元的欠条。后王樑渝提起离婚诉讼,并针对空床费提出请求,九龙坡区法院认为空床费属于精神损失赔偿范畴,应予支持,遂判令尹春给付王樑渝精神损害抚慰金4000元。王樑渝不服九龙坡区法院(2004)九民初字第2307号民事判决,向重庆市第一中级人民法院提起上诉。重庆市第一中级人民法院在(2004)渝一中民终字第3442号民事判决书中认为,空床费实为补偿费,该约定系双方当事人真实意思表示,且不违背法律规定,应属有效约定,依法判令尹春给付王樑渝补偿费4000元。

权利主张的。这些经媒体广为渲染报道的轰动性案例很容易让人形成"依夫妻忠诚协议主张权利必须以离婚请求的提出及成立为前提条件"的错觉。其实这些略显肤浅的感性认识只看到了夫妻忠诚协议在不忠行为出现后对过错方的制裁功能,没有很好地看到夫妻忠诚协议在修复、维系婚姻关系方面的挽救功能。制裁过错方只是手段,挽救婚姻和遏制婚姻质量下跌才是目的。不承认夫妻忠诚协议的单独可诉性,存在侵犯离婚自由的巨大嫌疑,是将夫妻忠诚协议与诉请离婚无端绑定的霸道做法。这种做法要么使无过错方为依夫妻忠诚协议主张权利而违心地诉请离婚,要么使无过错方为避免离婚而无奈地放弃依夫妻忠诚协议主张权利,从而使过错方的不忠行为得到纵容,最终形成"该得到救济者得不到丁点救济,该得到制裁者得不到丝毫制裁"的可悲局面,此一局面持续的时间越长,人们对法治的信心就会越少。为促进法治,承认夫妻忠诚协议的单独可诉性已刻不容缓。

(二)多管齐下的指导无过错方合法且有力的取证

在民事诉讼中,除当事人外,法院在特定情形下也是收集证据的主体。按照法律和司法解释的明确规定,当有关过错方之不忠行为的证据材料涉及可能有损国家利益、社会公共利益或者他人合法权益的事实时,法院有责任依职权收集证据;当当事人及其诉讼代理人确因客观原因不能自行收集有关过错方之不忠行为的证据材料时,法院可依申请收集证据。考虑到法院审案压力的整体过大以及法院收集证据存在使其丧失中立立场、打破当事人双方平等对抗的一贯风险,在是否收集有关过错方之不忠行为的证据材料方面,法院应慎之又慎、尽量保持克制与被动,要充分地考虑其行为的必要性和可行性。

无过错方依夫妻忠诚协议主张权利,须对过错方实施了违反夫妻忠实义务的行为承担证明责任。过错方实施不忠行为的过程多具有高度的隐蔽性,无过错方收集相关证据的难度通常很大,但这并不必然意味着无过错方将一筹莫展或难有作为。法院在收集有关过错之不忠行为的证据材料方面虽须采谦抑立场,但可在指导无过错方收集证据方面持积极态度。民事诉讼以高度盖然性为证明标准,过错方在实施不忠行为后书写的保证书、道歉信等书证和发出的承诺短信、忏悔邮件等电子数据,过错方与其他异性多次的网上聊天记录、在外开房记录、同进同出照片以及公安机关的出警记录、邻居熟人的证人证言等证据材料均可独立或形成证据链条证明过错方实施了违反夫妻忠诚协议的行为。在个案处理中,法院可就相关证据的合法收集、固定与保全,向作为原告的无过错方进行充分且详尽的阐明。此外,法院还可采取发布专题调研报告和典型案例的方式,引导无过错方平时未雨绸缪、防患于未然地增强自行收集相关证据的行为能力。

# 民事案件同案同判的审级控制

**本部分所涉规范性文件全简称对照表**

| 全称 | 简称 |
| --- | --- |
| 最高人民法院《关于案例指导工作的规定》(2010年11月26日颁布) | 《案例指导规定》 |
| 最高人民法院《关于适用〈中华人民共和国民事诉讼法〉若干问题的意见》(1992年7月14日通过) | 《民诉意见》 |

  作为以宪法为制定根据的子法,民事诉讼法负有促进宪法走向具体化的任务。作为与实体法相对应的程序法,民事诉讼法天然地具有保障民法实施的工具性价值。宪法中的平等原则与民法中的平等原则共同要求民事司法权的运作应以"追求平等"为基本前提和逻辑起点。在民事诉讼中,法律意义的平等与事实意义的平等亦不等同,二者之间总是存在着或大或小且兼具客观性、长期性和可理解性的距离,但案情相同或相似的民事案件面对的裁判结果若截然相反或存在的差异超出一般人所能容忍的幅度,就会构成对法律平等保护民事主体原则的动摇与嘲讽,削弱宪法平等权的实际价值与保障力度。"具体个案是看得见的法典,摸得着的规则。公民通过个案中一个个生动具体的故事、纠纷和处理结果去感受法律、体会法律。如果只有抽象的平等原则而无实实在在的个案公正,或者司法实践中同案异判,实际上便向人们传递着消极信息,法治原则将无法真正得到张扬,人们便无法通过前后一贯的案件信息,在头脑中形成法律行为与结果的稳

定预期。"①在占法院受案量八成以上的民事案件中解决同案异判问题,可在更广层面和更深层次上做到同案同判,有利于在制度意义上防范因自由裁量权规制不力而导致的权力寻租,使司法权影响下的社会生活更接近宪政理念的实质要求。具体的策略多种多样,其中审级控制的进路必不可少。

作为个体的法官以忠实的执行法律为天职,有义务服从全局,但无义务亦无能力掌控全局。具有全局性的民事案件同案异判问题的化解责任不应加于作为个体的法官,而应加于有义务有能力掌控全局的法院,由其以团体的名义、组织化的行为方式来承担。王泽鉴指出:"法院实际上遵循上级法院判决,除维持判决统一之目的外,尚在满足正义之要求,即案情相同者,应予相同之处理,职是之故,法院亦仅在充分确信原判决不当时,始会不予采用,而另为判断。"②诚如此言,在两审终审制的语境中,终审法院是法律系统内部维护民事案件同案同判的主要责任承担者,其可通过正确解释法律或不确定性法律概念的具体化来保证审级控制的进路切实的发挥出消除同案异判的作用。

## 一、特殊民事案件同案同判的审级控制

笔者认为,特殊民事案件包括疑难复杂的民事案件、新类型民事案件和具有普遍法律适用意义的民事案件,它们的社会关注度更高,更易引发影响性诉讼。对特殊民事案件的处理若出现同案异判的结果,会在更大的范围冲击"禁止差别,反对歧视"之平等保护观念的扎根与培育,会以更大的力量以点破面地削弱一般公众对司法权威的认可与尊重。

近些年来,最高人民法院多次通过司法解释以诉讼标的额为最重

---

① 白建军:《同案同判的宪政意义及其实证研究》,载《中国法学》2003年第3期。
② 王泽鉴:《民法学说与判例研究》(第1册),中国政法大学出版社1998年版,第276—277页。

要的标准将民事案件的一审管辖权往下调整,致使各级法院的民事案件审理负担与其级别之间呈现出愈发严格的反比例关系,法院的级别越低,其民事案件审理负担越重。当前80%以上的民事案件一审任务由基层法院承担,中级法院对特殊民事案件进行一审的情况整体偏少,特殊民事案件的终审法院(二审法院)很少是高级法院和最高法院,中级法院通常作为特殊民事案件之终审法院的级别明显偏低,这与较高级别的法院负有统一裁判标准以消除同案异判的组织性法定责任相背离。这种状况如得到长期的放任,将导致较高级别之法院的系统内监督职能和规训权威虚化,消解同案异判的行动会因此具有各自为战、缺乏团体理性和成果甚微的特征。

向上级法院请示汇报、制定司法解释和发布指导性案例是克服特殊民事案件处理中同案异判现象的既有制度安排,从实际效果看,它们均存在很大的局限性。具体而言:(1)第一审法院就个案向终审法院请示汇报,会实质性地影响其审判独立性,会造成两审终审制的形同虚设,当事人的审级利益和司法制度的正当性会因此直接减半。经过多年的反思,案件请示汇报制的弊端几成共识。虽然相关的做法目前仍时有发生、彻底根绝仍尚需时日,但终审法院就个案作出答复受到了日趋严格的禁止或规范。也就是说,伴随着案件请示汇报制大行其道的时代一去不复返,第一审法院通过案件请示汇报的途径获得特殊民事案件之处理思路的可能性将会越来越小,无奈之下的独自处理在很小的地域范围内即可产生同案异判的几率便会大增。(2)针对全国范围内很长时间里具有普遍性的问题,最高人民法院方可制定司法解释。可是,特殊民事案件涉及的普遍性问题多是地域性的或是阶段性的,用制定司法解释的方法来应对,有"杀鸡动用牛刀"和"撒大网逮小鱼"的浪费之嫌。另外,司法解释为条文型法律渊源,滞后性、不周延性是其无法克服的缺陷,其制定亦需耗费一段不短的时间,这些均无法适应特殊民事案件的变动不居性和审限特定性。简言之,张力小、灵活性差的司法解释很难及时且针对性强的消解特殊民事案件中的同案异判。(3)审理特殊民事案件时,法院会经常碰到法律依据缺乏或模糊的情形,此时以法律依据为大前提的司法推理就无法顺利展开,在法典修改和司法解释制定难以指望时,担负"找法"任务且不得拒绝裁判的法院就会被迫地作出随意选择,导致裁判尺度无法统一。为缓解这一问题,作为法典和司法解释的补充物,应对更为及时和灵活性更强的指导性案例制度引起了实务和理论层面的共同关注。《案例指导规定》在2010年11月26日的公布施行和上海中原物业顾问有限公司诉陶德华居间合同纠纷案、吴梅诉四川省眉山西城纸业有限公司买卖合同纠纷案等首批四个指导性案例在2011年12月20日的发布①,虽然能够说明相关的制度建设已初具规模且遵循"少而精"的立场,但也透露出指导性案例从编选、推荐、报送、确定到发布整个过程的漫长。单一制的国家结构形式对高级人民法院发布指导性案例之权力的排除与否定,必然造成最高人民法院对发布指导性案例之权力的垄断,最高人民法院对这种垄断权力的行使必须得借助自下而上的案例报送,案例报送过程的耗时长短绝非最高人民法院可以控制。所以,指导性案例的发布肯定无法很好地满足特殊民事案件的处理对时效性的起码要求。此外,《案例指导规定》第7条要求地方各级法院审理类似案件时应当参照指导性案例,但该条文基于指导性案例有别于英美法系的判例而没有对制裁后果进行规定,使之被界定为倡导性规范,地方各级法院可以将其作为裁判文书说理的参考,但不能作为法律依据直接予以援引,即指导性案例没有刚性的约束力,其对特殊民事案件处理中自由裁量权的制度性规制留有不少可轻易予以软化的缝隙。

相形之下,为做到同案同判,把特殊民事案件的一审管辖权统一

---

① 关于最高人民法院发布的第一批指导性案例,具体可参见《最高人民法院关于发布第一批指导性案例的通知》,载《人民法院报》2011年12月21日第4版。

上提一级更为可取。实行如此的管辖权向上转移后,特殊民事案件的第一审法院最低是中级法院,第二审法院最低是高级法院,这样可充分调动高级法院在消除同案异判中的积极性、自主性,高级法院在特殊民事案件审理中的及时作为除了能弥补制定司法解释和发布指导性案例在效率方面的不足外,还能可行性很高地保证类似案件之裁判尺度的省域统一,这后一好处在当前显得格外重要。"全国上下一盘棋"的治理策略和"大一统"的过往情结使得在全国范围内统一法律适用成为迫切的追求,找到足以在全国范围内消除同案异判的药方成为普遍性的做法,一定区域内经过实践总结出的应对经验被看成是"不上档次"或"格局不够"。谋求裁判尺度之全国统一的努力的功利性初衷值得肯定、可以理解,但它们对大国的区域差异和社会发展不平衡关注不够,不得不在全国行动的整体层面之外允许"例外"和"变通"的出现,时间一长"谋求裁判尺度的全国统一"就自然而然地形同虚设,成为难以实现的空谈口号。正是因为全国统一行动的策略导致消除民事案件同案异判的收效甚微,同一高级法院所辖范围内不同中级法院之间关于特殊民事案件同案同判之协调机制的试行才会崭露头角。显而易见,这种试行机制的建立与维系成本不高,推行过程中遇到的省域内障碍容易克服,但会普遍性地导致消除特殊民事案件同案异判的责任主体级别过低,并会使对相关省际同案异判的消除寸步难行、束手无策。特殊民事案件的一审管辖权统一上提一级,有利于不同的高级法院在借鉴中级法院既有有益经验的基础上,尽快建立并良好地维系针对特殊民事案件同案同判的协调机制。这种进路不仅有助于同时做到特殊民事案件裁判尺度的省域统一和省际统一,还有助于极大地降低制度成本,因为高级法院的数量不到中级法院的十分之一、高级法院的智力资源与沟通协调能力整体上要远胜中级法院一筹。需要指出的是,特殊民事案件的一审管辖权统一上提一级,尽管在一定程度上会增加较高级别法院的审理负担以及起初阶段的适应困难,但性价比很高的此举在实现同案同判方面的更大收益应被放到首要位置予以考量。

## 二、一般民事案件同案同判的审级控制

根据我国《民事诉讼法》第170条的规定,第二审法院发回重审的事由有事实性事由和程序性事由之分。其中,前者表现为"一审判决认定基本事实不清";后者表现为"一审判决严重违反法定程序"。针对事实性事由,第二审法院可以发回重审,也可以查清事实后改判,拥有自主选择发回重审或改判作为结案方式的法定权利,发回重审不是第二审法院的唯一选项,此类发回重审被称之为裁量型发回重审。针对程序性事由,第二审法院负有"必为"的法定义务,只能以发回重审作为结案方式,此类发回重审被称为法定型发回重审。

具有同样的事实性瑕疵时,由级别偏低的法院就一般民事案件作出的一审判决会因为裁量型发回重审的存在而面临霄壤之别的外在评价,因为此时"改判"意味着"肯定有错"、"发回重审"意味着"可能没错"。具有不同的程序性瑕疵时,由级别偏低的法院就一般民事案件作出的一审判决会因为法定型发回重审之事由的主观色彩浓烈而面临相同的命运,因为此时程序性瑕疵可否容忍的认定标准实难把握。由此可见,既有的制度设计如不加以改进,其对同案异判的诱发力就很难得到平抑。笔者认为,发回重审制度的理性改进可从如下两个方面展开:

(一)取消裁量型发回重审

从"查清事实后改判"的立法用语来看,当"一审判决认定事实不清、证据不足"的情形出现时,第二审法院选择改判须以"查清事实"为前提条件。如此立足文义的规范解释很容易给人错觉,即第二审法院针对此两种情形发回重审无须做到"查清事实"。然而,第二审法院得出一审判决存在事实问题的结论必须经过对比性的判断,而这种在

后的对比性判断理应以在前的"查清事实"为参照基点。否则,第二审法院的认定就失去了依据正当性和逻辑自洽性。由此可知,针对"一审判决认定事实不清、证据不足"的情形,第二审法院选择发回重审抑或改判都得具备"查清事实"的前提。"人们不能在这一对诉讼人之间以这种方式决定案件,而在另一个类似案件的另一对诉讼人之间又以相反的方式做出决定。"① 依同案同判之"相同情况相同对待,类似情况类似对待"的基本要求,既然一审判决之问题皆属事实性瑕疵、"查清事实"的同样前提都已具备,第二审法院针对具有事实性瑕疵的一审判决就不应给出不一样的评价。

针对具有事实性瑕疵的一审判决,若第二审法院选择了发回重审,就会导致当事人因为重审程序的经历而不得不付出更多的时间、精力和经济成本,就会导致当事人因为先前程序的经过而没有得到吸收或排解的不满继续淤积,进而就会使得当事人藉由诉讼来化解民事纠纷的意愿减弱,当事人起初对国家司法制度的信心亦会因此丧失;若第二审法院选择了改判,当事人之间已处于非正常状态的民事权利义务关系就会得到尽快的修复,当事人在重审程序中付出的代价就会因为二审程序对一审程序之监督功能的及时发挥而得以避免,当事人在个案中对效率的正当追求就会得到更好的满足。通过对比不难发现,对于具有事实性瑕疵的一审判决,改判的方案可让当事人获得更大更好的程序利益,而发回重审的方案除极大贬损当事人的程序利益外,还为第二审法院借口事实性瑕疵的认定标准缺乏具体性与可操作性而滥用发回重审权提供了空间。为克服裁量型发回重审的种种弊端,2002年4月15日最高人民法院以法释(2002)24号的名义通过的《关于人民法院对民事案件发回重审和指令再审有关问题的规定》第1条专门把第二审法院将具有事实性瑕疵的一审判决发回重审的次

---

① 〔美〕本杰明·卡多佐:《司法过程的性质》,苏力译,商务印书馆1998年版,第18页。

数一律限定为一次;2010 年 12 月 28 日最高人民法院以法发(2010)61号的名义公布的《关于规范上下级人民法院审判业务关系的若干意见》第 6 条第 1 款特别把第二审法院将事实不清、证据不足的一审判决发回重审的次数较法释(2002)24 号有所松动、略显退步的规定为"原则上一次"。尽管《民事诉讼法》第 170 条第 2 款已对裁量型发回重审作出了"只能一次"的限制,但仍无法彻底根绝裁量型发回重审的任意性,同案异判和当事人的程序利益受到贬损的现象还是一如既往地缺乏刚性约束。司法实践中,裁量型发回重审已长时间地沦为很多二审法官减少案件实体处理工作量或规避涉诉信访风险的主要手段之一。所以,在裁量型发回重审的弊端远盖过其制度收益的局面迄今无法扭转的当前,既然第二审法院在续审制的审级关系模式下拥有认定事实的合法权力,那么刻不容缓的明智做法应是在有效保障当事人之审级利益的基础之上,取消裁量型发回重审,明确规定第二审法院对于具有事实性瑕疵的一审判决只能进行改判。唯如此,才能确保第二审法院一视同仁的审查存在事实问题的一审判决和存在法律适用问题的一审判决,才能确保当事人在针对存在事实问题的一审判决提起上诉后拥有对第二审法院之结案方式的确定预期,也才能确保第二审法院对存在事实问题的一审判决提供出符合宪法之平等保护要求的应对方案。

(二)调适法定型发回重审

法定型发回重审以"一审判决严重违反法定程序"为唯一事由,采概括性的主观判断方法,难以避免众说纷纭、莫衷一是的解释出现。不严格遵守强行性规范显然属于"违反法定程序",但在法律没有明文授权时对任意性事项作出处分和违背训示性规范是否属于"违反法定程序"? 出现这一短期内难以统一答案的问题,固然与程序安定原理没有得到透彻的领悟有关,但与立法用语的粗疏也不无很大关系。这种粗疏的设计被指责为"重实体轻程序,重结果轻过程",这种指责自

20世纪90年代初倡导程序公正以来就从未停息。再者,第二审法院对"严重违反"的主观性标准把握难以统一,拥有很大的自由裁量空间,致使违反法定程序之情形与结果均相差无几的一审判决面对不同的评价,甚至致使"违反法定程序严重的一审判决因不可能影响案件正确判决而未被发回重审,违反法定程序轻微的一审判决却因可能影响案件正确判决而被发回重审"的倒挂怪状出现,第一审法院严重违反法定程序的行为由此得到放任、纵容与变相的鼓励。因此,为实现民事案件同案同判的审级控制,法定型发回重审制度理应进入检讨与重构的视野。

高桥宏志认为:"发回一般适用于控诉审考虑到当事人的审级利益并认为由一审进行审理较为合适的情形,可分为必须发回和任意发回两种情形。所谓必须发回,是指当控诉审撤销驳回原告之诉的原判决时,必须将案件发回一审的情形。"① 我国民事诉讼当前实行两审终审制,案件的实体性问题在没有严重程序性瑕疵的前提下能够得到两级法院的实质性审理,此为当事人所享有的审级利益。当存在违背强行性规范和法无明文规定而擅自处分任意性事项的情形时,第一审法院对案件的实体性问题进行的实质性审理有名无实、徒有其表,与未进行实质性审理没有本质区别,发回重审的必要性已然具备、无法忽视。当存在开庭前就证据较多或复杂疑难的案件不组织证据交换、逾期送达、审判人员未在庭审笔录上签字等违背训示性规范的情形时,第一审法院对案件的实体性问题所进行的实质性审理虽有瑕疵,但无害于当事人所享有的审级利益,发回重审将有损于程序安定和诉讼效率,理由在于,"与效力规范不同,训示规范多是鼓励性规定,严格遵守固然有其必要,但是如未遵守,其诉讼法上的效力也不会受到什么影响,所以不得在事由以违背训示规范为由,要求撤销已实施的诉讼行

---

① 〔日〕高桥宏志:《重点讲义民事诉讼法》,张卫平、许可译,法律出版社2007年版,第461—462页。

为或已进行的诉讼程序。"①不加区分的把存在程序性瑕疵的一审判决均发回重审的做法,的确能够在一定时期内提升程序公正的地位,但从长远看,这种具有表层性、肤浅性、极端性的提升会过犹不及地影响一般公众对程序公正的普遍认可,会大面积地诱使"不同的程序性瑕疵,同样的制裁方法"现象产生,加剧审级控制视域内的同案异判。

废止法定型发回重审制度是类似于因噎废食的畏难之举,对其予以合理改进方是可取之路。借助具体列举与抽象概括相结合的技术路线来促成法定型发回重审之适用事由的客观化无疑是改进尝试中的首要之选。在这一方面,最高人民法院在1992年颁布的《民诉意见》就早已有所作为。其第181条将法典中"一审判决违反法定程序,可能影响案件正确判决"这一事由解释为"审判人员及书记员应当回避而未回避"、"未经开庭审理即作出判决"、"普通程序中未经传票传唤当事人而缺席判决"三种情形和"其他严重违反法定程序的"四种情形。前三种情形的具体性便于第二审法院轻易作出明确的认定。最后一种情形的兜底性要求第二审法院在认定足以导致发回重审的一审程序性瑕疵时须参照前三种情形,尽管这种借他者之具体性的映照来克服兜底情形之抽象性的企图不能对第二审法院的自由裁量权形成足够的遏制且实际效果亦不理想,但其从用语上摈弃了法典中以实体处理的结果回溯认定一审程序违法的主观标准,并为严重程序性瑕疵与轻微程序性瑕疵的区分提供了规则层面的例证。人类认知能力的相对有限性决定了具体列举所有的严重程序违法情形极为困难,但这并不意味着如下次优途径的匮乏:以程序规范的分类为基础,立足于司法统计的数据分析和第二审法院审判经验的专项总结,寻找出与再审事由之数量规模不相上下的严重程序性瑕疵的常发样态并将

---

① 邵明:《现代民事诉讼基础理论》,法律出版社2011年版,第196页。

其逐一规定,辅之《民诉意见》第181条那般但通常不得适用、仅为表征规则之灵活性的兜底设计。

### 三、民事案件同案同判之审级控制的限度

民事案件同案同判的审级控制以上诉案件的形成和第二审程序的经历为必要条件,其可能取得的效益在规模上取决于一审裁判文书可上诉的比率和第二审程序启动的次数。第一审法院判决结案的比例越高,民事案件同案同判之审级控制的用武之地就越大,反之亦然。以"案结事了人和"为指向的"调解优先,调判结合"的司法政策自2002年以来一再被重申,调解结案和撤诉结案受到第一审法院的高度青睐,调解撤诉结案率不断攀升并获得了相对于判决结案率的明显优势,被排除可上诉文书范围之外的民事诉讼调解书和准予撤诉的裁定书蔚为可观,第二审程序的非必经性得到进一步的强化,民事案件在经历第一审程序之后演变为上诉案件的比例相应大幅度减少。另外,为细分第一审程序以使审理程序具备针对不同民事案件的适应性,力争做到"小微案件快速审、简单案件简易审,复杂案件普通审",实行一审终审的小额诉讼程序已进入决策者的视野并已借助民事诉讼法典的再次修改而很快走入司法实践。小额诉讼程序全国适用率平均达30%的立法预期将会增加两审终审制之例外情形的数量,降低两审终审制的涵摄力,更多的一审判决将具有不可上诉性。简而言之,民事案件同案同判之审级控制的覆盖面当前已明显受到民事诉讼调解复兴的影响,将来还会受到小额诉讼程序大规模适用的冲击;即便不考虑当事人基于诉讼成本、上诉风险、维权策略等因素而可能产生的不上诉之意愿,民事案件同案同判的审级控制与民事诉讼调解实践、小额诉讼程序适用之间呈现的此消彼长态势决定了不能高估其在基本面上的作用。

无论是以改判的形式抑或以发回重审的形式来实现对一般民事

案件同案同判的审级控制,第二审法院都得以说理充分的文书作为载体。历经多年的倡导与鼓励[①],第二审法院的裁判文书中"不敢说理,不愿说理,不善说理"的状况得到些许改观,但笼统说理时至今日仍是极为普遍的现象,其对第一审法院的指引仍具有模糊性和不确定性,致使第一审法院对其裁判中存在的瑕疵难以形成明确的认识,第一审法院今后处理类似案件时仍然会不知所措、故错重犯。二审裁判文书阐明理由不到位,会使民事案件同案同判的审级控制以自我抵销、自我毁坏的方式给人浅尝辄止的印象和隔靴搔痒的感觉。裁判文书"最主要的功能仍然是社会的,是要为纠纷之解决提供一个合理化的证明,以及在可能的情况下,为后来的类似案件处理提供一种导引"[②]。除非尽快配套以良善的裁判文书说理制度,否则民事案件同案同判的审级控制之难尽如人意的状况将一如既往。与此相关的改进需注意如下两方面的问题:(1)要尽量尊重第一审法院的自由裁量权。当两级法院的分歧只聚焦于自由裁量事项,第二审法院原则上不能以自己的判断取代第一审法院的判断,除非存在显失公平的情形,因为第二审法院不拥有优越于第一审法院的自由裁量权,更何况此时的改判不仅会严重挫伤第一审法院的积极性,而且会由于无法做到理由充分的说服而造成"案结事不了"的结果。(2)说理要公开但不宜过细。目前第二审法院发回重审的具体理由不是载于当事人可以获得的裁定书中,而是载于附送给第一审法院但当事人无法获得的内部指导函中。当事人无从知晓发回重审的具体理由,其对重审程序中裁判结论的形成也就无法施加相应的积极影响,这不符合程序多方参与性原理的起码要求,当事人的程序主体地位在此得到轻视。只有根除秘密附送内部指导函的潜规则,方可符合程序正义的确保裁定书成为第二审

---

① 如最高人民法院《关于民事诉讼证据的若干规定》第79条第1款规定:人民法院应当在裁判文书中阐明证据是否采纳的理由。

② 苏力:《道路通向城市:转型中国的法治》,法律出版社2004年版,第220页。

法院阐明发回重审之具体理由的唯一载体。另外,第二审法院在发回重审的裁定书中阐明具体理由时,既不能像过去及当前一样过于笼统,也不能矫枉过正得过于详细,要在促进审级监督和维护第一审法院审判独立之间取得平衡,要特别申明第一审法院对于发回重审的裁定书中载明的具体理由没有必须接受的义务,不管第一审法院是否接受,当事人对经由重审程序作出的裁判文书又提起上诉的,即使先后存在的瑕疵不同,第二审法院也不得再次发回重审。

# 民事执行权威的理性强化

**本部分所涉规范性文件全简称对照表**

| 全称 | 简称 |
| --- | --- |
| 最高人民法院《关于适用〈中华人民共和国民事诉讼法〉若干问题的意见》(1992年7月14日通过) | 《民诉意见》 |
| 最高人民法院《关于人民法院执行工作若干问题的规定(试行)》(1998年7月8日颁布) | 《执行规定》 |
| 最高人民法院《关于人民法院民事执行中查封、扣押、冻结财产的规定》(2004年10月26日通过) | 《查扣冻规定》 |
| 最高人民法院《关于人民法院民事执行中拍卖、变卖财产的规定》(2004年10月26日通过) | 《拍卖变卖规定》 |
| 最高人民法院《关于适用〈中华人民共和国民事诉讼法〉执行程序若干问题的解释》(2008年9月8日通过) | 《执行程序解释》 |
| 最高人民法院《关于执行权合理配置和科学运行的若干意见》(2011年10月19日颁布) | 《执行权配置运行意见》 |

具体而言,民事执行权威的基本要义可从以下两个方面进行阐释:(1)民事执行权获得来自国家正式制度的肯定性、全面性确认。人们评价某一社会法治水平或社会秩序的状况,其基本依据并不在于该社会冲突发生的频度和烈度,而在于纠纷解决机制的健全程度及其对现实社会冲突的排解能力和效果。[①] 从理论和实践两个角度看,"合

---

① 江伟主编:《民事诉讼法专论》,中国人民大学出版社2005年版,第8—9页。

法性危机"是所有的政治国家在任何阶段都必须认真面对并力求破解之法的棘手问题,合法性逐渐丧失的政治国家往往都难以避免灭顶的命运,政治国家的合法性实质上在于它能否获得民众的认可与承认;合法性不是一种状态,而是一种过程,不可能毕其功于一役。要不断地获得民众的认可与承认,政治国家需要持久的多方面努力。面对人类社会物质性和精神性利益的相对有限性与人的欲求的无限性之间的永恒紧张所导致的不可避免的纠纷,设立诉讼纠纷解决机制便是政治国家的这种努力之一。国家设立民事诉讼制度,旨在提供一种可供民众选择的、具有最强规范性和最终效力性的纠纷解决机制。民事审判以确认权利为自然之责,民事执行以实现权利为天然使命,二者共同构成民事诉讼的整体面貌。与民事审判无异,民事执行之于民事诉讼,如轮之于车、翼之于鸟,紧密相系、不可缺失。因此,从法制层面对民事执行权进行肯定性、全面性的确认成为现代国家的主动选择和普遍做法,且已成为评价现代国家之合法性与正当性的主要标准之一。

(2) 民事执行根据得以有效实现。由于实际情况复杂、多样,民事执行根据的有效实现与完全实现并不等同,二者之间往往存在距离。以民事执行根据的完全实现作为民事执行权威是否贬损的标尺,不仅有苛刻之嫌,而且会徒增悲观情绪和消极气氛。民事执行权获得制度性确认使得民事执行权威的维系具备可能性和潜在力,民事执行根据得以有效实现使得民事执行权威的维系具备现实性和实在力。有效实现民事执行根据的过程与民事执行权获得公信力和民众认同的过程具有并发性和同质性,而公信力和民众认同是民事执行权威的固有内涵与本能凭借。由此可以底气十足地说,决定民事执行权威之实际状况的力量主要来自民事执行根据有效实现的程度,而不是主要来自民事执行根据的公正程度。置言之,只要民事执行根据得以有效生成,在实现层面应原则上禁止对其实体公正性和程序公正性进行质疑,正所谓"执而不疑,疑而不执"。

只要法律不再有力量,一切合法的东西也都不会再有力量。[①] 民事执行是法律保持力量的主要途径,民事执行权威是法律权威的关键载体。在当前转型中国,民事执行权威的贬损为不争之实,久已成弊,大有积重难返之势。于是,寻找强化民事执行权威的现实进路,力彰法律的力量,可让高速前行与问题重重的国家在面对风起云涌的纠纷时不至捉襟见肘、疲于奔命或难以应对,也可让民众对法治中国的尝试充满信心与耐心,实现有序与和谐。

从现实的情境来看,笔者认为,至少以下所及诸项为强化民事执行权威所必需、所可为。

## 一、提高民事执行法律渊源的位阶

从形式上看,民事执行的现有法律渊源主要是《民事诉讼法》[②]和《民诉意见》(第254—303条规定民事执行)、《执行规定》(共137条)、《查扣冻规定》(共33条)、《拍卖变卖规定》(共36条)、《执行程序解释》(共40条)、《执行权配置运行意见》(共33条)。位阶较低的司法解释在条目数量上取得了绝对优势,在司法实践中更是如此。考虑到《民事诉讼法》制定时的情势、施行后的新变化和至今仍在奉行的"宜粗不宜细"的立法政策,这一现象可以理解,但理解不等于可以对其导致的消极后果视而不见。如下两个很少被提及但相当严重的消极后果需要被关注:(1)阻碍正式立法的社会化。民事执行过分依赖司法解释很容易导致正式立法成为补充,而司法解释成为一般规范,进而造成正式立法与社会现实生活的脱节与疏远,引导人们对司法解释更为关注,漠视或搁置正式立法。(2)阻碍法律职业共同体内部的良性互动。法学知识和法律理性是形成法律职业共同体的逻辑起点

---

① 卢梭:《社会契约论》,何兆武译,商务印书馆2003年版,第164页。
② 2007年修改前的《民事诉讼法》中关于民事执行的规定为30条(第207条至236条),2007年修改后的《民事诉讼法》中关于民事执行的规定为34条(第201条至234条),2012年修改后的《民事诉讼法》中关于民事执行的规定为37条(第224—258条)。

与基本前提。形成中的现代法治国家犹如茫茫大海中的一艘巨轮,法学家负责指引前行的方向,法官负责掌舵,检察官负责添加燃料和提供动力,律师负责减慢速度。"同船"的形象修辞展现了法律职业共同体内不同分工承担者之间良性互动的必要与意义。民事执行过分依赖的《执行规定》等司法解释让法官群体成为事实上的强势立法者和傲慢、自负、反智等贬义语词的形容者,这除了反映其自身法学知识的虚无和法律理性的低下外,还促生了其他群体——尤其是法学家群体的反感、不满、不屑,这些情绪及伴其而生的主动性远离,传染性地使法官群体失去了来自法律职业共同体内部的起码认同与尊重。起码认同与尊重的缺失,实现法律职业共同体内部的良性互动也就难以谈及。

立法权是国家的心脏,行政权则是国家的大脑,大脑指使各个部分运动起来。大脑可能陷于麻痹,而人依然活着。一个人可以麻木不仁地活着;但是一旦心脏停止了它的机能,则任何动物马上就会死掉。国家的生存绝不是依靠法律,而是依靠立法权。① 在保持其他变量大致恒定的前提下,民事执行权威的实然状态与民事执行正式立法的社会化程度和法律职业共同体内部互动的状况成正比例关系,即民事执行正式立法的社会化程度越低,法律职业共同体内部互动的状况越差,民事执行权威的境地越不理想。所以,提升民事执行法律渊源的位阶、祛除民事执行过分依赖司法解释的现有瑕疵是强化民事执行权威的首要任务,至于民事执行正式立法的名称、体例和构造等形式理性方面的内容则是该首要任务的具体展开。

## 二、力守民事执行开始的被动性

作为民事司法权的有机构成,民事审判权本质上是一种判断权,

---

① 卢梭:《社会契约论》,何兆武译,商务印书馆2003年版,第113页。

民事执行权本质上是一种强制权。本质上的不同并不能使民事执行与被动性自然地完全割裂开来。相反,民事执行开始奉守彻底的被动性乃强化民事执行权威之必然。其理在于,"主动"意味着先入为主和价值判断、利益衡量的已然发生,难以避免客观上的"携私",无法与"中立者"的角色期待形成真正亲和。而民事执行开始时的中立是民事执行获得公信力和民众认同的必要条件,公信力和民众认同是民事执行权威的固有内涵与本能凭借。此外,达玛什卡教授指出:当一个国家开始接近于实现其最充分的能动主义潜质的时候,司法与行政便开始融合。如果说在一个彻底的"无为而治"型国家中,所有的活动,包括行政活动,都带有一定的审判色彩的话,一个完全的能动型国家的所有活动,包括审判活动,便都带有一定的行政色彩。① 移送执行制度中官方保留启动程序之权力的做法带有强烈的能动主义色彩,司法行政化便在一定程度上得以发生,民事执行权的独立性便在一定程度上消失,而民事执行权威的状况与民事执行权的独立性状况之间存在着正比例关系。由此,民事执行权威的强化与移送执行制度形成互斥性的紧张关系。在强化民事执行权威的语境中,移送执行制度的生存土壤应不复存在。

依据我国《民事诉讼法》第 236 条和《执行规定》第 19 条第 2 款的现有规定,对于发生法律效力的具有给付赡养费、扶养费、扶育费内容的法律文书、民事制裁决定书,以及刑事附带民事判决、裁定、调解书的执行,可以由审判员直接移送执行员主动进行。

明显且可判断的弱势不可以根据弱势一方的作为而发生显而易见的扩大或缩小的弱势群体为固有型弱势群体;明显且可判断的弱势可以根据弱势一方的作为而发生显而易见的扩大或缩小的弱势群体

---

① 〔美〕达玛什卡:《司法和国家权力的多种面孔——比较视野中的法律程序》,郑戈译,中国政法大学出版社 2004 年版,第 132 页。

为演变型弱势群体。① 赡养费、扶养费、抚育费的追索者通常是老人和未成年人,他们在劳动能力和其他经济来源方面往往处于困难境地,属于固有型弱势群体;刑事附带民事诉讼的原告通常是被害人或其近亲属,他们往往因犯罪侵害而在物质和精神方面趋于劣势,可归入演变型弱势群体。在民事诉讼法中对弱势群体进行倾斜性保护具有坚实的法理基础,但总体上必须恪守对程序正义的底线坚持和对实体正义的最可能追求的立场。法官中立、程序开始的被动性、程序公开、程序理性、及时终结性等是程序正义的最基本要素,已成共识。使民事执行开始时的被动性荡然无存的移送执行制度貌似吻合保护弱势群体的宏观设计,实则与程序正义的底线要求相背离,进而沦为名不符实的伪制度。此外,在司法过程中,也有一个"两手抓"的问题:法官不仅要对国家法律,同时也应该对社会效果负责;它的实质是,法官不仅要对立法者负责,也要对社会公众、特别是社区民众负责。通过这样的司法过程,法官还可以在一定程度上促进立法者与民众之间的对话、妥协与平衡。② 因此,为缓解、消除立法文本中的"一般正义"与现实案件中的"具体正义"之间经常发生的冲突,司法活动在追求法律效果的同时,也要实现对社会效果的追求。移送执行制度中,法院对于发生法律效力的具有给付赡养费、扶养费、扶育费内容的法律文书可以在没有执行申请的情况下主动执行,这样的制度设计暗含民事执行这种司法活动需力求法律效果与社会效果相统一的意图。然而,司法活动追求社会效果是有诸多必要条件的,法院的中立便是其中之一。推而论之,民事执行开始时的中立则是民事执行追求社会效果的必要条件,对民事执行开始时的中立任何程度的偏离都可能使民事执行追求社会效果的预期落空。移送执行制度的如此设计很可能"有好心,无好报",甚至是"好心做坏事"。

---

① 蔡虹、刘加良:《弱势群体的民事诉讼法保护论纲》,载《河南大学学报》2004 年第 3 期。
② 喻中:《乡土中国中的司法图景》,中国法制出版社 2007 年版,第 211 页。

根据我国《民法通则》第 134 条第 3 款的规定,人民法院审理民事案件,除可以单独适用或合并适用该条第 1 款所列举的十种承担民事责任的方式外,还可以予以训诫、责令具结悔过、收缴进行非法活动的财物和非法所得,并可以依照法律规定处以罚款、拘留。民事制裁以该款为实体法依据,是法院在民事案件的审理阶段,在诉讼请求之外迫使不主动履行民事义务的当事人承担民事责任的惩罚性措施。它是国家本位主义和法院万能主义无孔不入于社会生活的各个角落的典型例证,因涉嫌侵占行政制裁的作用领域、促生法官恣意、违背"不告不理"原则、混同"追诉者"与裁判者的二重角色而备受指责。随着市场经济体制的确立、完善和国家公权与公民私权关系的理顺,随着司法理性的确立,它将很快走向消失,近些年的司法实践中难见其踪影的事实也在印证这一点。审视与反思之后,为强化民事执行权威,必须尽快敲出宣告移送执行制度寿终正寝的声音。

行政权能无法依靠一己之力解决城市拆迁和农村征地等极为棘手之问题的当下,为强化民事执行权威,民事执行开始的被动性需要刻意奉守与维护。应禁止以任何理由让法院参与政府或其职能部门组织的"拆迁综合工作组"、"征地联合行动办公室"等机构,因为民事执行权威与民事执行权的作用范围并不存在正比例关系,恰恰与之相反,民事执行权作用范围的不当扩张则是导致民事执行权威不断下降的重要原因之一。同时,任何刻意维护民事执行开始的被动性的外在做法都值得欢欣鼓舞和珍惜,2007 年春天的重庆"钉子户"事件中法院或政府单独召开新闻发布会即为一例[①],对于民事执行权威的强化,行政的克制或自觉已经是一种难得的可贵与操守。

---

[①] 重庆"钉子户"事件中,起初有人提出法院要和房管局、区政府一起开新闻发布会,法院认为此举将损害其独立权,最终政府主持召开的新闻发布会中没有法院的身影,法院则单独召开了新闻发布会。详细资料可参见张悦:《那十五天发生了什么》,载《南方周末》2007 年 4 月 12 日。

## 三、消除执行通知与强制执行之间的时间间隔

强制执行制度作为一种舶来的东西,自清末变法以来几度被试图移植到中国社会里去,但真正得到较稳定的制度化并开始在我们的社会土壤里扎下根,不过是近一二十年来的事情。① 新中国成立以后,"经过耐心说服教育仍然无效才能采取强制执行措施"在实践中一直被法院系统作为倡导性规范加以对待。可能是在"执行难"的巨大压力下,为了避免民事执行的强制特征和实际效果被说服教育所抵销,1991年通过的《民事诉讼法》没有以立法的形式确认"说服教育与强制执行相结合"的基本原则地位,但其第220条和1992年的《民诉意见》第254条则直截了当地创设"执行通知制度",对"说服教育与强制执行相结合"进行了具体制度化。最高人民法院从2003年开始对执行通知确定的期限内自动履行的案件占执行案件的比例进行年度统计,说明其对"说服教育与强制执行相结合"原则的认可与肯定。

依《民事诉讼法》第240条和《民诉意见》第254条的规定,当事人拒绝履行发生法律效力的民事执行根据的,人民法院应向当事人发出执行通知,在执行通知指定的期间被执行人仍不履行的,应当强制执行。如此一来,通常情况下,民事执行程序启动后,通知被执行人自觉履行成为强制执行的前置程序,强制执行不能首先进行。有执行通知未必有强制执行,但有强制执行必有执行通知。2007年《民事诉讼法》增加规定:"被执行人不履行法律文书确定的义务,并有可能隐匿、转移财产的,执行员可以立即采取强制执行措施"。在逻辑结构上,这一新增的法律规则采取"可为"之行为模式,使得法院不经执行通知程序而直接采取强制执行措施具有选择性而不具有强行性;在适用范围上,其将"可能毁损、处分财产"的情形排除在外,而"毁损、处分财产"

---

① 王亚新:《强制执行与说服教育辨析》,载《中国社会科学》2000年第2期。

比"隐匿、转移财产"更容易造成民事执行的被动或落空,如此的设计不能解释为"举轻以明重",是立法粗陋与草率的表现。在判断标准上,"可能隐匿、转移财产"属于主观性标准,证明起来比较困难。这三方面的原因使得法院不经执行通知程序而直接采取强制执行措施不具有常态性,只能作为例外存在。2012 年《民事诉讼法》尽管不再把"可能隐匿、转移财产"作为立即采取强制执行措施的前提条件,但在规则结构方面仍然沿用了"可为"的行为模式,对既有缺憾的弥补并不彻底。可以说,法典的相继调整(具体见下表)不会对执行通知制度形成颠覆性的否定,在绝大多数情形下,通知被执行人自觉履行仍将是强制执行的前置程序。

| 法源名称 | 条文序号 | 条文内容 |
| --- | --- | --- |
| 1991 年《民事诉讼法》 | 第 220 条 | 执行员接到申请执行书或者移交执行书,应当向被执行人发出执行通知,责令其在指定的期间履行,逾期不履行的,强制执行。 |
| 1992 年《民诉意见》 | 第 254 条 | 强制执行的标的应当是财物或者行为。当事人拒绝履行发生法律效力的判决、裁定、调解书、支付令的,人民法院应向当事人发出执行通知。在执行通知指定的期间被执行人仍不履行的,应当强制执行。 |
| 2007 年《民事诉讼法》 | 第 216 条 | 执行员接到申请执行书或者移交执行书,应当向被执行人发出执行通知,责令其在指定的期间履行,逾期不履行的,强制执行。被执行人不履行法律文书确定的义务,并有可能隐匿、转移财产的,执行员可以立即采取强制执行措施。 |
| 2012 年《民事诉讼法》 | 第 240 条 | 执行员接到申请执行书或者移交执行书,应当向被执行人发出执行通知,并可以立即采取强制执行措施。 |

拉德布鲁赫曾言:不信任是每个立法者的首要义务。法律自然不是用来反对善的,而是用来对付恶的,所以,某个法律对它的接受者预

设的恶行内容越多,其本身反而显得越好。① 于是,以"信任"、"善"为出发点,与"先礼后兵"、"教而后诛"的传统观念一脉相承的执行通知制度不得不面对如下的窘境:(1) 在恶意逃避债务的可能收益远大于其可能成本的预期已具普遍性的时今,执行通知成为被执行人隐匿、转移、处分、毁损财产或寻求不当干扰的预报与提醒,待执行通知确定的自动履行期限届满后,强制执行面对的往往是"被执行财产难寻、被执行人难找、协助执行人难求、应执行财产难动"。(2) 执行通知中确定的自动履行期限实质上成为民事执行根据中确定的自动履行期限的延长性变更,轻而易举地驱逐和否定了民事执行根据的确定力,再次造成裁判与执行的纠缠不清,对发生法律效力的民事执行根据所确定的内容可以进行讨价还价进而成为可能,也对作为民事执行之基础的裁判程序产生釜底抽薪式的破坏作用。总之,异口同声地将"说服教育与强制执行相结合"作为民事执行之原则的做法如不重新考量,执行通知制度如不理性重构,强化民事执行权威只能是"美好的童话",永难兑现。

值得注意的是,为克服执行通知之弊,实践中越来越多的法院只好将查封、扣押、冻结等控制性强制措施裁定书、协助执行通知书和执行通知书尽可能同时送达,正是黄仁宇所说的"实际困境客观存在,但却必须对制度有所交代"。这种无奈的交代毫不留情地定位了执行通知制度的形同虚设和徒有其名,也让自2003年开始的、对在执行通知确定的期限内自动履行的案件和采取强制执行措施的案件的年度统计十分尴尬地失去说服力。尽管如此,这种无奈的交代却为重构执行通知制度提供了一种可能的思路,就是消除执行通知与强制执行之间的时间间隔而不是完全废止执行通知制度,使执行通知只具形式上的意义,成为一种象征性的名分,这样一来可以克服现有执行通

---

① 〔德〕拉德布鲁赫:《法律智慧警句集》,舒国滢译,中国法制出版社2001年版,第12页。

知制度的弊端,二来可以充分利用"通知"给人感觉更和平、更亲近而非更紧张、更严肃的积极一面来减少被执行人对强制执行的抵触和畏惧。

**四、尽力扩展且可延长申请执行期限**

执行债权是指民事执行根据中所记载的债权人的权利。在我国,非诉的生效法律文书要成为民事执行根据,须经过法院的审查。因此可以说,执行债权的产生离不开公权力的介入,正是公权力的介入使执行债权具有了公法性质,并与争议前或争议中的民法债权区别开来。执行债权根本区别于民法债权的公法性质决定法律对执行债权的保护力度要高于对民法债权的保护力度,否则公权力对民法债权争议解决和形成执行债权的介入便没有了实质性价值,以有效实现执行债权为目的和归宿的民事执行便会成为"无根之木"、"无源之水",民事执行权威也会随之成为"水中月亮"、"空中楼阁"。

大陆法系的通例是把民法典规定的消灭时效制度一体适用于民事执行程序,但自19世纪末20世纪初以降一直主要以大陆法系为法制现代化之学习蓝本和参照体系的我国,没有和大陆法系的通例保持一致,而是在《民事诉讼法》中独创性地规定了申请执行期限制度。2007年修改前《民事诉讼法》第219条第1款规定:申请执行的期限,双方或者一方当事人是公民的为一年,双方是法人或者其他组织的为6个月。2007年修改后的《民事诉讼法》第215条第1款(该款在2012年修改过程中未作变动)规定:申请执行的期间为2年。申请执行时效的中止、中断,适用法律有关诉讼时效中止、中断的规定。由此可见,民事诉讼法为实现执行债权设定的期限具有固定性、单一性,且不可延长。而《民法通则》为实现民法债权设定的期限最短为1年,最长为20年,且可以中止、中断、延长。从期限的角度可以看出,尽管2007年修改后的《民事诉讼法》较以前有所进步,我国目前对已经过法院依法确认的执行债权的保护力度仍然远低于对民法债权的保护力度,让人觉得不可思议和惊诧不已,因为执行债权通常以民法债权为本源和执行债权与民法债权的通常对应性决定了法律对执行债权的保护力度至少不能低于对民法债权的保护力度,更遑论执行债权根本区别于民法债权的公法性质决定法律对执行债权的保护力度要高于对民法债权的保护力度。这不仅构成对执行债权的极端漠视和对权利精神的极端反动,而且明火执仗地构成对司法权、法院的极端轻视与不信任。申请执行期限制度的现有设置对恶意逃避债务者的震慑力几乎可以忽略不计,他们凭借拖延时间的策略在短期内即可安然无恙地过关。面对以过短的申请执行期限为法宝的"老赖",民事执行权威一次次地被嘲讽、戏弄。肖建国指出:在社会信用制度缺位、交易安全没有保障的现实条件下,过短的申请执行期限将沦为助纣为虐的工具。[①]如此断言,绝非耸人听闻。

督促权利人尽快行使权利以稳定社会经济秩序和加速财产流转是时效制度的重大功能之一,但这一重大功能的实现不能以明显不利于保护权利人的利益为代价。过短的时效期间从微观上对权利人不利,过长的时效期间从宏观上对整个社会不利。时效期间的确定须在保护权利人的利益和督促权利人尽快行使权利二者之间寻求平衡,不能顾此失彼,也不能厚此薄彼。中国的《民法通则》所规定的时效期间显然过短,系受苏联民法思想的影响,着重于促使权利人尽快行使其权利,以图达到加速社会经济流转的目的。[②] 与《民法通则》如出一辙,《民事诉讼法》关于申请执行期限的规定过分偏重于督促权利人尽快行使权利这一点上,没能有效地对意图借拖延时间而逃避债务的债务人形成震慑和约束,进而明显不利于保护权利人的利益。

《民法通则》规定了三种时效期间,其中普通时效期间为 2 年,特

---

① 江伟主编:《民事诉讼法专论》,中国人民大学出版社 2005 年版,第 522 页。
② 梁慧星:《中国民法经济法诸问题》,中国法制出版社 1999 年版,第 138 页。

别时效期间为 1 年,最长时效期间为 20 年。考虑到民众对制度已经产生的依赖,短期内取消申请执行期限不可行。基于以上的分析,从"法律对执行债权的保护力度要高于对民法债权的保护力度"的基本法理出发,应参照民事实体法关于诉讼时效的规定,尽力扩展申请执行期限(目前来看至少是 20 年)且规定该期限可中止、中断、延长成为走出问题泥沼的唯一出路。如此可大大降低债务人借拖延时间来逃避债务的预期,让民事执行不执而威。

**五、加大对妨害民事执行行为的刑事制裁**

现代的司法以正当性和合理性十足的说服为基础形成权威的地位,这种说服主要借助民事执行而最终实现,由可能状态转变成现实状态。司法大厦若想稳如磐石,必须立场坚决、千方百计、不惜代价地强化民事执行权威,对妨害民事执行行为进行刑事制裁是其中最严厉且不可或缺的组成部分。在风险成为当代社会的基本特征后,刑法逐渐蜕变成一项规制性的管理事务。作为风险控制中的组成部分,刑法不再为报应与谴责而惩罚,主要是为控制风险进行威慑;威慑成为施加刑事制裁的首要理由。① 江苏仪征法官惠金阳于 2007 年 1 月 29 日、30 日在山东莱芜因执行诉讼保全裁定被被告非法拘禁 14 小时②,河南南阳法官于 3 月 20 日、22 日在湖北荆门因办理划扣手续先后两次被围攻③。这两个案例以"被执行人采取暴力的方式公然抗拒执行"为共同特点,反映出民事执行已有的制度风险以及这种制度风险可能不断扩大的趋势。通过刑事制裁的理性归位与合理完善来预防和消除民事执行的制度风险,保持刑事制裁的足够震慑力,不是鼓吹

---

① 劳东燕:《公共政策与风险社会的刑法》,载《中国社会科学》2007 年第 3 期。
② 丁国锋:《江苏法官在山东执行时遭暴力挟持 14 小时》,载《法制日报》2007 年 4 月 11 日。
③ 张少春:《河南法官湖北办案遭围攻 随行记者被打断肋骨》,载《东方今报》2007 年 3 月 26 日。

刑罚万能主义,也不是为重刑主义招魂,而是为强化民事执行权威提供"杀手锏"。

为解决法院的"执行难"问题,中共中央于1999年下发11号文件,党的十六大报告中又向全党提出解决人民法院执行难的政治任务,2005年12月26日中央政法委又专门下发了《关于切实解决人民法院执行难问题的通知》。可以说,近些年谋求"执行难"之法治外解决的努力从未间断。在此背景下,有关某行政区域内首起"老赖"被判刑的案件间或见诸媒体,如2006年南昌市清山湖区法院判决的沈德荣案和郑州市二七区法院判决的贾木旺案、2007年天水市秦州区法院判决的姚占峰案。此类的报道以"首起"为关键词,多是称赞的口吻和新奇的态度,这虽然有利于提醒民众注意民事执行权威的存在,但恰恰间接地从反面说明刑事制裁长期以来应对妨害民事执行行为的不如人意和缺位。所以,加大对妨害民事执行行为的刑事制裁不是一个不当越位的问题,而是一个合理归位的问题,具有正当性。

加大对妨害民事执行行为的刑事制裁,可从如下三方面展开:(1) 理顺强制措施与刑事制裁的关系。根据2012年《民事诉讼法》第111、114条的规定,妨害民事执行的强制措施有拘留和罚款两种。刑法中与妨害民事执行有关的罪名主要有三个,即第313条规定的拒不履行判决、裁定罪,第314条规定的非法处置查封、扣押、冻结的财产罪和第277条规定的妨害公务罪。最高人民法院自2003年至今对因拒不执行采取司法措施拘留和罚款人数(前者年均约23321人,后者年均约2427人)进行专门性年度统计①、法院系统关于应对妨害执行

---

① 2003年因拒不执行采取司法措施拘留21738人,罚款2854人;2004年因拒不执行采取司法措施拘留22061人,罚款2748人;2005年因拒不执行采取司法措施拘留37056人,罚款1740人;2006年因拒不执行采取司法措施拘留12427人,罚款2364人。详细资料可参见佟季:《2003年全国法院审判和执行工作基本情况》,载《人民司法》2004年第3期;佟季:《2004年全国法院审理各类案件情况》,载《人民司法》2005年第4期;佟季:《2005年全国法院审理各类案件情况》,载《人民司法》2006年第3期;佟季:《2006年全国法院审理各类案件情况》,载《人民司法》2007年第3期。

只着眼于完善强制措施的官方思路、修改后的《民事诉讼法》大幅提高罚款数额和增加规定"法院对于实施妨害执行行为的单位可以向检察机关或者有关机关提出予以纪律处分的司法建议"、涉及前述三罪之案例的鲜有报道说明执行实践对强制措施的过分倚重和对刑事制裁的备之不用。对强制措施的过分倚重容易导致对其功能的过分相信和对其局限的认识不清,即便罚款的数额已经大幅提高和司法拘留的期限大幅延长。这一方面是因为考虑到社会的一般经济水平、我国东部与中西部地区的差异和城乡收入差距等诸多复杂因素,罚款数额的统一确定只能接受"木桶效应",而这种"就低不就高"的罚款数额对很多当事人仍然将是无关痛痒;另一方面是因为过长的司法拘留期限将与短期自由刑形成交叉关系,挤压短期自由刑的生存空间,促生违背罪刑法定原则的事实性刑罚,同时也将因为其决定程序不如短期自由刑正当而容易招致指责。对刑事制裁的备之不用,使得刑法对民事执行的保障功能大打折扣,而刑罚特殊预防功能的缩水将延伸性地导致刑罚一般预防功能的虚无,使民众发自内心地对民事执行的敬畏越来越少。只有理顺强制措施与刑事制裁的关系,才能让二者相互配合、各尽其能。(2)完善刑事立法。当前刑事制裁应对妨害民事执行行为的无力和疲软与相关罪名的法定刑上限过低、适用范围过窄和适用条件过严不无关系。不论是拒不履行判决、裁定罪,非法处置查封、扣押、冻结的财产罪,还是妨害公务罪,它们的法定刑上限都是3年有期徒刑,在刑法分则中属于偏轻的刑罚设定,加之缓刑制度的配套设置,它们的威慑力虽不能说是可有可无,但也不能给予过高期望。拒不履行判决、裁定罪的主体难以涵盖协助执行人,妨害公务罪的客观方面局限于以暴力、威胁的方法阻碍国家机关工作人员依法执行公务而将以不作为的方法阻碍国家机关工作人员依法执行公务排除在外,让实施了达到犯罪危害程度的妨害民事执行行为的人得不到应有的制裁。一个主权民族的法院应该靠尊严来维护,而这种尊严正是这个民族的尊严。① 阻碍法院依法执行公务的行为是一种典型的挑战和亵渎法院尊严的行为,刑法在进行刑罚评价时应与阻碍其他国家机关依法执行公务的行为有所区别。所以,刑事立法的完善首先要提高妨害民事执行相关罪名的法定刑上限,其次要扩大妨害公务罪在客观方面的适用范围,最后要从重处罚阻碍法院依法执行公务的行为。(3)创设无控诉审判程序。按照我国刑事诉讼法的规定,妨害民事执行的犯罪行为属于公诉案件,在法院进行审判前要经过独立的侦查和公诉程序。犯罪与刑罚之间的时间隔得越短,在人们心中,犯罪与刑罚这两个概念的联系就越突出、越持续,因而,人们就很自然地把犯罪看做起因,把刑罚看做不可缺少的必然结果。② 为尽快矫治妨害民事执行行为,使民事执行的权威和法院的尊严回复到正常状态,可借鉴英美法系的做法,在充分保障被告人的辩护权等诉讼权利的前提下,将惩罚这类犯罪的刑事诉讼程序简化,创设无控诉审判程序,允许不经过独立的侦查和公诉程序而由法院直接判决。

---

① 参见〔美〕庞德:《普通法的精神》,唐前宏等译,法律出版社 2001 年版,第 95 页。
② 参见〔意〕贝卡利亚:《论犯罪与刑罚》,黄风译,中国法制出版社 2002 年版,第 66 页。

# 论仲裁保全程序中的诉讼谦抑

**本部分所涉规范性文件全简称对照表**

| 全称 | 简称 |
| --- | --- |
| 最高人民法院《关于适用〈中华人民共和国仲裁法〉若干问题的解释》(2005年12月26日通过) | 《仲裁法解释》 |

## 一、引论

日本学者棚濑孝雄指出:以审判解决纠纷的方式和诉讼外的纠纷解决方式相互之间是紧密联系的。不把诉讼外的纠纷纳入视野而仅仅研究审判,即使对以审判为主要研究对象的法解释学来说,也未必是有成效的方法。如果把视野扩展到社会整体层次上,考察纠纷全体的正确解决,就更有必要将诉讼外的纠纷解决与通过审判的纠纷解决同等地作为研究对象。但是,随着研究视野从狭义的审判制度扩展到纠纷解决的一般过程,研究角度的转换也成为必要。[①] 在构建和谐社会的语境中,讨论民事诉讼程序的多样化也有必要转换研究角度,应以外部的眼光和系统的视野关注非诉纠纷解决机制中的民事诉讼程序问题,力求实现民事诉讼程序更为合理的设计。

民事保全程序是法院为了保证将来的执行根据得以有效实现或

---

① 〔日〕棚濑孝雄:《纠纷的解决与审判制度》,王亚新译,中国政法大学出版社2004年版,第3—4页。

者为了避免不可挽回的损失,而在执行根据生效前采取控制性强制措施的程序。根据我国《仲裁法》第 28、61 条的规定,仲裁保全程序属于民事保全程序不可或缺的组成部分。仲裁保全程序中的权力配置状况在很大程度上决定着民事保全程序的体系合理性与功能实效性。仲裁保全程序中的权力包括仲裁保全裁定作出权和仲裁保全裁定执行权。其中,后者以强制性的执行措施为核心内容,属于法院的固有权限,具有专属性。所以,仲裁保全裁定作出权如何配置就成为仲裁保全程序中权力配置状况的全部代表,进而成为评价民事保全程序的标尺之一。

## 二、仲裁保全裁定作出权的配置模式

关于如何配置仲裁保全裁定作出权,有四种模式:(1)由法院独享。根据 1987 年泰国《仲裁法》第 18 条的规定,如果为了保护当事人的利益而采取临时保护措施,需要法院的协助,那么任何一名仲裁员均可以向管辖法院[①]申请采取,如果法院认为,该申请是可以接受的,就应按所提的要求办理。(2)仲裁机构有限分享。如 1976 年 4 月 28 日由联合国国际贸易法委员会通过、同年 12 月 15 日由联合国第 31 次大会通过的《联合国国际贸易法委员会仲裁规则》第 26 条规定:"应当事人任何一方的要求,仲裁庭认为有必要时,得对争议标的采取任何临时措施,包括成为争议的货物的保存在内,诸如将货物交由第三者保存或出售易损的货品。此等临时措施得以临时性裁决的方式为之。仲裁庭有权要求为这些措施的费用提供保证。当事人任何一方向司法机关要求采取临时措施不得被认为与仲裁协议的规定有抵触或认为系对该协议的放弃。"[②]日本 1996 年颁布的《新民事诉讼法》将民事

---

① 根据 1987 年泰国《仲裁法》第 25 条的规定,除非仲裁协议另有规定,管辖法院指仲裁程序进行所在地的法院,或一方当事人居住所在地的法院,或对仲裁所涉及的争议有权进行审理和判决的法院。

② 宋连斌、林一飞编著:《国际商事仲裁资料精选》,知识产权出版社 2004 年版,第 561 页。

审判程序从1890年旧民事诉讼法体系中分离出来,把公示催告程序和仲裁程序仍留在1890年旧民事诉讼法的体系中。1890年日本旧民事诉讼法体系中的第796条第1款规定:"仲裁员认为在判断上的必要行为非仲裁员所能作到时,依据当事人的申请应当由管辖法院进行。但以认为该申请适当时为限。"①1998年1月1日生效的《国际商会仲裁规则》第23条规定,除非当事人另有约定,案卷移交仲裁庭后,经当事人请求,仲裁庭可以采取其认为适当的临时措施或保全措施。在案卷移送仲裁庭之前,以及即使在此之后,在适当的情形下,当事人可以向有管辖权的司法机关申请采取临时措施或保全措施。②(3)法院和仲裁机构共享,即法院和仲裁机构都享有仲裁保全裁定作出权,当事人可以合意选择保全裁定的作出主体,当事人有约定的,依其约定;当事人没有约定的,则依法律的规定。如1996年英国《仲裁法》第44条规定,除非当事人另有约定,为仲裁程序之目的,法院有权就仲裁程序的财产保全事项作出命令,就如同它为诉讼目的对与诉讼有关的事项作出裁定。无论何种情况,法院仅可在仲裁庭或当事人授予此项权力的仲裁机构、其他机构或个人无权或暂时不能有效行使此项权利的情况下,方可行使此项权力。如果法院已经作出命令,则如有权行事的仲裁庭、仲裁机构、其他机构或个人就有关法院命令之标的作出裁定后,法院根据本条作出的命令应全部或部分失去效力。③1999年12月31日修改的韩国《仲裁法》第18条规定,除非当事人另有约定,经一方当事人请求,仲裁庭如认为有对争议标的必要,可以就采取临时保全措施作出决定。仲裁庭可以决定被申请人应提供的代替此类措施的保证金金额。第10条规定:"仲裁协议的当事人可以在仲裁程序开始之前或进行过程中,请求法院采取临时保全措施。"④德国

---

① 白绿铉编译:《日本新民事诉讼法》,中国法制出版社2000年版,第140页。
② 宋连斌、林一飞编著:《国际商事仲裁资料精选》,知识产权出版社2004年版,第109页。
③ 同上注书,第360—361页。
④ 同上注书,第427、424页。

《民事诉讼法》第 1041 条规定,当事人无其他约定时,仲裁庭依一方当事人的申请可以命令采取对争议标的所必要的暂时措施或保全措施。① (4) 由仲裁机构独享。1974 年美国第三巡回区上诉法院在 McCreay 案件的判决中主张,按照《纽约公约》,凡是存在有效的仲裁协议,美国法院不得作出临时措施裁定。理由是申请扣押的诉讼当事人是试图逃避以约定的解决争端的方法,即仲裁。如果一方提出临时申请救济,这种做法是《纽约公约》所不允许的。不受第三巡回区上诉法院判例约束的南纽约州地区法院 1975 年判决采用该上诉法院的判决理由。但是自 1977 年起,纽约州的联邦法院以加利福尼亚州的联邦地区法院主张仲裁裁决前扣押裁定并不触犯公约的文词与政策。自从 1978 年起,第四巡回区上诉法院又回到 1974 年第三巡回区上诉法院的观点,即仲裁裁决的扣押裁定违背仲裁协议与《纽约公约》。②

### 三、我国应采取仲裁机构独享仲裁保全裁定作出权的模式

根据我国《仲裁法》第 28 条的规定,一方当事人因另一方当事人的行为或者其他原因,可能使裁决不能执行或者难以执行的,可以申请财产保全。当事人申请财产保全的,仲裁委员会应当将当事人的申请依照民事诉讼法的有关规定提交人民法院。由此可见,当事人不能直接向人民法院申请启动仲裁保全程序;仲裁委员会在当事人和人民法院之间充当了"申请资料传递者"的角色,对申请材料没有实质审查权,更无权作出是否准许的裁定。简言之,关于如何配置仲裁保全裁定作出权,我国时下采取的是第一种模式。但是,基于如下几方面的考虑,笔者认为,我国应当采取第四种模式。即应在仲裁保全程序中实行诉讼谦抑,让民事裁判权的作用力退出仲裁保全裁定的作

---

① 《德意志联邦共和国民事诉讼法》,谢怀栻译,中国法制出版社 2001 年版,第 279 页。
② 沈达明编著:《比较民事诉讼法初论》,中国法制出版社 2002 年版,第 346—347 页。

出程序。

第一,从公民社会(civil society)①与政治国家的关系处理看。公民社会是国家或政府系统,以及市场或企业系统之外的所有民间组织或民间关系的总和,是官方政治领域和市场经济领域之外的民间公共领域。② 在有关公民社会与政治国家二者关系的学说中,无政府主义主张公民社会吞并政治国家,专制主义主张政治国家吞没公民社会,自由主义则为无政府主义和专制主义两种极端学说的折中,更为可取。自由主义学说认为,公民社会与政治国家应各有其存在。公民社会的存在理由在于,一个社会的经济生活是该社会的存在基础,而每个人都是自己利益的最佳判断者,因此应承认公民社会的自治性质。政治国家的存在理由在于,公民社会并非万能,争端的解决、和平的维持、秩序乃至服务的保障,非依赖政治国家不可。国家必须保护而不得侵犯公民社会的活动自由。自由主义只是主张限制国家权力而不是消灭它,因为国家权力有其存在理由。③ 不难看出,以高度自治性为最大特征的仲裁机构独立于政治国家和市场系统之外,属于公民社会的构成要素。仲裁机构与法院的关系在上位层面可以置换为公民社会与政治国家的关系,二者之间存在"具体与一般"的关联。对于民事纠纷的解决,仲裁机构和法院在管辖权方面相互排斥,二者应当各自恪守其权限,为其所应为,不为其所不应为。仲裁机构因为缺乏强制性的权力基础而离不开法院的支持,公民社会出于对秩序、公平的需要而承认法院对仲裁机构的适当监督。然而,需要提醒的是,法院职权的价值与威望并非与其作用范围的大小成正比例关系,法院职权作用范围的不当扩展则很可能导致其价值降低和威望贬损,因为法院职

---

① "civil society"最常见的译名是"市民社会",考虑到这一译名在传统语境中可能带有的贬义和在字面上容易产生的歧义,笔者使用"公民社会"这一新译名,并对所涉之引证资料作相应处理。
② 俞可平:《中国公民社会:概念、分类与制度环境》,载《中国社会科学》2006年第1期。
③ 徐国栋:《市民社会与市民法——民法的调整对象研究》,载《法学研究》1994年第4期。

权也非万能,试图将其脉络延展到社会生活的各个毛孔只能让其更多地感觉到力不从心与捉襟见肘。更为重要的是,计划经济体制向市场经济体制的转变和市场经济体制的建立与完善促使中国由一个三十年前极为典型的能动型国家逐渐向回应型国家转型,国家全能主义的意识形态也被循序渐进地给予理性的检讨与省视,自我管理的理念已在日益壮大的公民社会中深入人心并获得了越来越广泛的认同,公民社会对自我管理的强烈诉求也不出人意料的被诱发。在这种语境中,依然固执地认为应将公民社会内部产生的纠纷首先诉诸国家场域解决是一件不可思议的事情。因为"回应型国家的自我管理理念促使它将公民社会视为纠纷解决的主要依靠:如果纠纷当事人属于同一社团或同一社会结构,他们之间的分歧最好在内部得到解决;诉诸于国家论坛被想为只是一种最后诉诸的手段"①。因此,在实定法的制度设计中,不论是法院对仲裁机构的支持,还是法院对仲裁机构的监督,都要符合公民社会与政治国家的关系原理。属于仲裁机构裁决权限的事项,法院不能越俎代庖或鸠占鹊巢。民事纠纷的当事人双方一旦将纠纷交诸仲裁解决,即对仲裁机构的组织指挥和判断承担容忍和承受义务,仲裁机构由此可以自行、正当地行使裁决判断性事项的职权。仲裁机构可自主裁决的判断性事项包括程序性事项和实体性事项,是否准许当事人的仲裁保全请求属于前者,为仲裁机构之专有权限所涵摄,法院职权不得介入。另外,尽管仲裁保全裁定是暂定性结论,仲裁裁决是终局性结论,但仲裁保全裁定的作出权是仲裁裁决作出权的天然派生物,二者在性质上没有差别,都是仲裁机构行使裁决权的体现。于是,既然仲裁裁决的作出无须法院职权的介入便具有强制执行的效力,那么仲裁保全裁定的作出也应如此。综上可知,在配置仲裁保全裁定作出权的四种模式中,前三种模式要么与自由主义完全背离,要么与

---

① 〔美〕达玛什卡:《司法和国家权力的多种面孔——比较视野中的法律程序》,郑戈译,中国政法大学出版社2004年版,第117页。

自由主义部分背离。只有第四种模式与自由主义形成了真正的契合。

第二,从促进仲裁发展的角度看。1995年《仲裁法》的施行无疑是我国仲裁制度发展史上的标志性事件,当时公众对仲裁高速发展并全面作用于社会生活寄予了很高的期望,但过去的实践显然与这样的乐观期望差距太远。《仲裁法》第3条采取否定式列举的立法技术将婚姻纠纷、继承纠纷、监护纠纷、扶养纠纷排除在仲裁的受理范围之外,而这五类纠纷却包含在民事诉讼的法定受理范围之内。若简单地将仲裁机构的收案数量与法院的收案数量进行比较,则会因"比较项"存在差异而难以得出令人信服的结论。只有以作为仲裁的受理范围与民事诉讼的受理范围二者之"同类项"的合同纠纷、权属纠纷和侵权纠纷为比较对象,方可妥当地映照仲裁收案相对于法院收案件的巨大劣势。具体的分析可从如下两方面进行:(1)从全国的情况看。2002年到2006年五年间,全国法院一审合同、权属、侵权纠纷案件的收案数量为3135512件、3131267件、3171122件、3246964件、3225705件,尽管有升有降,但一直维持在310万件以上。2003年到2006年,北京仲裁委员会收案为1029件、1796件、1979件、2464件,呈明显增加的走势,全国仲裁收案的情况也如此。如2004年全国185个仲裁委员会共受理案件37304件,比2003年增加了8469件,增长率为29.4%。但在绝对数量上与全国法院一审合同、权属、侵权纠纷案件的收案数量根本不可同日而语。通过对比可以发现,在受案范围都限定在合同、权属、侵权纠纷案件的前提下,全国法院一审收案数量保持至少80倍于全国仲裁收案数量的绝对优势,即使考虑到全国法院的数量相比较于全国仲裁机构之数量的倍数,全国法院一审收案数量也至少保持6倍于全国仲裁收案数量的相对优势。(2)从仲裁委员会设立地的情况看。根据我国《仲裁法》第7条的规定,仲裁委员会只能在直辖市和省、自治区人民政府所在地的市和其他设区的市设立,不能在县、区设立。2006年收案数量排名前八的仲裁委员会分别位于武汉、长沙、广州、北京、深圳、重庆、上海、烟台,这八个仲裁委员会平均受案 3276 件。① 虽然无法获得位于前述八个城市的法院一审合同、权属、侵权纠纷案件平均收案的准确数字,但 10 倍于 3276 件的估算绝对可以称得上是保守型判断。以实证数据表现出来的仲裁收案相对于法院收案的巨大劣势映照出了我国仲裁制度之发展长期以来的不如人意。究其原因,定不单一,但诉讼对仲裁的不当压制则毫无争议地是其中的主要原因之一。根据我国《仲裁法》第 28 条的规定,法院独享仲裁保全裁定作出权,这意味着如果法院对应当准许的仲裁保全请求而没有准许,那么将来以仲裁裁决为基础的执行根据不能有效实现或申请人遭受更大损失的风险就会大幅度提高,长此以往,仲裁对纠纷解决的吸引力也会随之逐渐丧失,进而很可能导致仲裁面临灭顶之灾。作为司法制度的重要构成,仲裁制度长期处于苟延残喘的状态和可有可无的地位,对一个志在谋求以法治为主要治理方式的国家而言,并不是一件光彩的事情。因此,从促进仲裁发展的角度看,只有完全取消法院的仲裁保全裁定作出权,才能真正实现诉讼对仲裁的松绑,才能在社会整体的维度中实现对民事纠纷更为有效的解决。因为法院全部或部分地享有仲裁保全裁定作出权都构成对仲裁权完整性的侵蚀,而不具备完整性的仲裁权无法让以其为权力基础的仲裁制度驶上发展的快车道。

第三,从确保民事诉讼法全面修改之主要任务的完成与民事诉讼之正当品质的增进看。2007 年和 2012 年全国人大常委会在"批评多于肯定,失望多于满意"的氛围中先后两次对《民事诉讼法》进行了局部修改,《民事诉讼法》全面修改的现实紧迫性依然存在。《民事诉讼法》全面修改的主要任务在于健全民事纠纷解决机制并充分发挥其对现实社会冲突的排解能力,此主要任务的内在着力点应放在完善各项民事诉讼制度与程序方面,外在着力点应放在促进民事诉讼这一公力

---

① 王红松:《2007 年春节茶话会发言》,载《北京仲裁》2007 年第 1 期。

救济机制与和解、调解、仲裁等非诉纠纷解决机制的衔接与协调方面。由于仲裁是规范性和程序严格性最为明显、与民事诉讼最为相近的非诉讼纠纷解决机制,所以理顺仲裁与民事诉讼的关系则是完成《民事诉讼法》全面修改之主要任务的关键。在民事纠纷解决机制内部妥当地处理仲裁与诉讼的关系是增进诉讼正当品质之不可阙如的途径。一种极为值得商榷、但十分普遍的观点认为,仲裁与民事诉讼之间存在天然的竞争关系,二者水火不容、此消彼长,仲裁具有排斥民事诉讼的本能性倾向。可是,只有在交诸仲裁和民事诉讼解决的民事纠纷总量恒定的假定语境中,这种观点才具有解释的合理性。而交诸仲裁和民事诉讼解决的民事纠纷的总量恒定是一种极端状态,在现实中几乎是可欲而不可求。当面对人类社会物质性和精神性利益的相对有限性与人的欲求的无限性之间永恒紧张所导致的民事纠纷不可避免并日渐增多时,仲裁与民事诉讼之间存在的竞争关系便不再具有严格意义了,仲裁的发展能否成为颠覆民事诉讼在民事纠纷解决机制中之基础性地位的力量也不再是一个令人担忧的话题了。所以,妥当地处理仲裁与民事诉讼的关系首先须实现观念的更新,不能错误地将仲裁看成是民事诉讼的天敌,应更多地从相互促进的角度来处理二者的关系,无论支持抑或监督,民事诉讼都须以善意、信任、尊重的态度对待仲裁;对于仲裁程序中以仲裁裁决权为权力基础来解决的事项,法院职权不得介入,只有对于仲裁程序中以强制执行权为权力基础来解决的事项,法院职权方可介入;民事诉讼对仲裁的监督只能是事后性的。通常认为,法院职权介入仲裁保全程序体现的是民事诉讼对仲裁的支持。事实上,这一观点在法院职权只介入仲裁保全裁定之执行程序时才能成立,因为法院职权对仲裁保全裁定之作出程序的介入实质上构成对仲裁裁决权的侵占和分割,是一种非善意、不信任、事中性的监督,容易滋生民事诉讼对于仲裁的傲慢与无礼。由于仲裁的规范性和正式性在民事纠纷解决机制内部仅次于民事诉讼,如果民事诉讼对于仲裁的傲慢与无礼得以长时间的持续,就会让民事诉讼妄自尊大、惰性日增,失去改进的压力和动力,难以主动地追求繁简分流、程序多样化、诉讼民主与科学,便于民众接近司法和司法为民也许会沦落为根本无法兑现的口号。失去对民众的亲和力,民事诉讼的正当品质也就荡然无存了。可以说,在现代社会,仲裁已成为民事诉讼的存在方式,没有发展顺利的仲裁就不可能有正当性十足的民事诉讼。另外,自20世纪80年末实行司法改革以来,对民事诉讼正当性不足的批评从未停止,"审执不分"是其中从未缺席的理由。仲裁保全裁定作出权与仲裁保全裁定执行权由法院同时享有的模式便是"审执不分"的例证之一。对"审执不分"的批评焦点首先集中在法院兼而行使民事裁判权与民事执行权和附设于法院的执行机构兼而行使民事执行裁判权与民事执行实施权。法院兼而行使民事裁判权与民事执行权和附设于法院的执行机构兼而行使民事执行裁判权与民事执行实施权致使民事裁判的纯粹性难以得到维护、民事执行的"副业"地位难以得到改变、"重审轻执"的观念难以得到彻底的摈弃,法院因此深陷民事执行难的泥沼而不堪重负并始终处于社会不满的风口浪尖之上。如何更为彻底地实现以权力制约为依归的"审执分离"将毫无疑问地成为启动新一轮司法体制改革以增进民事诉讼之正当性的重要议题。与实现民事裁判权与民事执行权的彻底分离以及民事执行裁判权与民事执行实施权的彻底分离相比较,实现仲裁保全裁定作出权与仲裁保全裁定执行权的难度要小很多,并且符合"由易到难"的渐进改革逻辑。将仲裁保全裁定作出权这一次要性、附属性的职权从法院的职权体系中剥离出来,首先消除"审执不分"的这一"尾巴",将可轻易地拉开彻底实现"审执分离"的帷幕。所以,在仲裁保全程序中实行诉讼谦抑,让民事裁判权的作用力退出仲裁保全裁定的作出程序,不仅是确保民事诉讼法全面修改之主要任务顺利完成的需要,而且是增进民事诉讼之正当品质的长远之计。

## 四、结语

马斯洛指出:人是一种不断需求的动物,除短暂的时间外,极少达到完全满足的状况,一个欲望满足后往往又会迅速地被另一个欲望所占领。① 作为相对独立之利益的追求者,法院亦长久地拥有一种扩权欲望并很难得到完全满足。民事裁判权的作用力是否愿意退出仲裁保全裁定的作出程序因而顺理成章的成为疑问。但从成本—收益衡量的角度看,当民事裁判权的作用力退出仲裁保全裁定的作出程序所获得的收益远大于其不退出时,民事裁判权的作用力会倾向于退出。透过上述三方面的分析,由仲裁机构独享仲裁保全裁定的作出权,法院由此获得的收益不是减少,而是大幅度增加。法院不会只为了满足其本能的、而很可能非理性的权力欲望而依然抓住仲裁保全裁定的作出权不放。更何况司法权与其他公权力的分立是在国家和社会的分权关系已经确定的基础上所进行的第二次分配,司法权对其他公权力的制约以其自身的界限业已合理明定为前提。司法权为在国家权力体系中获得应然的地位,必须对仲裁权这一社会权利表示出最大程度的谦让与敬意。事实上,我国 2006 年 9 月 8 日起施行的《仲裁法解释》已经从扩张解释仲裁协议的形式、允许概括约定仲裁事项、扩充仲裁机构的确定方法、合理松动或裁或审制、周全构建仲裁协议的承继制度、扩大仲裁协议独立性的适用范围、确认仲裁协议可以援引方式达成、首创结构完整的仲裁协议效力异议权默示放弃制度、首创仲裁裁决的部分撤销制度、初步理顺依申请撤销仲裁裁决程序和依申请不予执行仲裁裁决程序之间的关系等十三个方面实现了诉讼对仲裁的更为全面的支持,以十分强烈的信号透露出诉讼在不久的将来很可能会在更大范围内对仲裁实现松绑,只是基于《仲裁法》现有规定的局限,没有对仲裁保全裁定作出权的配置予以涉及。

---

① 参见〔美〕马斯洛:《马斯洛人本哲学》,成明编译,九州出版社 2007 年版,第 1 页。

# 《仲裁法解释》的进步与不足
## ——以实现我国《民事诉讼法》的全面修改为视角

**本部分所涉规范性文件全简称对照表**

| 全称 | 简称 |
| --- | --- |
| 最高人民法院《关于适用〈中华人民共和国仲裁法〉若干问题的解释》(2005年12月26日通过) | 《仲裁法解释》 |
| 《中国国际经济贸易仲裁委员会仲裁规则（2005年）》(2005年5月1日施行) | 《贸仲规则(2005)》 |

经过十几年急剧的社会变迁，我国1991年《民事诉讼法》已经在很大程度上不能适应民事诉讼实践的要求，对其进行全面修改的必要性早已具备，对其进行全面修改的基本条件也已成熟。虽然全国人大常委会于2007年和2012年对《民事诉讼法》进行了两次修改，但都具有局部性，《民事诉讼法》全面修改的现实紧迫性依然存在，相关探讨依然十分必要。《民事诉讼法》全面修改的主要任务在于健全民事纠纷解决机制并充分发挥其对现实社会冲突的排解能力，此主要任务的内部着力点应放在完善各项民事诉讼制度与程序方面，外部着力点应放在促进民事诉讼这一公力救济机制与和解、调解、仲裁等非诉纠纷解决机制的衔接与协调方面。由于仲裁是规范性和程序严格性最为明显、与民事诉讼最为相近、最可能与民事诉讼形成实质性竞争的非诉讼纠纷解决机制，所以理顺民事诉讼与仲裁的关系则是完成《民事诉讼法》全面修改之主要任务的关键。

千呼万唤始出来的《仲裁法解释》共31条，于2005年12月26日由最高人民法院审判委员会第 1375 次会议通过,自 2006 年 9 月 8 日起施行。在《仲裁法》施行 11 年后,配套的司法解释才施行,可谓姗姗来迟,在新中国的法律制度史上实属罕见。对《仲裁法解释》的进步与不足进行学理解读,有利于弄清其在促进仲裁发展层面的积极作用和局限,可为在纠纷解决机制内部更加妥当的理顺诉讼与仲裁的关系提供基点,进而可为民事诉讼法又快又好的全面修改提供一种理性视角。

### 一、《仲裁法解释》在仲裁协议之要件方面的进步

(1) 扩张解释仲裁协议的形式,与我国《合同法》《贸仲规则(2005)》的相关规定保持一致。

根据《仲裁法》第 16 条的规定,仲裁协议包括仲裁条款和仲裁协议书两种形式。仲裁条款是指法律地位平等的双方当事人以自愿为原则、在订立的合同中达成的把将来可能发生的争议提交仲裁机构裁决的条款。仲裁条款是仲裁协议最常见、最重要的一种形式,订立于争议发生之前,且一般都比较简短。仲裁协议书是法律地位平等的双方当事人以自愿为原则、达成的把它们之间将来可能发生的或已经发生的争议提交仲裁机构裁决的独立协议。仲裁协议书可以订立于争议发生之前,也可以订立于争议发生之后,其内容一般都较为详尽,可以是对仲裁条款的补充或修订,也可以是争议发生之后双方当事人为寻求争议的解决方法而订立。为保证仲裁顺利和及时的解决纠纷,很多国家和地区对仲裁协议的形式实行严格主义,不允许仲裁协议以口头的形式出现。我国《仲裁法》第 16 条和《贸仲规则(2005)》第 5 条的规定也体现和坚持如此的立场。但《仲裁法》对仲裁协议必须采用的"书面形式"的外延未作明确界定。若将"书面形式"缩小解释为"纸面形式",必然会导致仲裁协议的效力受到异议的可能性和仲裁庭管辖权受到异议的可能性同时增加,进而导致法

院不得不受理、审判更多的民事案件;若将"书面形式"作扩大解释,则会使仲裁协议的效力受到异议的可能性和仲裁庭管辖权受到异议的可能性同时降低,进而使法院对民事案件的受理和审判负担得到一定减轻。

《合同法》第 11 条规定:书面形式是指合同书、信件和数据电文(包括电报、电传、传真、电子数据交换和电子邮件)等可以有形地表现所载内容的形式。仲裁条款是争议解决条款的一种,而争议解决条款是合同的主要条款,所以仲裁条款是合同的主要组成部分。另外,无论从内容还是从形式上看,仲裁协议书本质上也都是合同的一种。因此,仲裁协议具有完整的合同属性,尽管其不位于《合同法》分则列举的十五种有名合同之列。所以,根据《合同法》第 124 条的规定,仲裁协议应当直接适用《合同法》总则的相关规定。此外,作为涉外仲裁之主要程序法依据的《贸仲规则(2005)》第 5 条明确规定:仲裁协议应当采取书面形式。书面形式包括合同书、信件、电报、电传、传真、电子数据交换和电子邮件等可以有形地表现所载内容的形式。在仲裁申请书和仲裁答辩书的交换中一方当事人声称有仲裁协议而另一方当事人不做否认表示的,视为存在书面仲裁协议。作为国内仲裁之主要程序法依据的《仲裁法》若对仲裁协议的"书面形式"作缩小解释,将会使得国内仲裁与涉外仲裁在仲裁协议的形式方面出现差异,再添备受苛责的"内外有别"之实例。

《仲裁法解释》第 1 条对仲裁协议的形式作了扩张解释,实现了与《合同法》《贸仲规则(2005)》相关规定的一致。这一方面消除了《仲裁法》对"书面形式"的外延未作明确界定而带来的不确定性和模糊性,有利于均衡地确定仲裁机构和法院对民事案件的裁判负担和合理地缓解法院面对诉讼爆炸之现实而产生的裁判压力。另一方面也便于充分发挥《合同法》总则的统率作用,在更广层面、更深程度上实现《合同法》与社会生活的亲近。需要特别指出的是,由此所导致的国内仲裁与涉外仲裁在仲裁协议的形式方面"内外有别"之情形的消失无疑将有助于消除纠纷当事人的疑虑和增加中国仲裁机构的公信力和吸引力。

（2）允许概括约定仲裁事项，尽力实现当事人提交仲裁解决纠纷的意思表示。

尊重当事人的意思自治是《仲裁法》的基本原则之一。该基本原则首先要求是否选择以仲裁的方式解决纠纷由当事人自主决定。当事人选择以仲裁的方式解决纠纷后，包括法院在内的第三方应尽力促使当事人提交仲裁解决纠纷的意思表示得到最终的实现。换而言之，要促进纠纷能以仲裁的方式解决的，就要以仲裁的方式解决。这是尊重当事人意思自治基本原则的核心体现和关键所在，也是贯彻该基本原则的实质性要求。

实践当中，当事人使用"本合同项下的争议"、"与本合同有关的一切争议"、"起于本合同的所有争议"等笼统性、概括性措辞来约定仲裁事项的情形比比皆是。国际著名仲裁机构的标准仲裁条款也提倡使用类似"源于本合同或与本合同有关的争议"的概括性措辞来约定仲裁事项。人类在特定时空内认知能力的有限和仲裁协议订立后情势可能发生之变更的无法预测，使得当事人不可能在仲裁协议中完备且详尽地约定仲裁事项。《仲裁法解释》在具体约定之外，允许概括约定仲裁事项，不仅有利于切实实现当事人提交仲裁解决纠纷的意思表示，而且也展示了人类承认自己并非无所不能的谦虚态度和认知理性的有限。

（3）扩充仲裁机构的确定方法，坚持确定仲裁协议无效前须用尽仲裁机构的确定方法。

与"请求仲裁的意思表示"和"书面形式"作为仲裁协议的绝对积极要件不同，"约定的仲裁机构"和"仲裁事项"是仲裁协议的相对积极要件。缺乏"约定的仲裁机构"这一相对积极要件，仲裁协议并不当然无效,而进入"效力待定"的境地。若当事人能够就仲裁机构达成补充协议,则仲裁协议有效。我国《仲裁法》以"约定的仲裁机构"为仲裁协议的相对积极要件,一方面表明我国当前只承认制度性仲裁而否定临时性仲裁的立场,另一方面也为当事人以仲裁协议对仲裁机构约定的不明确为由而否定仲裁协议的效力留下了不小的空间。

为使当事人选择仲裁解决纠纷的本来意思表示得以实现,也为防止诉讼轻易地、过分地、不当地侵入仲裁的作用区域,更为防止当事人基于拖延时间、增加对方的纠纷解决成本等不正当目的而滥用仲裁协议效力异议权,对于依据仲裁协议确定仲裁机构不能简单地只着眼于仲裁协议的字面内容,法院必须在确定仲裁协议的效力方面保持宽容、克制和容忍,恪守司法最终解决原则和被动性原则,应采取大力支持仲裁的态度实现仲裁机构确定方法的多元化,在用尽法定确定方法前,不应优先确定仲裁协议无效。

《仲裁法解释》第3、4、5、6条对仲裁机构的确定方法作了明确规定,这首先以法定的形式扩充了仲裁机构的确定方法,为打破确定仲裁机构只有"字面确定"一种方法的苛刻局面提供了法律依据,其次又从反面限定了仲裁机构确定方法的种类,使得仲裁机构的确定有了明确的时间限制,即用完法定的确定方法后,仲裁机构仍没有确定的,仲裁协议无效,以避免确定仲裁机构的过分迟延或久拖不决,影响仲裁活动的效率。具体内容包括:(1)仲裁协议约定的仲裁机构名称不准确,但能够确定具体的仲裁机构的,应当认定选定了仲裁机构。仲裁实践当中,仲裁协议将仲裁机构的名称表述为"仲裁机构所在市之市名+仲裁委员会(如青岛市仲裁委员会)"而不是表述为"仲裁机构所在市之地名+仲裁委员会(如青岛仲裁会)"的情形时常出现;再如将中国国际商会仲裁院表述为其曾用名也经常可见。类似的情形虽然对仲裁机构的名称约定不准确,但根据实际情况,能够确定具体的仲裁机构,应认定当事人约定了仲裁机构。(2)仲裁协议虽仅约定了纠纷适用的仲裁规则,按照约定的仲裁规则能够确定仲裁机构的,也应认定当事人约定了仲裁机构。(3)仲裁协议约定两个以上仲裁机构的,当事人协议一致同意向其中的一个仲裁机构申请仲裁的,也应认定当事人约定了仲裁机构。(4)仲裁协议约定由某地的仲裁机构仲裁且该地仅有一个仲裁机构的,该仲裁机构视为约定的仲裁机构。(5)仲裁协议约定由某地的仲裁机构仲裁,但该地有两个以上仲裁机构的,当事人协议一致同意向其中的一个仲裁机构申请仲裁的,也应认定当事人约定了仲裁机构。(6)仲裁协议未约定仲裁机构或约定了仲裁机构但依据前述五种法定方法仍不能确定仲裁机构,若当事人事后就约定仲裁机构达成补充协议的,也应认定当事人约定了仲裁机构。

(4)合理松动或裁或审制,充分保障当事人的程序主体权。

在我国当前,劳动争议仲裁和聘任制公务员与所在机关之间因履行聘任合同发生争议而提起的仲裁实行先裁后审制与一次裁决制,农村集体经济组织内部农业承包合同纠纷仲裁实行或裁或审制和一次裁决制。其余的民商事仲裁实行或裁或审制和一裁终局制,这为民商事仲裁的发展提供了最重要的强心剂。或裁或审制要求双方当事人在确定纠纷解决方式时,必须态度明确地在仲裁和诉讼二者之间选择其一,这成为将"请求仲裁的意思表示"作为仲裁协议的绝对积极要件的主要理由。若双方当事人在仲裁和诉讼二者之间进行选择时模棱两可、态度暧昧,则被视为背离或裁或审制,仲裁协议将被确认为无效。由此可见,或裁或审制刚性十足。

民商事实践中,含有"相关争议可以向仲裁机构申请仲裁也可以向法院起诉"类似内容的争议解决条款并不少见,此类条款显然没有明确地表明"请求仲裁的意思表示",不符合或裁或审制的基本要求,不能成为有效的仲裁协议。所以,《仲裁法解释》第7条立场鲜明地规定"当事人约定争议可以向仲裁机构申请仲裁也可以向人民法院起诉的,仲裁协议无效"。但是,不能一概排除订有"相关争议可以向仲裁机构申请仲裁也可以向法院起诉"类似内容的争议解决条款的当事人没有"请求仲裁的意思表示"。另外,在仲裁中享有程序主体地位的当事人必须适当地积极作为,并承担因为未适当的积极作为而可能产生的不利法律后果。所以,《仲裁法解释》第7条在重申恪守或裁或审制的同时,又但书规定"当事人约定争议可以申请仲裁也可以起诉的,一方向仲裁机构申请仲裁,另一方未在仲裁法第20条第2款规定的仲裁庭首次开庭前提出异议的,应认定当事人之间存在有效的仲裁协议"。

## 二、《仲裁法解释》在仲裁协议之效力方面的进步

(1)周全构建仲裁协议的承继制度,做到与我国《合同法》《继承法》等法律相关规定的一致。

仲裁协议订立后,作为自然人的当事人一方或双方可能会发生死亡,作为法人或其他组织的当事人一方或双方可能会发生合并或分立,债权债务可能会发生全部或部分的转让。仲裁协议的主体也会相应地进行变更,仲裁协议订立时的主体会部分或全部地退出,新主体会根据约定或法律规定部分或全部地加入。仲裁协议对新主体是否有效的问题接踵而至。类似的问题在合同实践、继承实践以及其他民事行为实践中也时常出现,但《合同法》《继承法》《民法通则》《公司法》等法律都作出了相应的规定,而《仲裁法》却是空白。

如果不确认仲裁协议对新主体具有效力,不仅与权利义务承继的一般法理相冲突,导致仲裁协议的效力失去适当的扩张性,而且会造成仲裁与诉讼的紧张。所以,《仲裁法解释》第8、9条没有失去中立立场的为仲裁协议承继制度的周全构建提供了依据。据此可知:(1)除非仲裁协议订立时的当事人另有约定,当事人订立仲裁协议后合并、

分立的,仲裁协议对其权利义务的继受人有效;(2)除非仲裁协议订立时的当事人另有约定,当事人订立仲裁协议后死亡的,仲裁协议对继承其仲裁事项中的权利义务的继承人有效;(3)若债权债务全部或部分转让,仲裁协议对受让人有效,只有在仲裁协议订立时的当事人另有约定、受让人明确反对或者受让人不知道有单独仲裁协议时除外。

(2)扩大仲裁协议独立性的适用范围,与世界通例和我国《贸仲规则(2005)》的相关规定保持一致。

自法国最早承认仲裁协议具有独立性至今,仲裁协议具有附属性的观点遭到越来越多的难以反驳的批评,仲裁协议具有独立性已经为世界各国所普遍接受。仲裁协议独立性原理认为:仲裁条款与合同的其他条款分离而独立存在,仲裁协议书与合同分离而独立存在;仲裁协议因主合同的订立而订立,随主合同的完全适当履行而失效,但其效力不会因主合同发生争议或被有权机构确认为无效而失去效力,反而会因此被激活,发挥其作为后置性救济手段的作用,仲裁协议的效力问题和主合同的效力问题应作区别性分析。

我国也承认仲裁协议具有独立性,《仲裁法》第19条第1款规定:仲裁协议独立存在,合同的变更、解除、终止或者无效,不影响仲裁协议的效力。该规定以具体列举的方式将仲裁协议独立性的适用范围限定在合同变更、合同解除、合同终止和合同无效四个方面,构筑了一个封闭性的适用体系,没给《仲裁法》施行后因具体情况的变化而可能出现的扩大适用留下余地,使得《仲裁法解释》在扩大仲裁协议的适用范围时不得不面对"违法解释"的合理且有力的指责。当然,此立法设计与当时对合同效力具体情形的认识有关,随着相关研究的深入和《合同法》1999年的施行,合同效力的具体情形被正确分为有效、无效、失效、变更、转让、解除、终止、未成立、未生效、被撤销。合理地确定仲裁协议独立性之适用范围的问题便被提上日程。根据《贸仲规则(2005)》第5条的规定,合同中的仲裁条款应视为与合同其他条款分离地、独立地存在的条款,附属于合同的仲裁协议也应视为与合同其他条款分离地、独立地存在的一个部分;合同的变更、解除、终止、转让、失效、无效、未生效、被撤销以及成立与否,均不影响仲裁条款或仲裁协议的效力。所以,为消除"内外有别",为符合世界通例,《仲裁法解释》第10条规定:合同成立后未生效或者被撤销的,仲裁协议效力的认定适用仲裁法第19条第1款的规定。当事人在订立合同时就争议达成仲裁协议的,合同未成立不影响仲裁协议的效力。至此,在我国,合同的变更、解除、终止、无效、未成立、未生效和被撤销,均不影响仲裁协议的效力。

(3)确认仲裁协议可以援引方式达成,充实仲裁协议自由订立原则的具体内涵。

仲裁协议自由订立原则的内涵包括:第一,是否订立仲裁协议由当事人自主决定;第二,和谁订立仲裁协议由当事人自主决定;第三,订立何种内容的仲裁协议由当事人自主决定;第四,以何种方式订立仲裁协议由当事人自主决定。当事人订立仲裁协议的方式有具体约定和援引两种,具体约定是最常见的方式。为提高效率、节约成本,也为尊重交易惯例,当事人也会以援引的方式来订立仲裁协议。该做法并未被我国现行法律所禁止,根据"对于公民而言,法无明文禁止即许可"的现代法理,《仲裁法解释》确认仲裁协议可以援引的方式达成,其第11条规定:合同约定解决争议适用其他合同、文件中的有效仲裁条款的,发生合同争议时,当事人应当按照该仲裁条款提请仲裁。涉外合同应当适用的有关国际条约中有仲裁规定的,发生合同争议时,当事人应当按照国际条约中的仲裁规定提请仲裁。

(4)首创结构完整的仲裁协议效力异议权默示放弃制度。

允许对仲裁协议的效力提出异议是保障仲裁当事人之仲裁权利的重要体现,是仲裁机构和法院依申请开启仲裁协议效力审查程序的前提条件。为促使当事人在仲裁中积极行为和加快仲裁进程以发挥仲裁在效率方面的优势,很多国家设有仲裁协议效力异议权的默示放弃制度。该制度要求当事人必须在进行仲裁的首次实体答辩前对仲裁协议的效力提出异议,否则即以当事人参加实体答辩的行为为理由认定其承认仲裁协议有效,已参加实体答辩的当事人不得在随后的仲裁程序或诉讼程序中提出类似的异议。

我国《仲裁法》第 20 条第 2 款规定:当事人对仲裁协议的效力有异议,应当在仲裁庭首次开庭前提出。从法律规则的性质来看,该规定属于命令性法律规范;从法律规则的逻辑结构看,该规定具有"假定"和"行为模式"两方面的要素,但缺乏"法律后果"方面的要素。这使得该规定与仲裁协议效力异议权默示放弃制度的实质相差甚远。进一步讲,该规定所创立的制度只具有形式意义。对于在仲裁庭首次开庭后针对仲裁协议的效力提出的异议和在诉讼程序中针对仲裁协议的效力提出的异议是否审查的问题,实践做法多样,很不统一。《仲裁法解释》第 13 条规定,当事人在仲裁庭首次开庭前没有对仲裁协议的效力提出异议,而后向人民法院申请确认仲裁协议无效的,人民法院不予受理。仲裁机构对仲裁协议的效力作出决定后,当事人向人民法院申请确认仲裁协议效力或者申请撤销仲裁机构的决定的,人民法院不予受理。该规定在很大程度上弥补了《仲裁法》第 20 条第 2 款在"法律后果"方面的缺憾,标志着结构完整的仲裁协议效力异议权默示放弃制度在我国的确立。尽管其仍然以仲裁庭首次开庭作为当事人对仲裁协议的效力提出异议的时间截止点,而其他国家以当事人进行仲裁的首次实体答辩作为当事人对仲裁协议的效力提出异议的时间截止点。

(5)明确规定我国法院审查涉外仲裁协议效力的法律适用。

根据国家主权原则,我国法院审查国内仲裁协议的效力应适用我国法律。但《仲裁法》对我国法院审查涉外仲裁协议的效力适用何种法律没有作出规定。依据仲裁协议的独立性原理,审查涉外仲裁协议效力的法律适用与审查主合同效力的法律适用可以有所不同。但我国将审查涉外仲裁协议效力的法律适用与审查主合同效力的法律适用等同进而依据后者来确定前者的实践做法十分普遍,此类简单易行但违背基本法理的划一做法必须予以克服,《仲裁法解释》应运而生,弥补了这一不足,其第16条规定:对涉外仲裁协议的效力审查,适用当事人约定的法律;当事人没有约定适用的法律但约定了仲裁地的,适用仲裁地法律;没有约定适用的法律也没有约定仲裁地或者仲裁地约定不明的,适用法院地法律。

### 三、《仲裁法解释》在诉讼监督仲裁方面的进步

(1) 首创仲裁裁决的部分撤销制度。

"约定的仲裁事项"是仲裁协议的相对积极要件,也是确定仲裁庭管辖权作用范围的唯一标准,仲裁庭管辖权的作用范围不得大于约定的仲裁事项,否则便构成超裁。"超裁"是世界各国撤销仲裁裁决以发挥诉讼监督仲裁之作用的共同法定理由,我国《仲裁法》第五章也作出了类似的规定。但各国对出现"超裁"情形时如何撤销仲裁裁决存在分歧,有的国家实行全部撤销,有的国家实行有条件的部分撤销。

从《仲裁法》第五章的内容来看,我国实行仲裁裁决的全部撤销,不允许仲裁裁决的部分撤销,这显然是一种"一刀切"的简单做法,没有对超裁部分和未超裁部分之间的关系作细致考察,不利于维护仲裁裁决的未超裁部分在超裁部分和未超裁部分可以分割时的效力,扩大了诉讼对仲裁裁决的监督范围,不利于鼓励仲裁的发展。为修正该缺陷,《仲裁法解释》第19条规定:当事人以仲裁裁决事项超出仲裁协议范围为由申请撤销仲裁裁决,经审查属实的,人民法院应当撤销仲裁裁决中的超裁部分。但超裁部分与其他裁决事项不可分的,人民法院应当撤销仲裁裁决。需要注意的是,仲裁裁决的部分撤销制度只适用于"裁决的事项超出仲裁协议范围"这一种情形,而不适用于《仲裁

法》规定的可以撤销仲裁裁决的其他法定情形。

（2）充实法院通知仲裁庭重新仲裁的制度。

法院撤销仲裁裁决是诉讼监督仲裁的主要方式之一，后果通常十分严厉和苛刻，将从整体上彻底否定已经经过的仲裁程序和已经发生法律效力的仲裁裁决，对仲裁裁决意味着是一种灭顶之灾。所以，法院撤销仲裁裁决必须慎之又慎。我国《仲裁法》第61条规定：人民法院受理撤销裁决的申请后，认为可以由仲裁庭重新仲裁的，通知仲裁庭在一定期限内重新仲裁，并裁定中止撤销程序。仲裁庭拒绝重新仲裁的，人民法院应当裁定恢复撤销程序。该规定确立的法院通知仲裁庭重新仲裁的制度与联合国国际贸易法委员会《国际商事仲裁示范法》的相关规定相差无几，积极作用十分明显，但略显粗糙。如对法院通知仲裁庭重新仲裁的适用情形未作明确规定，给法院的自由裁量权留下了很大的空间，容易导致法院滥用该自由裁量权未经通知仲裁庭重新仲裁的程序而直接撤销仲裁裁决，轻率地提高撤销仲裁裁决的比例。《仲裁法解释》进一步充实了法院通知仲裁庭重新仲裁的制度，使其更具可操作性。其第21条规定，当事人申请撤销国内仲裁裁决的案件属于下列情形之一的，人民法院可以依照《仲裁法》第61条的规定通知仲裁庭在一定期限内重新仲裁：仲裁裁决所根据的证据是伪造的；对方当事人隐瞒了足以影响公正裁决的证据的。人民法院应当在通知中说明要求重新仲裁的具体理由。

（3）初步理顺依申请撤销仲裁裁决程序和依申请不予执行仲裁裁决程序之间的关系。

对于诉讼监督仲裁的方式，我国《民事诉讼法》和《仲裁法》规定了撤销仲裁裁决与不予执行仲裁裁决两种。其中，依职权撤销仲裁裁决和依职权不予执行仲裁裁决以"违背社会公共利益"为共同的惟一法定情形；依申请撤销仲裁裁决和依申请不予执行仲裁裁决的大多法定情形也相同。这使得同一仲裁裁决先后两次经历法院审查具有了可能,实践中也的确存在为数不少的对同一仲裁裁决实施两次诉讼监督的案例。这既浪费大量宝贵的司法资源,又容易导致两份相互矛盾的法院裁判结论的先后作出。撤销仲裁裁决案件的管辖法院是仲裁机构所在地的中级法院;不予执行仲裁裁决案件的管辖法院是被执行人住所地的中级法院和被执行财产所在地的中级法院。当撤销仲裁裁决案件和不予执行仲裁裁决案件的管辖法院不同一时,相互矛盾的裁判结论出现的可能性就越大,将严重损害法院的权威和公信力。撤销仲裁裁决程序和不予执行仲裁裁决程序之间的关系必须尽快理顺。

对此,《仲裁法解释》在初步理顺依申请撤销仲裁裁决程序和依申请不予执行仲裁裁决程序之间的关系方面作了有益尝试。其第25条规定:人民法院受理当事人撤销仲裁裁决的申请后,另一方当事人申请执行同一仲裁裁决的,受理执行申请的人民法院应当在受理后裁定中止执行。其26条规定:当事人向人民法院申请撤销仲裁裁决被驳回后,又在执行程序中以相同理由提出不予执行抗辩的,人民法院不予支持。

(4)首创仲裁裁决部分撤销理由和仲裁裁决部分不予执行理由的默示放弃制度。

仲裁裁决撤销理由或仲裁裁决部分不予执行理由的默示放弃制度是指仲裁裁决虽然具有应当撤销或不予执行的法定理由,但申请撤销或不予执行裁决的当事人若在仲裁程序中已经知道或应当知道这些法定理由的存在而未及时提出异议,则被视为放弃了援引这些理由以申请撤销或不予执行仲裁裁决的权利。我国《仲裁法》对此缺乏规定。与首创结构完整的仲裁协议效力异议权默示放弃制度一样,《仲裁法解释》又创设了仲裁裁决部分撤销理由和仲裁裁决部分不予执行理由的默示放弃制度以促使当事人在仲裁中积极行为和加快仲裁进程以发挥仲裁在效率方面的优势。其第27条规定:当事人在仲裁程序中未对仲裁协议的效力提出异议,但在仲裁裁决作出后以仲裁协议无效为由主张撤销仲裁裁决或者提出不予执行抗辩的,人民法院不予支持。需要注意的是,仲裁裁决部分撤销理由和仲裁裁决部分不予执行理由的默示放弃制度的适用情形只有"以仲裁协议无效为由主张撤销仲裁裁决或者提出不予执行抗辩"一种。

### 四、《仲裁法解释》的不足

从上述三个方面的进步来看,最高人民法院作为司法解释的制定者确实在促进仲裁发展和理顺诉讼与仲裁的关系方面进行了不可忽视的努力尝试,值得欣喜。然而,从不信任的角度探析《仲裁法解释》出炉的真实缘由和反思其出台方式、具体内容方面的瑕疵则更为重要。

由于国家财政实行中央财政和地方财政的二元分离、除最高人民法院以外的各级法院的经费均由地方财政负担、地方财政大多为"吃饭财政",我国当前的法院系统普遍面临经费不足的窘境。没有稳定的、充足的、合法的收入,但包括设备费、水电费、车辆费、通讯费、接待费等各种费用在内的各种常规性支出却很难减少,法院系统整体性的出现了巨大的经费缺口,为克服生存压力,各级法院迫不得已充当"经济人"角色,进行各式各样的创收。"在我国,是裁判费用而不是国家经费支持着法院运作,这是一个在全国范围内能普遍成立的结论。"[①]法院将收取的诉讼费以票证的方式上交给财政再由财政按照不低的比例返还给法院的做法成为法院系统进行创收以解决经费不足的主要途径。要获得更多的返还经费,必须收取更多的诉讼费;基于刑事案件不收取诉讼费和行政案件的数量在法院收案统计中可以忽略不计的现实状况,法院收取的诉讼费主要来自民事案件,所以要收取更

---

① 左卫民等:《诉讼权研究》,法律出版社 2003 年版,第 138 页。

多的诉讼费,必须受理更多的民事案件;要受理更多的民事案件,法院必然要对与诉讼存在竞争和排斥关系的仲裁进行压制,诉讼与仲裁之间的竞争关系便不再正常。更何况仲裁裁决的案件多是商事案件,请求的金额或价额较大,且绝大多数不按件收费。因此,在财政保障依然不够理想、诉讼费返还依然是法院系统应对生存困境之主要途径的前提下,《仲裁法解释》中多处体现出的诉讼对仲裁的松绑和对案件向仲裁流动的鼓励不应看成是最高人民法院的一种心甘情愿,而应看成是一种被动的无奈选择,这种无奈选择显然是经过利弊权衡且利大于弊的。通过《仲裁法解释》,法院系统失去的是部分诉讼费,获得的却是案件的分流、涉诉信访压力的减小、开明促进诉讼与仲裁正常竞争的赞许等收益。人们评价某一社会法治水平或社会秩序的状况,其基本依据并不在于该社会冲突发生的频度和烈度,而在于纠纷解决机制的健全程度及其对现实社会冲突的排解能力和效果。① 要健全纠纷解决机制并充分发挥其对现实社会冲突的排解能力,理顺诉讼与仲裁的关系是关键。作为规则制定中的强势一方,法院保持正常的心态和应有的克制则是理顺诉讼与仲裁之关系的关键。上述对《仲裁法解释》出炉之真实缘由的分析展示了诉讼对于仲裁的"我的地盘听我的"、"我定规则我就赢"的霸道与傲慢,这种对仲裁貌似爱护实则施舍的态度并不真正益于诉讼与仲裁之关系的理顺和纠纷解决机制的健全。

《仲裁法解释》首创仲裁裁决的部分撤销制度、仲裁裁决部分撤销理由和仲裁裁决部分不予执行理由的默示放弃制度与突破《仲裁法》的规定扩大仲裁协议独立性的适用范围使得其如最高人民法院先前出台的很多司法解释一样,带有"违法解释"的鲜明烙印。这些违法解释显然已经突破了司法解释的权限,形成了"法院立法"的现实,产生

---

① 江伟主编:《民事诉讼法专论》,中国人民大学出版社 2005 年版,第 8—9 页。

了令人担忧的"权力抢滩"现象。基于历史和现实中的多种原因,似乎不能过分地苛责最高人民法院这种违反法律规定进行司法解释的行为。但若将最高人民法院的违法解释行为和实践中不断争取的司法独立联系在一起来看待,就可以发现进行反思的必要性和价值。不管我们是否认同西方国家的"三权分立"原则,司法独立通常都被视为民主国家坚持国家权力分立原则的结果和要求,追求依法治国和建设社会主义法治国家的我国也承认其作为权力制衡前提的这一要点。国家权力分立原则要求最高人民法院在追求司法独立时应为其所应为,不为其所不应为。即从自律的角度看,最高人民法院必须以自身职权行为在合法性方面的无可指责作为其追求司法独立的必要条件,应做到"己所不欲,勿施于人",否则,就无法在排除其他国家机关、社会团体、政党和个人干扰司法独立时做到理直气壮、义正辞严。由此可知,最高人民法院在《仲裁法解释》中的违法解释行为很容易弱蚀对国家权力分立原则的坚持,很容易抵销当前追求司法独立所艰难取得的成果。

在具体内容方面,《仲裁法解释》也存在一些缺憾。如对依职权撤销仲裁裁决程序和依职权不予执行仲裁裁决程序之间的关系如何处理未作涉及;再如对于可能发生的"当事人向人民法院申请不予执行仲裁裁决被驳回后,又提出撤销仲裁裁决申请的,人民法院该如何处理"的问题,也未作规定。

### 五、结语

综上可知,《仲裁法解释》的目的在于促进仲裁发展和理顺民事诉讼与仲裁的关系。从表面上看,理顺民事诉讼与仲裁的关系是浅层次的目的,促进仲裁发展是深层次的目的;理顺民事诉讼与仲裁的关系是促进仲裁发展的手段,促进仲裁发展是理顺民事诉讼与仲裁之关系的归宿。然而,在民事诉讼法全面修改和健全民事纠纷解决机制的现实语境中，如此判断显然带有"视角过于狭窄"的嫌疑，应从民事程序法的系统演进角度来审视《仲裁法解释》的意义。可以说，瑕不掩瑜的《仲裁法解释》已经成为民事诉讼法之形式性渊源的重要组成部分，已经为全面修改《民事诉讼法》提供了厚重的传统与深厚的资源。进而言之，对于《民事诉讼法》的全面修改而言，从学理层面解读《仲裁法解释》的进步与不足实属不可或缺。

# 论取消基层人民法院的第一审行政案件管辖权

本部分所涉规范性文件全简称对照表

| 全称 | 简称 |
| --- | --- |
| 最高人民法院《关于执行〈中华人民共和国行政诉讼法〉若干问题的解释》(1999年11月24日通过) | 《行诉法解释》 |
| 最高人民法院《关于审理国际贸易行政案件若干问题的规定》(2002年8月27日通过) | 《审理国际贸易行政案件规定》 |
| 最高人民法院《关于审理反倾销行政案件应用法律若干问题的规定》(2002年9月11日通过) | 《审理反倾销行政案件规定》 |
| 最高人民法院《关于审理反补贴行政案件应用法律若干问题的规定》(2002年9月11日通过) | 《审理反补贴行政案件规定》 |

我国《行政诉讼法》自1990年10月1日施行以来,已有二十多年,其修改早已被纳入全国人大的立法规划当中。在此背景下,消除地方行政干扰和提高行政诉讼质量成为主要的力求目标。为实现这样的目标,合理配置第一审行政案件的管辖权应被给予充分的重视。下文旨在为取消基层人民法院的第一审行政案件管辖权提供必要性论证。

一、取消基层人民法院的第一审行政案件管辖权可更好地体现"两便"原则的"公正"立场

我国现行《行政诉讼法》《行诉法解释》《审理国际贸易行政案件规定》《审理反倾销行政案件规定》和《审理反补贴行政案件规定》等司法解释主要以列举的方式规定中级人民法院管辖如下第一审行政

案件：(1) 确认发明专利权的案件，包括专利申请案件、宣告专利权无效或维持专利权的案件和强制许可案件；(2) 海关处理的案件，主要是海关处理的纳税案件和海关行政处罚案件；(3) 对国务院各部门所作的具体行政行为提起诉讼的案件；(4) 对省、自治区、直辖市人民政府所作的具体行政行为提起诉讼的案件；(5) 被告为县级以上人民政府，且基层人民法院不适宜审理的案件；(6) 本辖区内社会影响重大的共同诉讼、集团诉讼案件；(7) 本辖区内重大涉外或者涉及香港特别行政区、澳门特别行政区、台湾地区的案件；(8) 国际贸易行政案件；(9) 反倾销行政案件；(10) 反补贴行政案件。由于确认发明专利权的案件的被告是国家知识产权局、反倾销行政案件和反补贴行政案件的被告是作出相应被诉反倾销行政行为和反补贴行政行为的国务院的主管部门，所以，至少从案件种类上看，现行法律规定的中级人民法院管辖的第一审行政案件更多地由位于北京的中级人民法院管辖，位于其他地方的中级人民法院实际管辖的第一审行政案件要少一些。由此可知，中级人民法院管辖的行政案件具有特殊性，相对较少，绝对数量不大，且在位于北京的中级人民法院和位于其他行政区域的中级人民法院之间呈现不平衡的分布状态。最高人民法院的统计数据表明，1999年到2002年四年间，全国第一审收案占全年收案的比例都在90％以上（见附表一），第一审行政案件的收案情况也与这一总体情况相吻合。于是，我们可以得知我国现行法律将绝大部分的第一审行政案件的管辖权配置给了基层人民法院，体现了对包括方便当事人进行诉讼和方便人民法院行使案件裁判权两个方面的"两便"原则的坚持，主要考虑到方便当事人就近进行诉讼可以节省交通费用、食宿费用等诉讼成本的耗费，同时也考虑到方便人民法院认定案件事实，就近进行诉讼保全、财产保全，执行生效裁判。可以说，如此的配置第一审行政案件的管辖权，对"两便"原则的坚持和贯彻不可谓不尽力，但这种主要立足于"追求效率"立场的配置不可避免的掩盖了"两便"原则的其他内涵，而这些其他内涵在当前却主要决定着我国行政诉讼的质量。"两便"原则的其他内涵要求配置第一审行政案件的管辖权应当便于当事人诉诸诉讼和获得公正裁判,应当便于人民法院公正有效地行使案件裁判权。最高人民法院的统计数据表明,1999年到2003年五年间的第一审行政案件的收案数量在8万件到10万件之间波动,第一审行政案件占全部第一审收案的比例在1.5%到2%之间波动(见附表二)。现实生活中,以行政诉讼的被告败诉率作为行政诉讼质量高低的衡量标准的"正面"报道时常可见。此数据和"正面"报道恰说明行政诉讼制度在我国发展的十分缓慢、艰难,处于一种异常尴尬的窘境。探讨个中的多方面原因将是一项非常庞大的工程,决非一人之力短时间内可为之事。但笔者认为,除了行政诉讼的受案范围过于狭窄、整个社会的诉讼法律意识有待提高等原因外,地方行政干扰也是且必定是一个重要原因。

"无讼"、"息讼"、"厌讼"和"耻讼"是我国素有的传统,经过历史的沉淀对当前我国社会仍然产生着不能忽视的影响。在如此的诉讼意识氛围中,绝大多数的行政诉讼原告会在发动诉讼程序前对诉讼风险以及诉讼结束后的生活和生产前景受到行政诉讼被告的职业报复的可能性等因素予以比较全面的评估,诉诸诉讼解决行政争议往往不是他们的首先选择,而往往是他们不得已的选择。所以,是否可以就近进行诉讼、是否可以节省交通费用、食宿费用等诉讼成本通常并不总是被纳入行政诉讼的原告优先考虑的范围,他们通常更重视是否可以顺利地诉诸诉讼以及是否可以获得过程和结果双重意义上的公正裁判。而强势的地方行政干扰则可以十分轻易地浇灭行政诉讼的原告对公正裁判的渴求。当前,总体上人民法院的设置与行政区域划分严格相对应,人民法院的人事编制、工作经费等受制于同级行政机关,这些使得作为行使国家行政案件裁判权的人格化代表的人民法院在面对强势的地方行政干扰时,要么无能为力,要么被迫放弃公正的立场。更为值得重视的是,人民法院与同级行政机关的生疏程度随级别的升高而呈现减弱的趋势,法官的业务能力、职业尊严和伦理水平以及抵御外来地方行政干扰的自觉程度在总体上与法院级别的高低呈正比例的对应关系。取消我国基层人民法院的第一审行政案件管辖权,将绝大部分的第一审行政案件的管辖权配置给中级人民法院,可以打破行政案件的管辖法院与行政区域划分严格一一对应的现有格局,可以在更大范围内切断人民法院与行政诉讼的被告之间因人事编制、工作经费等而经常不得不发生的不当"互惠"联系,在一定程度上减少人民法院的行政化色彩,可以在不剧烈变革现有政治体制的框架内尽可能地排除地方行政干扰,更好地实现审查行政行为是否合法或合理的立法目的。另外,整体上移第一审行政案件的管辖权,并不必然导致当事人进行诉讼所耗费的成本的相应增加,并进而导致当事人因诉讼成本过多而放弃诉诸诉讼解决行政争议。一方面的原因在于,我国近些年来的交通技术、道路基础设施建设、运输能力等方面的改进和发展使得当事人因第一审行政案件的管辖权的整体上移而产生的交通费用、食宿费用等诉讼成本的增加幅度不会太大,相反会降低当事人的相应诉讼成本。况且,为了顺利地诉诸诉讼以及获得过程和结果双重意义上的公正裁判,当事人可以容忍诉讼成本在一定可承受的范围内的增加。另一方面的原因在于,整体上移第一审行政案件的管辖权,可以激活巡回审理制度,在不增加当事人诉讼成本的情况下改变巡回审理制度目前的虚置状态。我国现行《民事诉讼法》第135条规定:人民法院审理民事案件,根据需要进行巡回审理,就地办案。虽然《行政诉讼法》缺乏类似的规定,但《行诉法解释》第97条规定:人民法院审理行政案件,除依照行政诉讼法和本解释外,可以参照民事诉讼的有关规定。据此可知,我国的行政诉讼制度中是包含巡回审理制度的。第一审行政案件的管辖权整体上移后,当出现确实需要在基层人民法院相对应的行政区域内完成全部或部分的行政诉讼行为时,人民法院可以启动巡回审理制度,这样既可以坚持"两便"原则传统的"效率"立场,又可以坚持其"公正"立场。

由前可知,取消我国基层人民法院的第一审行政案件管辖权,可实现在坚持"两便"原则确定级别管辖时由更多地注重"效率"立场转向更多地注重"公正"立场,将更利于权利的保护与救济、法院裁判的独立与公正和权力制约的有力与有效。

## 二、取消基层人民法院的第一审行政案件管辖权更有利于司法职业的发展

均衡负担原则和"两便"原则是确定第一审行政案件的管辖法院须坚持的最为重要的两项原则。该原则要求第一审行政案件的管辖权在不同级别人民法院之间的配置应当保持平衡,不宜使某一级别的人民法院因案件过多而裁判负担过重。最高人民法院的统计数据表明,1999年到2003年五年间,第一审行政案件占全部第一审收案的比例分别为1.71%、1.61%、1.89%、1.57%、2%。(见附表二)。这说明,尽管基层人民法院承担着绝大部分的第一审行政案件的裁判工作,但其所承担的第一审行政案件的裁判工作所带来的负担与其所承担的第一审民事案件或刑事案件的裁判工作所带来的负担相比较,悬殊异常明显。这致使基层人民法院的行政审判庭的案件供给不足,许多基层人民法院行政案件的年收案总量不足20件,基层人民法院的行政审判庭兼理民事案件或刑事案件。这种行政案件对基层人民法院供给不足的情形就会使负责裁判行政案件的审判庭和法官的业务能力、职业素质的提高难有充分的动力需求。长此以往,就很难促进真正意义上的法官职业化和专业化,就很难实现人民法院裁判工作在基层人民法院的分工,独立且拥有职业尊严的行政案件裁判群体也就很难在基层人民法院出现。最高人民法院的统计数据表明,1999年到2003年五年间,第一审行政收案的数量分别为97569件、85760件、100921件、80727件、87919件(见附表二),第二审行政收案的数量分

别为 18045 件、19743 件、22536 件、27670 件、25196 件,第二审行政收案占全部第二审收案的比例分别为 4.12%、4.23%、4.53%、5.77%、5.09%(见附表三);1999 年到 2002 年四年间,全国第一审收案占全年收案的比例分别为 91.38%、90.5%、90.04%、90.59%(见附表一)。这四组统计数据说明:中级人民法院裁判行政案件的能力尚有可扩充的余地,将基层人民法院的第一审行政案件管辖权整体上移给中级人民法院,宏观上不会带来其裁判负担过重的结果,但可以有效地增加中级人民法院的案件供给,增加社会对中级人民法院裁判行政案件的需求,使司法服务的供给和需求趋于平衡,促进法院裁判工作在中级人民法院的合理职能分工,促使行政案件裁判的专业知识、基本经验和工作技巧逐渐积累起来,进而促使负责行政案件裁判工作的审判庭和法官在整个法官职业和法院系统内部乃至全社会获得其应有的地位和尊严。同时,整体上移基层人民法院的第一审行政案件管辖权可以大大减少行政案件裁判机构的设置,尽管中级人民法院的行政审判庭的个数可能会增加或编制会扩充,可以从整体上相应地减少国家对法院系统的财政支出,减少公民、法人和其他组织的纳税负担,尤其是可以让地市以下的地方财政相应的减少对基层人民法院的财政支出,最终减轻占我国人口 80% 以上的农民的负担,可以让基层人民法院尽可能地集中人力、物力、财力和精力去裁判民事案件和刑事案件。

### 三、取消基层人民法院的第一审行政案件管辖权可还原行政审判庭设置的合法性

上述的分析从确定第一审行政案件的管辖法院须坚持的最为重要的两项原则入手,阐明的是取消我国基层人民法院的第一审行政案件管辖权的必要性和可行性。从消除法律冲突的角度观察,整体上移基层人民法院的第一审行政案件管辖权,可以还原行政审判庭的设置在《人民法院组织法》上的合法性。1979 年 7 月 1 日通过的并于 1983

年9月2日修订的现行《人民法院组织法》第24条第2款、第27条第2款和第31条第2款分别授权中级人民法院、高级人民法院和最高人民法院可以根据需要在刑事审判庭、民事审判庭和经济审判庭之外设立其他审判庭,对基层人民法院却没有相应的授权规定。1987年1月14日最高人民法院《关于设立行政审判庭的通知》的下发标志着民事审判庭和经济审判庭受理行政案件的做法开始走向终结,行政审判庭由试办逐渐走向在全国各级法院普遍设立,基层人民法院也不例外。由于最高人民法院的该司法解释事实上形成了对《人民法院组织法》的不当突破,具有违法解释的性质,基层人民法院以最高人民法院的司法解释而不是以《人民法院组织法》为依据设立行政审判庭,该做法的合法性一直存在可苛责之处。直到1990年10月1日《行政诉讼法》的施行才得到一定程度的补正,因为《行政诉讼法》第3条第2款规定:人民法院设行政审判庭,审理行政案件。然而,现行的《民事诉讼法》和《刑事诉讼法》却都没有类似的规定。相形之下,《行政诉讼法》的该规定在整个法典条文中显得有些突兀,是一种"先上车,后补票"的典型表现,在产生层面上就不具备充足的合法理由,实为现实中已经大量存在的基层人民法院的行政审判庭提供继续存在的法律根据,基层人民法院设立行政审判庭依然缺乏组织法上的有力依据。解决的办法不外乎两种。一种是保留基层人民法院的行政审判庭的设置,在修改《行政诉讼法》时删除关于授权"人民法院设立行政审判庭"的规定,在修改《人民法院组织法》时增加关于授权"基层人民法院设立行政审判庭"的规定,彻底地补正基层人民法院的行政审判庭的合法性。一种是取消基层人民法院的行政审判庭的设置,尊重《人民法院组织法》的现有规定,删除《行政诉讼法》中关于授权"人民法院设立行政审判庭"的规定,行政审判庭的设置的合法性在《人民法院组织法》上实现归位。基于从确定第一审行政案件的管辖法院须坚持的最为重要的两项原则入手的前述分析,笔者主张采取后一种做法,在还原行政审判庭的设置在《人民法院组织法》上的合法性的同时,整体上移基层人民法院的第一审行政案件管辖权。

附表①一:

| 比例\年份 | 第一审收案占全年收案的比例 | 第二审收案占全年收案的比例 | 第一、二审收案占全年收案的比例 |
| --- | --- | --- | --- |
| 1999 年 | 91.38% | 7.04% | 98.42% |
| 2000 年 | 90.5% | 7.89% | 98.39% |
| 2001 年 | 90.04% | 8.39% | 98.43% |
| 2002 年 | 90.59% | 8.46% | 99.05% |

附表二:

| 收案\年份 | 第一审行政收案(件) | 第一审行政收案占全部第一审收案的比例 |
| --- | --- | --- |
| 1999 年 | 97569 | 1.71% |
| 2000 年 | 85760 | 1.61% |
| 2001 年 | 100921 | 1.89% |
| 2002 年 | 80727 | 1.57% |
| 2003 年 | 87919 | 2% |

附表三:

| 收案\年份 | 第二审行政收案(件) | 第二审收案(件) | 第二审行政收案占全部第二审收案的比例 |
| --- | --- | --- | --- |
| 1999 年 | 18045 | 438313 | 4.12% |
| 2000 年 | 19743 | 466827 | 4.23% |
| 2001 年 | 22536 | 497858 | 4.53% |
| 2002 年 | 27670 | 479217 | 5.77% |
| 2003 年 | 25196 | 494036 | 5.09% |

---

① 此处使用的三个附表依据最高人民法院公布的统计数据制作而成。详细资料可参见:《1999 年全国法院审理案件情况》,载《人民司法》2000 年第 3 期;佟季:《2000 年全国法院审理案件情况》,载《人民司法》2001 年第 3 期;佟季:《2001 年全国法院审理案件情况》,载《人民司法》2002 年第 3 期;佟季:《2002 年全国法院审理案件情况》,载《人民司法》2003 年第 3 期;佟季:《2003 年全国法院审判和执行工作基本情况》,载《人民司法》2004 年第 3 期。

# 律师赔偿责任的基本特征及辐射作用

**本部分所涉规范性文件全简称对照表**

| 全称 | 简称 |
| --- | --- |
| 《中华人民共和国律师法》(1996年5月15日通过,2001年12月29日第一次修正通过,2007年10月28日第二次修正通过,2012年10月26日第三次修正通过) | 《律师法》 |

形成中的现代法治国家犹如茫茫大海中的一艘巨轮,法学家负责指引前行的方向,法官负责掌舵,检察官负责添加燃料和提供动力,律师负责减慢速度。形象的修辞凸显出律师职业对于实现法治治理不可低估的应然作用。值得注意的是,在其他变量保持大致恒定的通常前提下,律师职业的发达程度与律师执业风险的大小构成反比例的紧张关系,而律师执业风险的大小则在很大程度上取决于律师责任制度建构的合理性。作为律师责任制度的重要组成部分,律师赔偿责任制度的合理重构因此具有被纳入关注视野中的正当理由,而从现有框架阐释律师赔偿责任的基本特征则成为重构该制度的逻辑起点和基本前提。

## 一、律师赔偿责任的概念界定

阐释律师赔偿责任的基本特征须以界定其概念为先决条件。我国《律师法》第54条规定:律师违法执业或者因过错给当事人造成损失的,由其所在的律师事务所承担赔偿责任。律师事务所赔偿后,可以向有故意或者重大过失行为的律师追偿。该规定通常被认定为律师赔偿责任制度的直接法律渊源。此外,律师赔偿责任作为法律责任的下位概念,其概念界定须以法律责任的概念界定为指引。关于如何界定法律责任,有否定性评价论、处罚论、不利后果论、责任论、义务论、新义务论等六种最具有代表性的观点,其中新义务论在我国具有较大的影响。新义务论认为法律责任是由于侵犯法定权利或违反法定义务而引起的、由专门国家机关认定并归结于法律关系的有责主体的、带有直接强制性的义务,即由于违反第一性法定义务而招致的第二性义务。① 以律师赔偿责任制度的直接法律渊源和法律责任的上位概念界定为基点,笔者认为,律师赔偿责任是由于律师在执业过程中因故意或者重大过失侵犯委托人的法定权利或违反法定义务而引起的、通常由专门国家机关最终认定、由律师向律师执业机构承担的、带有直接强制性的义务。

## 二、律师赔偿责任的基本特征

律师赔偿责任的基本特征可从如下五个方面予以阐释:

(一)律师赔偿责任的产生具有传递性

律师赔偿责任直接发生在律师和律师执业机构之间,不是直接发生在律师和委托人之间,具有附属性。为规范律师的执业活动,多数国家都强制规定律师执业必须加入律师执业机构,以律师的名义单独接受委托是法律严厉禁止的。如我国《律师法》第 48 条规定:律师私自接受委托的,由省、自治区、直辖市以及设区的市的人民政府司法行政部门给予警告,情节严重的,给予停止执业 3 个月以上 1 年以下的处罚,有违法所得的,没收违法所得。法律服务委托关系的适格主体双方为委托人和律师执业机构,律师不能成为该委托关系的适格主

---

① 参见张文显:《法哲学范畴研究》,中国政法大学出版社 2001 年版,第 119—122 页;张文显主编:《法理学》,高等教育出版社、北京大学出版社 1999 年版,第 121—122 页。

体,律师开展执业活动以律师执业机构的指定为正当依据。所以,律师在执业过程中因故意或者重大过失侵犯委托人的法定权利或违反法定义务而引起的民事责任,由律师执业机构首先向委托人承担,具有替代承担的性质,该责任的民事性质、承担范围对律师赔偿责任具有预决的效力,即两者之间存在主从关系,后者不具有独立性。相对于律师执业机构向委托人所承担的民事责任而言,律师赔偿责任是第二性的民事责任,以前者为发生依据,具有显明的传递性特征。

（二）律师赔偿责任的实现方式具有补偿性

民事责任主要有惩罚性赔偿和补偿性赔偿两种实现方式。由于律师赔偿责任是一种传递性的民事责任,其性质定位也必然面临惩罚性或补偿性选择困难。尽管惩罚性赔偿制度作为一般补偿性赔偿制度的例外,具有更为充分的补偿受害人遭受的损失、惩罚和遏止严重的不法行为等多重功能[①],但笔者倾向将律师赔偿责任定位为一种补偿性责任,理由在于:

1. 立法传统方面

自清朝末年沈家本等主持修订法律以来,我国主要以法国、德国、日本等大陆法系代表国家的法律为蓝本建构内国的法律,时至国际化和两大法系不断融合趋势持续加强的今天,这一主流现象也未有太多变化。虽然在普通法系国家的民事诉讼中,对行为显系恶意或有重大过失的被告作出刑事损害、多重损害和所谓概括损害赔偿的裁决是司空见惯的事,但根据大陆法系的一般原则,在民事审判中原告得到的赔偿只能限于其所受损失的补偿。[②] 由此可见,民事诉讼程序所体现出的大陆法系在损害赔偿法律方面坚持补偿性赔偿的立场。我国现有的损害赔偿法律也继受坚持该立场,这从浩繁的民商事法律文件中

---

① 参见王利明:《惩罚性赔偿研究》,载《中国社会科学》2004年第4期。
② 参见〔美〕约翰·亨利·梅利曼:《大陆法系》,顾培东、禄正平译,法律出版社2004年版,第130页。

迄今只有两个惩罚性赔偿法律例中就可窥见一斑。因此,将律师赔偿责任定位为一种补偿性责任是保持立法传统统一的基本要求。

2. 法理基础方面

惩罚性赔偿制度的法理基础之一是保护弱势群体。笔者认为,界定弱势群体须采取相对的标准。通常情形下,妇女较于男子,未成年人较于成年人、老年人较于年轻人和残疾人较于正常人在体力、脑力和健康状况等方面存在着明显的且可判断的弱势。消费者较于消费提供方,劳动者较于用人单位和中小股东较于控制股东在诸如经济实力和举证能力等方面也存在着类似的弱势。我国1994年施行的《消费者权益保护法》第49条的规定和2004年5月最高人民法院公布的《关于审理商品房买卖合同纠纷案件适用法律若干问题的解释》第8条、第9条的规定是我国迄今关于惩罚性赔偿最早的两个法律例。这两个法律例对弱势群体的界定采取的也是相对的标准,体现在消费者与消费提供方、商品房买受人与出卖人在综合力量对比方面存在十分明显的差距。而委托人与律师执业机构之间的关系若用该标准来衡量,显然不能将委托人界定为弱势群体,故惩罚性赔偿不能适用于律师执业机构和委托人之间,进而不能适用于律师执业机构和律师之间。所以,将律师赔偿责任定位为一种惩罚性责任将面对法理基础层面的诘难。

3. 律师职业发展方面

现代意义上的律师制度在西方最早起源于古罗马时代,并一度十分发达,在我国肇始于20世纪初,在民国初期虽曾快速发展[①],但总体而言发展缓慢。1979年我国只有律师212人,发展到2013年有20万多人。而1978年美国有律师424980人,发展到今天已经增至60万人,日本有律师约2.4万人,英国有律师约20万人,法国有律师约12

---

① 参见侯欣一:《民国晚期西安地区律师制度研究》,载《中外法学》2004年第4期。

万人。① 律师占全国人口比例在我国远低于美国的四百分之一。此外,我国律师职业的发展还受到诸多因素的制约与挤压,如《刑法》第306条主要针对律师规定的辩护人、诉讼代理人毁灭、伪造证据、妨害作证罪,《刑事诉讼法》对律师的独立调查取证权、言论免责权、拒证特权等应然权利确认的缺失等。若将律师赔偿责任定位为一种惩罚性责任,无疑会提高发展环境十分不理想的律师职业的活动成本,增加律师执业的风险。所以,将律师赔偿责任定位为一种补偿性责任不仅是基于对我国现实情况的谨慎思量,而且对律师职业的发展乃至法律职业共同体的形成具有促进作用。

(三) 律师赔偿责任的执行具有或然性

作为一种第二性义务,律师赔偿责任的执行与第一性义务的履行不同。对于第一性义务的履行,法律采取义务主体主动自觉履行的假定前提,国家强制力只处在潜在的待激活状态。而对于第二性义务的执行,法律则采取不信任义务主体的假定前提,国家强制力处在现实的直接作用状态。所以,律师赔偿责任的执行具有以国家强制力为实施保障的特点,但这并不绝对意味着律师赔偿责任的执行具有必然性,即其执行可以或然发生。理由在于:(1) 律师赔偿责任的民事性质使得其可以适用民事责任的免责条件,在民商事法律规定的免责事由发生时,律师赔偿责任由于免责法律规则的一般适用可以发生免除的结果,而不发生必然执行的结果。(2) 律师执业必须加入律师执业机构,意味着律师将某些执业自由和执业权利让渡给律师执业机构,并相应地接受某些执业义务的制约,如律师不得私自以律师的名义单独接受委托等。根据权利义务对等一致的基本法理,律师执业机构向律师行使内部追偿权时普遍采取宽容的态度。根据我国《律师法》第54条的规定和一般的民法原理,律师执业机构向委托人承担民事责任

---

① 参见谢佑平主编:《公证与律师制度》,中国政法大学出版社1999年版,第144页。

的客观要件是律师在执业过程中存在违法行为或者过错行为,而律师赔偿责任的执行则以律师在执业过程中存在过错行为或者重大过失行为为客观要件,这与一般法理的基本精神并行不悖。置言之,当律师执业机构向委托人承担民事责任的客观要件是律师在执业过程中存在一般过失行为时,律师赔偿责任就由于欠缺客观要件而不产生。

(四)律师赔偿责任的转嫁具有现实可能性

高风险与高收益同在是律师职业的重要特征,律师职业的发展呼唤风险转嫁制度的产生。作为职业责任保险范畴的基本构成要素,律师责任保险制度应运而生。律师责任保险制度可以有效地转嫁律师责任风险,维护和增进律师的信誉,增强律师职业抵御风险的能力,可为律师承办更高风险、更大标的额的业务提供坚实的资信保障。可以说,具有多项积极功能的律师责任保险制度对于可能经常受律师赔偿责任困扰的律师将产生极大的感召力和亲和力。对于处于执业起步阶段的或者可能承担无限责任的律师而言,律师责任保险制度无疑显得更为重要。近几年来,经中国保险监督管理委员会批准,中国人民保险公司正式向全国推出律师责任保险。律师责任保险随即在全国各大中城市发展迅速,如 2002 年 8 月 8 日中国人民保险公司沈阳市分公司为沈阳市律师协会提供总保额为 1 亿元的律师责任风险。尽管我国目前的律师责任保险与发达国家的律师责任保险还有很大的差距,但随着我国根据加入 WTO 议定书于 2005 年 12 月 11 日前开放保险业,律师责任保险的更大发展是可以乐观预期的。相伴而生的是,律师赔偿责任的转嫁将获得更大的现实可能性。

(五)律师赔偿责任的形式具有二重性

根据《律师法》第 15、16、20 条的规定,我国律师执业机构有合伙律师事务所、个人律师事务所和国资律师事务所三种组织形式。其中,国资律师事务所的责任形式是有限责任,合伙律师事务所和个人律师事务所的责任形式是无限责任。前面所阐述的律师赔偿责任在产生层面的传递性使得律师赔偿责任也具有有限责任和无限连带责任的二重形式。

我国现行《律师法》对律师执业机构的种类划分采取身份不同区别对待的标准,与民事主体一体平等保护的原则相冲突,在发展市场经济和民法典编纂的现实语境中,该做法也多为理论界所诟病。应以组织形式为区分标准,增加规定公司制律师执业机构,取消国资律师事务所。若此,一方面可以满足法律服务的多层次性需求,一方面可以为律师执业在组织形式方面提供更多的选择性途径。在这种区分模式下,无论公司制律师执业机构采取有限责任公司还是采取股份有限公司的组织形式,其责任形式皆是有限责任;合伙制和个人制律师执业机构的责任形式则仍是无限责任。所以,在将来改革后的新框架下,律师赔偿责任仍将具有形式二重性。

### 三、律师赔偿责任的辐射作用

一项法律制度的合理重构,首先应予解决的是确立指引立法选择的思维范式和基本理念定位问题,然后依此为基点从微观层面对具体制度进行富有操作性的修补。从我国现有框架阐释律师赔偿责任的基本特征,可以为律师赔偿责任制度的重构和《律师法》的修改提供更为广阔的视角和更为务实的路径选择。同时,制度框架内存在的问题与问题的框架外解决这两个方面可以实现并存①,于是,律师赔偿责任制度对修改《律师法》的辐射作用应体现在:

(1)《律师法》应实现从律师管理法到律师权利确认法的转变。

有人统计:2007年修改前的《律师法》53条69款,载明律师"必须"的条款有5个,载明律师"不得"的条款有11个,暗含律师"必须、应当、不得"意思的条款有15个,而规定律师"可以"、律师"有权"的

---

① 参见洪浩、刘加良:《刑事诉讼回避制度若干问题探析》,载《山东警察学院学报》2004年第5期。

条款仅有9个。① 2007年和2012年两次修改虽然都在一定程度上弱化《律师法》的"管理法"色彩,但与其作为"权利法"的应然定位仍有不小距离。律师赔偿责任在产生层面的传递性、在实现方式层面的补偿性和在执行层面的或然性从有利于律师职业发展和律师权利保障角度反映了以权利为立法重心的价值定位。所以,《律师法》将来的修改应回馈律师赔偿责任制度的需求,实现宏观定位从律师管理法到律师权利法的转变,以权利本位为指导思想,对该制度的重构清除总体立法定位上的障碍。

(2)应以立法形式将律师责任保险制度作为律师赔偿责任制度的组成部分加以规定。

律师赔偿责任在产生层面的传递性、在执行层面的或然性、在转嫁层面的现实可能性和在形式层面的二重性使得在《律师法》中规定律师责任保险制度并使之成为律师赔偿责任制度的组成部分具有必要性和可行性。但值得注意的是,《律师法》只需对律师责任保险作出概括性规定即可,关于律师责任保险的可保范围、保险合同的订立、保险合同的效力、当事人的权利义务、保险合同的解除等保险规则方面的内容无须涉及,以便充分发挥保险法律对《律师法》的支持作用,防止《律师法》因内容庞杂而失去体系上的科学性。

(3)完善律师收费制度,防止律师赔偿责任的不当转嫁。

我国现行《律师法》只有第40条间接涉及律师收费制度,其内容主要体现在司发[1990]143号通知文件中。其法律位阶之低、内容之粗略已经不能适应律师职业的发展需要。律师责任保险的开展将引起律师收费制度的变革。律师责任保险的开展将导致律师执业成本的增加,相关的保险费用通常会间接的转嫁给委托人承担,所以,将来在修改《律师法》时应明文规定律师收费制度,提高律师收费制度的法

---

① 参见曹诗权:《律师法修改的宏观基础定位》,载《中国律师》2004年第9期。

律位阶,确定律师收费的标准,限制律师收费的最低标准和最高标准,这一方面可以防止律师执业机构以压低服务价格进行不正当竞争,一方面可以防止律师执业机构或者律师借口参加律师责任保险而过分抬高服务价格,增加委托人的负担,防止律师赔偿责任的不当转嫁。

# 第三编 学理支持的强力化：
增强指引与适时反制

# 司法制度类型分析的价值与潜在意义

在程序法、证据学和比较法领域颇有建树的米尔伊安·R.达玛什卡教授以刑法与刑事司法、证据法学、社会主义法律制度和比较法为治学重点，主要著作有《被告的地位》《刑事法律与程序辞典》《司法和国家权力的多种面孔：比较视野中的法律程序》《漂移的证据法》。达玛什卡教授虽然年逾七十且著述颇丰，但其为中国大陆读者所真正熟悉则始于2003年9月《漂移的证据法》(Evidence Law Adrift)之中译本的出版[①]，之所以这样说，是因为达玛什卡在该书中指出英美证据法的大厦将会因其三大支柱（陪审制、集中审理制和对抗制）的退化而崩溃，如此的结论让很多对英美法律制度亲睐有加乃至笃信不疑的中国读者震撼不已。针对《漂移的证据法》之中译本的书评接踵而至，汤维建教授在《甘肃政法学院学报》2005年第3期发表的《达马什卡的证据法思想初探——读达玛什卡〈漂移的证据法〉》一文和唐芳博士在《法制与社会发展》2008年第1期发表的《英美刑事证据法的发展理路及现代检视——对达玛什卡〈漂移的证据法〉的批判性解读》一文是针对该书系列书评的代表作。这本达玛什卡于1995年秋天才完成初稿的著作因其结论的震撼性和相关系列书评的发表而名声大噪，《漂移的证据法》俨然已经成为达玛什卡的标签或代名词。这使得达

---

[①] 该书的中文版由李学军、刘晓丹、姚永吉和刘为军合作译出，由中国政法大学出版社于2003年9月出版。

玛什卡的另一本于1986年就已出版、2004年6月出版中译本名为《司法和国家权力的多种面孔——比较视野中的法律程序》(The Faces of Justice and State Authority: A Comparative Approach to the Legal Process) 的著作处于被冷落、被疏远的境地,而事实上该书被誉为英语世界极具原创性的司法制度类型学的奠基性作品,该书才应被视为达玛什卡所著最具学术影响力的代表作。在这部绝大多数读者阅读起来相当不易的书中,达玛什卡以司法与国家权力结构的关系和司法与政府职能的关系为视角和研究进路,以寻找多样性的司法制度的最大公约数为主要课题,以使司法制度超乎想象的多样性能够为人们的智识所把握为直接目的,以探求一种与现有的常规研究方法相区别且使人们以前无法理解的程序安排模式容易得以辨识的研究方法为根本目的,指出政治因素对于程序制度的塑造与生长具有重要作用,并附带性地、水到渠成式地展示了其对法律程序的比较研究对于世界各国进行程序改革的潜在意义。

### 一、理想与现实之间:主要内容之介

**(一)理想高于现实**

界定两套在现实的制度安排中不能完全找到对应物的理想模型是达玛什卡的研究基点。第一套模型是科层式理想型权力组织与协作式理想型权力组织,第二套模型是纠纷解决型程序与政策实施型程序。

1. 科层式理想型权力组织与协作式理想型权力组织

界定科层式理想型和协作式理想型两种权力组织是研究程序性权力对法律程序之影响的基础。前者是职业化官员群体被组织到等级结构中并按照技术标准做出决策的权力组织,以职能分工和权力在最高层的熔合为特征,对应着监督性的结构和塔式的工作程序;后者是非专业化的官员群体被组织到单一的平行权力层次中并按照未分

层的共同标准做出决策的权力组织,以职能混合和权力的广泛分布为特征,对应着序列性的结构和线式的工作程序。达玛什卡将科层型程序和协作型程序分别与科层式理想型和协作式理想型两种权力组织相对应,程序性权力对法律程序的具体影响得以全面展现。

科层型程序的独特之处在于:(1)法律程序分步骤进行,次第展开,前后相继。(2)上级审查具有常规性和全面性,上诉权被给予充分重视,甚至被当作公民的基本权利加以对待;初审判决具有暂时性,不被推定为具有直接执行力的终审判决,其重要性下降,不足以使先前和之后的决策黯然失色。(3)案件的卷宗是整个程序的神经中枢,整合着科层化程序各个层次的决策,官方卷宗成为法官作出判决的重要信息源,更欢迎简洁而非完整的文档的决策严重压制着经验而信奉逻辑法条主义。(4)审判分段进行,环环相扣,步步为营,排斥集中审理。(5)科层式的官僚系统垄断程序职能,官方程序的排他性和官僚机构的排外风气抑制了私人推进的程序活动,将程序措施委托给外部人士去执行是不被允许的。(6)对官方行为的程序规制具有很大的刚性和机械性。

协作型程序的独特之处在于:(1)审判程序以被推定为最终裁判者的初审法官为中心,审判是司法程序的焦点,程序活动通常不间断进行。(2)上诉是零星的,且仅针对最显著的失误;上诉权并没有被尊崇为正当程序的重要组成部分①,不服判决的当事人必须尝试说服初审法官重审或者试图通过平行的诉讼程序来阻遏判决的执行。(3)依赖口头交流和当庭证供,确保证人在审判时能够出庭的机制、质询在法官面前作证的证人的机制和对治错误证供的机制得以发展。(4)程序步骤的集中化和压缩性使得"开庭日"审判方式得以采取。供决策之用的材料作为一个整体一次性地充分展示给审判人员,这项

---

① 〔美〕达玛什卡:《司法和国家权力的多种面孔:比较视野中的法律程序》,郑戈译,中国政法大学出版社2004年版,第91页。下文他处所引本书,则直接在正文中注明页码。

活动在一个连续的时间段中以一种不以先前的官方行动为中介的形式完成。(第272页)"开庭日"审判方式和初审判决原则上的终局效力强化了法庭的剧场化效果。(5)权力机构乐意将程序行动委托出去,倾向于依赖私人当事人去准备供审判时考虑的材料,审前工作由官方委派给涉案的当事各方进行。(6)对官方行为的程序规制很少。

2. 纠纷解决型程序与政策实施型程序

为考察法律程序如何受到两种形成鲜明对照的政府职能的影响,达玛什卡在极端意义上使用"回应型国家"和"能动型国家"这一组术语,并始终强调"自由放任型政府"与"管理型政府"的两极对立。

回应型政府的任务限定在为其追求自我选定目标的公民提供一个支持性框架上。它所采取的手段必须能够释放出社会自我管理的自生自发力量。(第109页)在回应型意识形态的理解中,政府的所有活动都与纠纷解决密切相关。所以,回应型国家的法律程序以解决纠纷为目的,以实际纠纷的发生为前提,排斥调停式纠纷解决方式,支持诉讼两造之间竞赛的形式,亲近对抗性和格斗型设计。达玛什卡将这种适应于彻底的自由放任型政府之意识形态且在现实存在的制度中缺乏对应物的极限型法律程序模式称为"纠纷解决型程序"。在纠纷解决型程序中,程序的公正性比结果的公正性更能证明决策的正当性,程序规则和程序规制获得了独立性,当事人对程序实行主导性控制。当事人对程序的主导性控制体现在如下十个方面:(1)诉讼的启动由当事人决定,复核程序也如此;当事人拥有退出诉讼的绝对性权利而无须征得任何司法许可。(2)关于事实认定中各项参数的控制由当事人完成。(3)法律问题由当事人设定和表述。(4)诉讼的波及面以初始的纠纷当事人为限度。(5)救济方式和赔偿或制裁的范围不得超越当事人的请求。(6)事实争点由当事人决定。(7)当事人能够自由决定是否被转化为证明手段或信息来源。(8)证据开示被严格限制在当事人界定的问题范围之内且具有相互性。(9)当事人负责为程序提供节奏和动力,对迟延行使监控职能。(10)律师的参与不具有必然性,回应型国家欢迎律师,不赞成限制律师的参与,但不能将律师强加给当事人;律师只是当事人的助手,必须按照当事人的意思表示去积极地促进当事人的利益。纠纷解决型程序的各项特征广泛散布于现存的许多程序制度中,并非虚构之物。了解这些特征是比较和评价千差万别的纠纷解决型程序之现实变体的前提性作业,否则,"就像一个人试图描述各种热牛奶咖啡之间的细微差异但却对牛奶和咖啡都不甚了解一样"。(第146页)

能动型国家信奉或致力于实践一种涉及美好生活图景的全面理论并且以它作为基础来设计一个在理念上面面俱到的改善其公民之物质和道德境况的计划。(第120页)法律成为能动型国家实施国家政策和解决国家问题的工具,并用来告诉公民应该做什么以及如何去做,司法的根本目的是在法官审理的案件中贯彻国家政策。可以想象,命令性规范和禁止性规范充斥于能动型国家之中,授权性规范则难见踪影。达玛什卡将能动型国家的法律程序称为"政策实施型程序"。在政策实施型程序中,实体结果的公正性比程序的公正性更能证明决策的正当性,程序规则处于附属地位,具有最大化实体结果之正当性的工具价值,官员对程序实行主导性控制,否决了当事人之"诉讼主宰者"的地位,为获取正确决策所需要的信息,当事人被赋予表达意见的机会,其他非官方参与者被鼓励以各种方式参与司法过程。官员对程序的主导性控制体现在如下八个方面:(1)国家保留选择是否启动或终结诉讼的权力。(2)程序启动不以已经存在的纠纷为前提,导致程序启动的具体纠纷的消失也不必然伴随着程序的终结;官员掌握着对程序参数的决定权,私人行动只是官方行动的诱因。(3)干预手段是控制性和可变性的。(4)最大化寻求事实真相的竞赛形式和对抗式风格只是事实发现程序的偶尔现象,拒绝私人控制事实发现。(5)作证和说出真相是当事人的义务,当事人不得拒绝与官方合作。

(6)决策者可以随时参与程序行动,对国家政策不得保持距离,这使得决策者的中立地位无法保持。(7)只有当私人律师对当事人的协助有助于追求实体性正确结果时,律师的参与才和政策实施型政策实现兼容。(8)所有判决都是暂时性的,能动型国家只乐意矫正实体有误的判决。

(二)理想归于现实

如果只是一味地沉迷于对两套理想模型的建构,达玛什卡也不能为人们走出程序多样性的迷宫提供"阿里阿德涅的线团"。所以,在这部被英语世界的读者给予极高评价的著作中,作者除在前五章阐释两套理想模型时每刻不忘地论及它们的现实变体外,如在第五章提到的将启动和终结诉讼的控制权交给专门的官方"发起人"(政府律师或检察官)和权益性的允许私人控制诉讼程序的做法是政策实施型程序的两种变体。(第231—234页)还在第六章以占全书近四分之一的篇幅集中地在现实世界里为两种权力组织类型和两种程序类型两两组合后的科层式权力组织的政策实施型程序、科层式权力组织的纠纷解决型程序、协作式权力组织的纠纷解决型程序和协作式权力组织的政策实施型程序四种法律程序找出或多或少的例证,可谓"高高抬起,悄悄放下",让人们略带惶恐地领略完理想模型的宏观与抽象后,又渐露喜色的体味现实制度的精细与具体。

## 二、原创与缺憾之间:研究方法之评

知识创新是人类社会不断走向文明的发动机。法学知识的创新大致可从观点、论据和方法三个层面进行。面对"法律程序与政治因素的关联"这一古老的课题,实现观点层面的创新虽不是断无可能,但对其前途做最悲观的估计并不为过。立足比较法的立场描绘司法和国家权力的多种面孔,实现论据方面的创新可谓易如反掌,因为对法律程序的不满以及由其引发的改进尝试普遍存在于世界各国,但时间的经过则会无情的使这种创新被轻而易举的取代,进而使其经常不被列入增进知识的范围。英国著名的人类学家弗雷泽指出:"一个时代对于新知识积累的总和所贡献的数量是很小的,更不用说一个人所能增添的数量了;忽视那些大量积累起来的知识,吹嘘我们自己可能增加上去的点滴知识,这种做法除了不知感恩以外,还暴露出愚蠢或不诚实"。① 于是,面对浩繁的既有研究成果,诚实地以比较分析的方法研究程序性权力对法律程序的影响和法律程序如何受到政府职能的影响成为一项研究方法被限定、很难实现观点和论据创新的棘手任务,很多学者望而生畏,或绕道而行,或退而弃之。达玛什卡在比较分析方法之下尝试研究方法创新的努力不仅展示了其"明知山有虎,偏向虎山行"的勇气和"人有我特"的学术自信,而且展示了面对必然要付出的巨大辛苦毫无悔意、惧意的坚强意志。迎难而上比绕道而行更值得肯定,人有我特比人无我有更值得珍惜,所以,作者的努力值得敬佩。

对法律程序进行比较研究,常见的是归纳推理的思维方式,先纵向或横向列举在现实世界中存在过或正存在着的种种程序制度,然后再对它们的共同性或差异性进行归纳总结,更进一步的尝试是探究这些共同性或差异性的产生原因及其对研究者所在国家或地区的制度改进可能具有的借鉴意义,从具体过渡到抽象,符合"分—总"的论证模式,对研究者学术能力和读者阅读能力的通常要求要低一些。与此形成鲜明对比,达玛什卡高于现实世界建构理想模型和归于现实世界寻找理想模型之例证的努力则采取演绎推理的思维方式,从高度抽象充实到具体,符合"总—分"的论证模式,对研究者学术能力和读者阅读能力的通常要求要高很多。依笔者的经历,阅读该书始终都有一种提心吊胆、欲罢不甘心的情绪,生怕难以理解两套理想模型的具体涵

---

① 〔英〕詹·弗雷泽:《金枝精要——巫术与宗教之研究》,刘魁立编,汪培基、徐育新、张泽石译,上海文艺出版社2001年版,第243页。

义而最终落得满头雾水、空手而归。作者写作该书所要期望到达的智识作用也许就在此,即读者要满足自己对全面了解法律程序的功利需求,必须付出一定的努力真正走过作者的思维世界,读者之辨识能力的提高只能发生在真正走过作者思维世界后的蓦然回首时。这一著作的极大原创之处即在于此,与众不同,让人耳目一新,又让人豁然开朗。

对达玛什卡方法创新的敬佩不能遮蔽我们的反思视线与批判目光,至少如下几方面问题应当被给予充分的关注:(1)观察视角。了解某一事物是评价该事物的必要条件,了解不充分则会让评价发生偏离甚至脱轨。从内部观察往往成为了解某一事物的首选视角,只有在内部视角不可欲的情况下,外部视角才得以采用。试图立足内部视角来了解并非千人一面的法律程序,注定是徒劳无功的。所以,达玛什卡的研究向人们展示的总是事物的外观,换而言之,"它所展示的是一个外国侨民眼中的当地事物,而不是一位土生土长的本地人眼中的当地事物"。(第22页)这种迫不得已的外部观察视角必然伴随着对某些事物了解的不充分,从而影响论证的力量,尽管作者既有欧陆法律文化氛围内不短的成长经历又有英美法律文化映照下很长的学术经历。作者在导论部分对外部观察视角的反思不应被看成是刻意的学术谦虚,也不能被看成是对可能的学术批评的事先拒绝,而应被看成是实实在在的学术诚实。(2)研究进路。作者以司法与国家权力结构的关系和司法与政府职能的关系为两个研究进路来揭示政治因素对于程序制度的塑造与生长具有的重要作用。需要指出的是,"法律程序与政治的关联"这一古老课题的研究进路绝对不只两个,达玛什卡对研究进路的选择不是穷尽性的,而是部分性的。政治因素在程序制度的塑造与生长过程中扮演着十分重要的角色,作者极具原创性的研究努力再次支持这一结论,但不能借此夸大政治与法律程序的关联性,尤其是在上层建筑的能动作用曾被无限鼓吹的国度里。因为,"这些因素并不是决定程序形式的唯一因素。苏联和中国拿司法系统所做的实验的历史证实了把意识形态之诗翻译成程序形式之散文的困难。即使是在最适宜的条件下,来自政治领域的决定因素也只能对有限数量的程序现象起作用"。(第361页)(3)游移现象。科层式理想型权力组织、科层型程序、协作式理想型权力组织、协作型程序、回应型国家、纠纷解决型程序、能动型国家和政策实施型程序八个范畴是建构两套理想模型的最小单元,都是基于理论假定而在极限意义上使用,作者格外强调每一范畴的纯粹性和不厌其烦地强调现实世界中没有这些范畴的完全对应物。但"常在河边走,哪能不湿鞋",从作者对这些范畴的解读中可以或多或少地看出很多现实世界的烙印,以致不少范畴的内涵或大多特征要借助现实变体来阐释,书中第六章主要诉诸于不甚精致的否定性论证或排除方式而不是直接描述政策实施型程序的理想形式已经相当明显地透露出作者格外强调范畴之纯粹性的局限和对借助现实变体阐释理想范畴的无奈与刻意避开。作者试图使每一理想范畴与现实变体之间做到泾渭分明的努力并没有完全成功,也不可能完全成功,因为一分为二式的简单界分在作者高度复杂的论证中根本没有存在空间。理想范畴与现实变体之间时常出现的界限不明或重合的游移现象因此便不难理解。事实上,作者建构的两套理想模型并不是空中无线的风筝,欧陆诉讼程序和英美诉讼程序正是它们在地上的线轴。风筝和线轴之间的长线不可或缺,无线的风筝将会立即在空中消失而留给人们依然是满脸的困惑。恪守"总—分"的论证模式,理想模型力求高度抽象和高度概括便不可避免,理想模型与现实世界之间出现一定程度的游移现象便情有可原,刻意否认和有意避开背后的力求完美之心态虽可以理解,但这样做却对理想模型的建构构成损害,倒不如允许将缺憾公开,说不定缺憾之美也可增加理想模型的说服力。

### 三、启发与检讨之间：中国意义之思

长期以来,中国的程序法学比较研究一直对研究方法的创新保持距离,甚至视之为无法逾越的雷区,标榜有所创新的大多作品在研究方法方面也几乎无所作为。当然,让人有些难以理解的是,我们一直在为研究方法被轻视或漠视竭力寻找着各种看似站得住脚的理由。达玛什卡已经富有成效地向我们表明了尝试方法创新的可能,分享他运用比较分析这一上位的传统方法研究"法律程序与政治的关联"这一古老的课题所取得的成就后,对我们长久以来的胆怯、浅尝辄止和振振有辞的辩解,仅仅抱以惭愧和无地自容显然不够,知耻后勇、有所作为方为妥当。要不然,且不说我们对于世界的贡献是什么,就连眼下实践中亟待解决的中国式问题,我们也将疲于奔命甚至无能为力。

该书中,古罗马诗人的警句诗、阿尔忒弥斯与阿芙洛狄特等古希腊神话中的人名、西默农与圣安东尼奥的侦探故事等极具文学色彩的文字经常跃入视野,枯燥的法学借助文学的修辞而饶有趣味。这一风格让读者在苦苦领略思辨魅力的同时可以时常获得些许轻快,也可让作者借助文学的独特功能表达一些只可意会不能言传的东西。如若不信,请看中译本第 230 页的一句话:国家官员的垄断性控制并不意味着私人的声音无法汇入政策实施型程序的晨歌和小夜曲之中。在我国,不知始于何时,富有文采的法学作品被定性为不务正业或旁门左道,时常被排斥和压制,平白直叙、有啥说啥被奉为法学写作的金科玉律。追求法学作品语言风格的多样性可从达玛什卡的这一著作中获得有力的强心剂,排除羁绊,奋力前行。

在我国,《人民调解法》于 2010 年 8 月获表决通过,《民事诉讼法》于 2007 年 10 月和 2012 年 8 月先后两次被修改,《刑事诉讼法》于 2012 年 3 月被修改,《律师法》于 2007 年 10 月和 2012 年 10 月先后两次被修改,《行政诉讼法》和《仲裁法》的较大幅度修改也已被列入立

法部门的日程。另外,制定《人民检察院监督法》《社会调解法》的呼声也越来越高。可以说,面对不断增加的程序改革压力,我国正在进行积极的回应。在回应的过程中,寻求英美国家的外来资源成为一个重要途径,这些外来资源产生巨大吸引力的理由可能在于其先进的制度理念和周密的规则设计,但不加仔细考察的简单拿来则可能导致这些外来的制度规则水土不服。因为,法治在世界范围内是一个类概念,因此各国在程序改进中面临的问题往往大致相同,但是问题的相同并不意味着解决办法的必然相同。问题的相同,解决的办法可以不同,甚至必定不可能相同,原因在于历史和国情才是法律制度理性建构和良好运行的基点。即"所谓法治国家的形成,都带有不可复制的历史和文化的特殊性"①。王亚新教授曾言:移植一种外来的法律制度并要使其真正发挥作用,往往需要逐渐克服社会机体的排斥反应,法律制度和社会之间在这个过程中自然一直存在着紧张。② 无独有偶,达玛什卡在其著作中译本的"致中国读者的引言"部分也指出:在折服于一项外国规范的魅力之前,改革者首先应当认真思考这项规范与本国的整个规则系统之间形成良性互动关系的可能性。达玛什卡在书中的第六章为两套理想模型组合后的法律程序寻找现实例证时,认为毛泽东时代的中国刑法司法程序与科层式权力组织的政策实施型程序的距离最为接近,以致让其乐观地认为"政策实施型程序也并不是如此极端或理论化,以至于永无变为现实的可能性"(第297页)。三十多年过去了,中国的程序制度已经与达玛什卡所谓的极端类型疏远了很多,但中国社会整体上依然与科层式权力组织、能动型国家的距离更近一些,与之截然相反,英美国家整体上与协作式权力组织、回应型国家的距离更近一些。所以,引入英美国家的外来资源来促进中国的程序改革必须保持高度的清醒和充分的慎重。

---

① 张文显:《法哲学研究范畴》,中国政法大学出版社2001年版,第158页。
② 王亚新:《强制执行与说服教育辨析》,载《中国社会科学》2000年第2期。

# 中国民事证据立法的立场表达

**本部分所涉规范性文件全简称对照表**

| 全称 | 简称 |
| --- | --- |
| 最高人民法院《关于民事诉讼证据的若干规定》(2001年12月6日通过) | 《民事证据规定》 |
| 最高人民法院《关于适用民事诉讼法若干问题的意见》(1992年7月14日通过) | 《民诉意见》 |

我国现行《民事诉讼法》虽对"证据"进行了专章的规定，但只有区区的19个条文（第63条至第81条），只约占整个法典的6.7%，与"证据是诉讼之王"的应然地位明显不相符合，可谓"简单、粗陋"。作为中国民事证据立法史上里程碑式的法律文件，2002年4月1日施行的、共83条的《民事证据规定》一度被给予很高的期望，但"法院越权立法、几近形同虚设、很难名符其实"的外在评价折射出的是其令人垂头沮丧、扼腕叹息的窘境。对《民事诉讼法》全面修改多年的期盼于2007年和2012年以各方主体普遍不满、仅是局部性调整的方式而落幕，中国民事证据的立法良机再次被错过。面对如此的状况，我们不能一味地指责立法者的行动缓慢及其对法学家的漠视与傲慢，应正视中国民事证据立法的进程艰难、缓慢与相关理论研究的整体水平不高之间的直接关联。

2008年12月出版的、完备地展现了汤维建教授自20世纪90年代初期至今的所有民事证据法学方面之研究成果的《民事证据立法的理论立场》一书即是进一步提升相关理论研究之水平的力作。该书共43万字,分"基础理论"、"基本问题"、"重要制度"、"他山之石"四编,从"以证据文化诠释证据制度,以证据制度型构证据文化"这一学术视角出发对已经开始且正在经历重大历史性变迁的中国民事证据制度所涉及的诸多问题进行了深入广泛、论证有据的回答,可谓"规模蔚为可观、内容集中深刻"。作为该书的压台部分,历经多次改进、共356条、3.8万余字的《中华人民共和国民事证据法》(建议稿)实现了从理论到建议的提升,弥补了专题性研究而难免产生的体系性欠缺的遗憾,是对多年来的中国民事证据立法之立法需求、司法需求以及学术需求的集中回应并将产生积极性、引领性影响。称之为一本高质量、可读性强的专著,当无异议。需要特别一提的是,书中隐含着的对中国民事证据立法持续关注与不懈探索的学者品质让人钦佩、值得效仿。

**一、迎难而上:基础理论的理性探索**

证据的属性论是证据法学理论体系中的开端性、基石性理论。民事举证责任的概念论是与诉讼目的论、诉权论、既判力本质论并称为民事诉讼法学上四大基础理论的举证责任论的基石理论。证据的属性论和民事举证责任的概念论自产生之日起就颇具魔力般地吸引并折磨着不同国别、不同时代的学者,至今尚未形成大一统的成果,很多学者因此视这两个课题为畏途,或知难而退,或绕道而行,而本书的作者则凭借其出色的思辨能力和扎实的比较法知识对这两个课题进行了迎难而上式的研究尝试并取得了富有影响力的成果。

作者对证据属性论的探讨采取了以客观性为中心的进路,因为"关联性以客观性为前提"[①]、"证据的关联性则因其主观性而赋予了

---

① 汤维建:《民事证据立法的理论立场》,北京大学出版社2008年版,第26页。下文他处所引本书的,则直接在正文中注明页码。

证据客观性以证据的价值。证据的合法性是对证据关联性的进一步强化,证据的证明价值也随之增加"(第28页)。作者首先指出,证据的客观性具有如下三层含义:(1) 证据所反映的内容必须是真正发生过的事实或者将来必然要发生的事实;(2) 证据的内容必须是客观的;(3) 证据的客观性表明案件事实的认定具有可靠性。(第4—5页)进而指出证据的客观性与证据的主观性之间存在对立统一的关系,"证据具有主观性"的命题并非一个假命题;对真理观的坚持,司法层面和立法层面应有所区别,"绝对的真理观可以被选择来作为诉讼制度设计的终极理念和最高理想"、"相对的真理观则必然成为任何诉讼制度所接受的现实归宿和当然的立足之点"(第10页),这样可避免使辩证唯物主义认识论庸俗化,也可使有关证据属性的定位符合案件的实际并不与人类认知水平之相对有限的客观状况出现脱节。作者对证据属性论的探讨的最大亮点在于通过研读大量的资料对由吴家麟先生在《法学研究》1981年第6期上发表的《论证据的主观性和客观性》一文所引发的对证据属性的争论发表了独到的见解,指出"争论实际上是从不同的角度看待证据的属性和特性,而不是从证据的本质属性上争论同一个问题"(第16页),在反驳证据客观论者的基础上,认为"在证据是否具有主观性问题的讨论上,我们应当首先确定在何一时间点上使用证据的概念。这是讨论的前提问题。诉讼外的证据不具有主观性,诉讼中的证据必具有主观性。前者为客观证据,后者为诉讼证据。诉讼证据的初级阶段为证据材料,主观性处在矛盾的主导地位;诉讼证据的高级阶段为定案证据,客观性处在矛盾的主导地位。但是,只有主观性和客观性完全统一的证据,才是真正意义上的证据。否则,即为证据的假象,因而本质上不属于证据的范畴"(第17页)。作者的这一努力赢得了学术界的极高评价,被认为是拉开了第三波关于证据属性的学术讨论的帷幕,证据的属性因此时隔近二十年而再次成为学术探讨的兴奋点;另外,2002年出版的《证据法论文选粹》以作者对证据的属性论有独到的见解为根据而将之全文辑录。①

作者对民事举证责任概念论进行探讨的目的"就在于恢复或者说揭示举证责任概念的真貌,使之从无序进入有序,从而以客观举证责任的反思为发轫、证明责任的融进为契机,构筑一个举证责任概念的崭新体系"(第29—30页),通过对罗马法时代的举证责任概念、德国普通法时代的举证责任概念、德国民事诉讼法制定时期的举证责任概念和近代的举证责任概念进行历史考察,作者认可德国学者古拉色于1883年提出的举证责任概念的分层理论,指出以举证主体的双方性、举证命题的唯一性、举证次序的相继性和举证次数的非限制性为特征的主观举证责任不能被排除在民事举证责任的概念体系之外,因为"任何剔除主观举证责任的理论探讨,最终必将使得举证责任失却本来意义,造成举证责任的遗忘"(第36页),在论证由我国台湾地区的骆永家教授在《民事举证责任论》一书中阐述的客观举证责任概念所引出的三个结论性判断都站不住脚的基础上提出了自己的客观举证责任概念观,在反驳骆永家教授关于"在采用辩论主义的诉讼程序中,主观举证责任与客观举证责任能够同时并存,并且主观举证责任为客观举证责任通过辩论主义的投影;在采用职权探知主义的诉讼程序中仅存在着客观举证责任,主观举证责任没有存活的余地"的观点的基础上先破后立地对主观举证责任和客观举证责任之间的关系摆出了自己的立场——"主观举证责任与客观举证责任的分离性和独立性,仅是观念上的、相对的,而不是实际运作上的、绝对的。举证责任是主观举证责任和客观举证责任的有机融汇,而不是两种责任的简单相加或机械拼凑,客观举证责任是主观举证责任的逻辑起点和原动力,没有前者,后者即成为盲目游移、缺乏根基的空中楼阁;主观举证责任是

---

① 《证据法论文选粹》,中国法制出版社2002年版,第65—90页。

客观举证责任的具体表现和实现中介,没有前者,后者则成为毫无活力、缺乏生机的僵化之物。因此,无论在辩论主义的诉讼程序或职权探知主义的诉讼程序,主观举证责任与客观举证责任均无例外地并存着,只不过程度不同而已"(第42页)。当发现民事举证责任概念的现代通说——客观说如主观说、折衷说一样,不能从理论危机中从容脱身时,作者将引进"证明责任规范"这一新概念作为克服理论困境的突破口并将之视为构筑民事举证责任概念科学体系的惟一出路,如此的尝试"使主观举证责任、客观举证责任成为举证责任总概念下的分概念;将证明责任规范与实体法律规范划归同一类别"(第45页),实体法律规范得以于客观证明责任处于肯定解除和否定解除时发生作用,证明责任规范得以于客观证明责任处于模糊解除时发生作用。民事举证责任的概念与民事举证责任的性质有着"唇齿相依的密切关联"(第53—54页),更为重要的是,"举证责任的性质不仅能够直观地揭示出当事人从事举证活动的最深层动因,而且也是准确把握证明责任制度全部内容的一把钥匙"(第54页),基于此,作者在探讨民事举证责任之概念的同时,对有关民事举证责任之性质的权利说、负担说进行了驳难,对有关民事举证责任之性质的义务说进行了证成。值得指出的是,作者对三种民事举证责任之性质的学说进行驳难和证成是从实践的、发展的、系统的和法哲学的视角展开的,这无疑具有很强的方法论上的意义。另外,鉴于我国"过多地强调了证明责任制度的义务方面,而对证明责任制度的权利方面则缺乏足够的重视"(第67页),作者主张民事证据立法应当设定一定的程序性制度和程序性手段,确保证明责任的承担者能够有效地、及时地、顺利地完成证明责任,此即"履行证明责任的程序保障"问题,这一问题须从"调查、收集证据的程序保障"、"提供证据的程序保障"、"证据声明的程序保障"和"运用证据进行证明活动的程序保障"四个方面着手。

## 二、大处着手:基本问题的宏观思考

康德曾言:"模糊是一切神秘主义者的命令,用来诱使人们通过人为的模糊埋葬了智慧。"①所以,中国的民事证据立法在如何对待既有制度资源、如何设计立法之宏观思路、如何选择立法模式、如何构建具体的内容体系、如何处理民事证据立法与民事诉讼制度的关系等基本问题上必须追求确定性,任何回避确定性的行为都是极其有害的。

1982年《民事诉讼法》(试行)、1991年《民事诉讼法》、1992年《民诉意见》、1998年最高人民法院《关于民事经济审判方式改革的若干规定》和2001年《民事证据规定》是我国民事证据制度的主要法律渊源,中国的民事证据立法对其在制定与实施中所产生的经验与教训不能视而不见而另起炉灶,而应在梳理历史脉络以把握民事证据立法所需之社会条件的同时充分利用既有的制度资源,在实现尽力挖潜与有益利用相结合的同时又不乏批判性的建设。作者对我国民事证据制度的过去和现在进行客观审视,体现的正是如此的立场。在如何对待《民事证据规定》这一集中体现我国法官创造性智慧和积极努力的专门性证据法解释这个问题上,作者毫不吝啬地给予了极高的评价,但未就此止步,而是十分可贵地指出:"今后的任务应当是,用理论和实践相结合的方法,参照各国证据法制,对该证据解释的内涵进行充分地阐释和发挥,同时也要把它当作一个理论靶子,对它进行批判性研究。这样有利于将来的证据立法。"(第112—113页)

伴随着人类文明的进步,非理性的司法证明方式逐渐失去了阵地,以事实求证事实的理性司法证明方式粉墨登场并衍生出大陆法系式的抽象理性之路与英美法系式的具体理性之路两种型态,跨越两个世纪的中国民事证据立法应否走出"择一而从,非此即彼"的惯性境

---

① 〔德〕康德:《实用人类学》,邓晓芒译,上海人民出版社2002年版,第16页。

地? 对于这一时常可见但又极为重要、需要下大气力去论证的棘手问题,作者清晰而非含糊、果敢而非犹豫地亮出了自己的立场——"我国的证据立法既不应是英美法式的,也不应是大陆法式的,而应当是兼具二者特点同时又融入我国自身特殊性的综合式的立法模式。"(序言部分第 8 页)原因一方面在于,大陆法系所采取的证据规则包含在程序立法之中的法典式的非独立型立法模式因证据规则内容的庞杂而在内容和形式方面呈现的特点将导致"立法迷路现象"的出现;另一方面在于,英美法系所采取的归纳式的判例汇编型的立法模式带有严苛性和硬直性的局限。所以,作者指出:"我国的证据立法从形式上说宜采用英美法模式,从内容上说则要适当吸收大陆法的合理因素。"(序言部分第 9 页)具体而言,作者通过对庞德的"律令、技术、理想模式"、新分析法学派的"规则模式"、德沃金的"规则、政策、原则模式"和张文显的"规则、原则、概念模式"的审视,开端性的提出了证据立法的模式论,即"我国的证据立法应当由指导思想、价值目标、基本原则、证据概念、证据制度、证据程序及证据规则组成"(第 136 页)。

如何处理民事证据立法与民事诉讼制度的关系是"在我国证据立法中经常提及的一个重大的理论性问题"(第 147 页)。这个问题具有两方面性,其形式的方面在于民事证据制度与民事诉讼制度是合并立法还是单独立法,其实质的方面在于"民事证据立法在哪些关键环节上受到民事诉讼制度的深刻影响"(第 147 页)。在具体分析了辩论主义、公众参与审判、诉讼进行的法定顺序主义、口头审理主义、直接审理主义对民事证据制度的影响后,作者旗帜鲜明地指出:"民事证据立法尽管从形式上应当将它从民事诉讼法的统一载体中分离出来,但是,这种分离只能是形式上的,而不可能是内容上和精神上的"(第 164 页)。并先后两次申明,虽然民事证据制度的变化会引起民事诉讼制度的变化,民事证据制度的变革会推动民事诉讼的创新,但"民事诉讼制度决定民事证据制度的性质和内容,民事诉讼制度在逻辑上处在更优先的层次"(第147页),"民事诉讼制度中的任何一方面因素,无论巨细,都会影响到民事证据制度的建构和最终样式"(第165页)。作者对民事证据立法与民事诉讼制度之关系的探讨实际上也对"要不要以及能不能制定统一的证据规则"这个我国证据立法中长期激烈争论且仍未形成一致意见的问题在更广的视野中作出了明确的回答,否定证据规则对三大诉讼的普适性,进而否定制定统一证据规则的必要性与可行性。

### 三、微观建构:重要制度的缜密求证

民事证据法学研究的独立化呼唤精密化的制度研究,民事证据制度研究的对策性必须能够回应司法实践的需求以及能够为实务中各方主体所接受。作者在书中对民事证据契约制度、证据交换制度、举证责任倒置制度和非法证据排除制度这四个或崭新或传统的主题展开了卓有成效的探讨。

"将证据和契约联结在一起考虑问题,从而形成一个独特的'证据契约'范畴和制度,这对长期笼罩在超职权主义诉讼模式之下的我国民事诉讼理论界来说还是比较陌生的。"(第169页)在我国,作为证据契约制度之上位制度的诉讼契约制度方面的研究最早出现于20世纪90年代末期,虽然近些年来有关诉讼契约制度的研究成果日益增多,但皆将证据契约制度作为诉讼契约制度的组成部分加以附带研究,并无对证据契约制度进行独立化研究的影响性成果,作者从"证据契约与诉讼契约的辩证关联"角度着手的研究具有填补空白的价值。作者不局限于以辩论主义、处分权主义为分析基点的传统思路,从民事诉讼当事人合意的动机去考察民事证据契约制度的正当性可谓另辟蹊径,认为"在限制程序型契约以确保实现诉讼的公益目的和经济目的的前提下,证据契约是用来发掘和彰显当事人主义诉讼体制的最好领域和最佳工具"(第171—172页)。能否对民事证据契约制度进行类

型化研究决定着相关研究之水平的高低,作者深谙此道,将类型研究的重点放在了以是否有法律明文规定为依据而细分出的、与"法定的证据契约"相对应存在的"任意的证据契约"之上,主张"不得违反法律强制性规范"、"不得对法官的自由心证发号施令"和"不得显失公正"是法官判断任意的证据契约之有效性时必须遵循的原则。

民事诉讼证据收集机制转向"以当事人取证为主、法院查证为辅"后,证据交换制度才获得了存在和发展的空间。以司法解释作为创制方式的民事证据交换制度集中体现了《民事证据规定》所竭力追求两大价值目标——"当事人的主导性"和"证据制度的效率性"。作者从多角度将证据交换界分为当事人主导型证据交换和法院主导型证据交换,自动型证据交换和被动型证据交换,申请型证据交换、裁量型证据交换和法定型证据交换,一次性证据交换和分次性证据交换,书面性证据交换和口头性证据交换,在以模式类型分析的方法向读者展现证据交换之多种面孔的同时,也"展示了证据交换制度的程序价值和演变轨迹"(第184页)。对于"谁可以作为证据交换的主持者"这一分歧严重的问题,作者认为"要科学地确定证据交换的主体,必须首先明确证据交换程序的法律属性"(第189页),进而以"证据交换具有实体审理的性质"为根据主张"证据交换程序的主持者不言而喻必然是享有审判权的法官,而不能是非法官的其他人员"(第190页)。对于"能否由主持庭审的法官来主持证据交换"这一同样分歧严重的问题,针对"分离制"的观点持有者对审理法官提前介入审前程序会因先入为主而导致"偏颇之见"的担心,作者认为审理法官提前介入审前程序而可能产生的"偏颇之见"与法官于数次庭审间隔时段可能形成的"偏颇之见"并无本质上的差别,因此,"关键不在于是否让审理法官在审前阶段即予介入,而在于通过诉讼机制保障'先入之见'不致演变为'偏颇之见'。"(第190—191页)

以证据距离的远近、举证能力的强弱、公共政策的考量、盖然性的大小、举证是否受阻为实行原因和以在特殊民事案件中实现查明案件事实、追求实质公平、实现诉讼效益为价值目标的举证责任倒置制度是民事证据立法具体问题中的热点、难点。作者对这一传统主题的研究努力具有两大亮点：（1）如对待证据交换制度一样，从类型化分析的视角出发，将举证责任倒置分为法定的举证责任倒置和裁量的举证责任倒置、实体法上的举证责任倒置和程序法上的举证责任倒置、合同法上的举证责任倒置和侵权法上的举证责任倒置，如此的努力"不仅标志着举证责任理论研究的深化，而且对民事司法亦有一定的指导意义"（第205页）。（2）指出立法上对举证责任倒置的认可意味着对举证责任倒置实行个案解决模式的否定，强调举证责任倒置与法律要件分类说的举证责任分配原则之间并不具有严格的因果关系，认为"任何一种举证责任的分配原则，都可以产生举证责任倒置。立法上规范了举证责任倒置这种诉讼现象，并不意味着理论上一定选择了法律要件分类说这个一般原则"（第199页），这一主张对于澄清"无法律要件分类说，无举证责任倒置"这一颇有市场的错误认识十分必要，也让粗线条、时常模糊化的学术探讨相形见绌、无地可容。

民事诉讼非法证据排除规则衍生自证据来源的合法性，证据来源的合法性是证据合法性的核心含义，作者对民事诉讼非法证据排除规则的研究可看成是对证据属性论进行探讨的继续和具体展开，也可看成是作者对民事诉讼证据收集程序非法治化这一当下仍然十分严重的法律现象进行冷静思考的结果。对于《民事证据规定》就判断非法证据所设定的标准，作者并没有一概的加以否定，而是主张"诚然，'侵害他人合法权益'是一个含糊笼统的抽象标准，难以落实和操作，但应当明确的是，'侵害他人合法权益'是确定证据非法性的底线"（第215页）。作者从规范分析的角度出发主张采用刑事违法行为所收集的证据、采用侵犯他人重要民事权益的方式所收集的证据和违背具有法律效力的规范性文件之禁止性规定所收集的证据都应强制性排除，法官在裁量是否采纳具有非法因素的其他非法证据时应以重大违法为判断标准、以利益衡量为判断方法。另外,作者对"陷阱取证"、"偷拍偷录"和"私人侦探"三类特殊取证行为进行评价时对实证分析方法的采用使得其对民事诉讼非法证据排除规则的研究呈现了方法多样化的特征。

**四、立足本土:他山之石的审慎对待**

托克维尔在一个半多世纪之前就以一种提醒式的口吻指出:"美国的联邦宪法,好像能工巧匠创造的一件只能使发明人成名发财,而落到他人之手就变成一无用处的美丽艺术品。"① 当我们推动中国的民事证据立法并把视线转向法治极为发达的美国寻找经验时,必须清醒地意识到美国的民事证据法和它的联邦宪法一样,并不具备普适性和简单移植的可能性。全面地了解和准确地理解英美证据法学的理性主义传统和美国证据法的主要规则是避免盲目排斥的有效途径,也是避免盲目效仿、实现为我所用的前提作业,作者对英美证据法学之理性主义传统和美国证据法之主要规则进行介绍与评析的动因与积极价值即在于此。

非理性的证明和理性的证明是司法证明先后经历的性质与命题存在天壤之别的两个阶段,尽管非理性的司法证明也或多或少地存在着理性的因素,但证据裁判主义的确立意味着非理性的司法证明走进历史、成为过去。所以,作者指出:"以事实为内核的证据裁判主义是划分理性证明与非理性证明的分水岭"(第 225 页)并与自由证明主义共同成为英美证据法学之理性主义传统的实践积淀。作者在以代表性证据法学家的思想为切入点对 1800 年以前、1800 年到 1850 年、1850 年到 1900 年、1900 年到 1960 年四个时期的脉络进行详细描述

---

① 〔法〕托克维尔:《论美国的民主》(上),董果良译,商务印书馆 1997 年版,第 186 页。

后,将英美证据法学理性主义传统的典型命题概括为:"认识论是一种可知主义,而不是怀疑主义;相应的真理理论一般是指协调的真理理论;制作决定的模式被看作是'理性的',它与诸如决斗、宣誓或者神明裁判等'非理性'模式形成对照;推理的典型模式是归纳式;对真实的追寻作为实现法律正义的一种方式,应当被赋予较为优先的社会价值,但并不必然是压倒一切的价值。"(第262页)作者以《漂移的证据法》(Evidence Law Adrift)为参照文本对达玛什卡的证据法思想进行评介后,指出:"制度型转变导致了证据规则或证据制度在转变"、"任何证据制度,无论它是经验的积累还是理性的演绎,都是为了因应社会客观存在的内在需求而产生、发展的"(第362页)。受达玛什卡之研究思路的影响,作者用较大篇幅考察了对抗制、陪审制、集中审理制对英美法系证据制度和职权制、参审制、间断审理制对大陆法系证据制度的影响与塑造作用,用以支持其如下的结论:"美国的证据法是由其程序法及其司法制度所决定的,其程序法和司法制度发生了改变,必然导致其证据法也发生相应的改变。"(第264—265页)如此的立场不仅与作者一直主张的"证据制度应与诉讼制度相配套、相协调,证据法学研究应在程序法学这个更大的场域中进行"的观点一脉相承,而且也再次重申以"拿来主义"的态度、以"向实力最强大者学习"的心态来建构中国的民事证据制度必须慎之又慎。

"从逻辑上来说,证据交换的前提是有证据可供交换。如果没有证据,那么,交换又从何谈起呢?"(第289页)作者在肯定我国当前的证据交换制度与美国的证据交换制度在本质上具有共同性的同时,以提出如此问题的方式引导读者去审视我国既有法律所规定的证据调查收集程序。"我国民事诉讼法并不是没有规定调查收集证据的程序,而是没有规定以当事人为主体的证据调查程序。"(第289页)这使得我国的民事诉讼当事人所享有的调查取证权只能是缺乏具体程序保障的、画饼充饥式的抽象性权利,同时又要承担证据交换的义务,难免有心而力不足。为摆脱窘境,作者考察了美国证据调查程序的发展历程、概念与特征、价值取向、效果与目标、与对抗制的辩证关系、弊端及克服对策、适用范围、调查取证的方法、调查取证的次序与策略、对调查要求的异议等内容,进而指出:"我国民事诉讼法应当首先向美国学习调查收集证据的程序。然后再在总结实践经验的基础上,完善我国的证据及证据信息的交换程序,并将它上升到立法的高度。"(第289页)需要说明的是,作者在"他山之石"编探讨"美国的证据调查与证据交换及其对我国的借鉴意义"这一主题,表面上看应归于"重要制度"编,尤其是当读者在本书的最后部分看到作者对于完善和健全我国的审理前准备程序所提出的四项对策性建议时更会坚信这一判断,实际上作者如此安排的意图并不在此,而在于以一项具体的制度为例证来说明学习和移植外来的证据制度必须注重对其生存环境和配套措施的考察,从而与其在书中他处就如何对待外来制度所表达的立场形成支持与印证。

# 主要参考文献

## 一、著作

〔美〕本杰明·卡多佐:《司法过程的性质》,苏力译,商务印书馆 1998 年版。

〔美〕达玛什卡:《司法和国家权力的多种面孔——比较视野中的法律程序》,郑戈译,中国政法大学出版社 2004 年版。

〔美〕马斯洛:《马斯洛人本哲学》,成明编译,九州出版社 2007 年版。

〔美〕庞德:《普通法的精神》,唐前宏等译,法律出版社 2001 年版。

〔美〕约翰·亨利·梅利曼:《大陆法系》,顾培东、禄正平译,法律出版社 2004 年版。

〔英〕詹·弗雷泽:《金枝精要——巫术与宗教之研究》,刘魁立编,汪培基、徐育新、张泽石译,上海文艺出版社 2001 年版。

〔德〕哈贝马斯:《在事实和规范之间:关于法律和民主法治国的商谈理论》,童世骏译,生活·读书·新知三联书店 2003 年版。

〔德〕康德:《实用人类学》,邓晓芒译,上海人民出版社 2002 年版。

〔德〕拉德布鲁赫:《法律智慧警句集》,舒国滢译,中国法制出版社 2001 年版。

〔法〕卢梭:《社会契约论》,何兆武译,商务印书馆 2003 年版。

〔法〕托克维尔:《论美国的民主》(上),董果良译,商务印书馆 1997 年版。

〔意〕贝卡利亚:《论犯罪与刑罚》,黄风译,中国法制出版社 2002 年版。

〔日〕高桥宏志:《重点讲义民事诉讼法》,张卫平、许可译,法律出版社 2007 年版。

〔日〕棚濑孝雄:《纠纷的解决与审判制度》,王亚新译,中国政法大学出版社 2004

年版。

常怡主编:《民事诉讼法学》,中国政法大学出版社2001年版。

范愉:《纠纷解决的理论与实践》,清华大学出版社2007年版。

扈纪华、陈俊生主编:《中华人民共和国人民调解法解读》,中国法制出版社2010年版。

侯欣一:《从司法为民到人民司法:陕甘宁边区大众化司法制度研究》,中国政法大学出版社2007年版。

江伟主编:《民事诉讼法学原理》,中国人民大学出版社1999年版。

江伟主编:《民事诉讼法专论》,中国人民大学出版社2005年版。

江伟、杨荣新主编:《人民调解学概论》,法律出版社1990年版。

梁慧星:《中国民法经济法诸问题》,中国法制出版社1999年版。

梁启超:《李鸿章传》,百花文艺出版社2008年版。

龙卫球:《民法总论》(第2版),中国法制出版社2002年版。

孟令志、曹诗权、麻昌华:《婚姻家庭与继承法》,北京大学出版社2012年版。

全国人大常委会法制工作委员会民法室:《〈中华人民共和国民事诉讼法〉条文说明、立法理由及相关规定》,北京大学出版社2012年版。

沈达明编著:《比较民事诉讼法初论》,中国法制出版社2002年版。

苏力:《送法下乡:中国基层司法制度研究》,中国政法大学出版社2000年版。

苏力:《道路通向城市:转型中国的法治》,法律出版社2004年版。

宋连斌、林一飞编著:《国际商事仲裁资料精选》,知识产权出版社2004年版。

邵明:《现代民事诉讼基础理论》,法律出版社2011年版。

汤维建:《民事证据立法的理论立场》,北京大学出版社2008年版。

王甲乙、杨建华:《民事诉讼法新论》,台湾三民书局1990年版。

王胜明、郝赤勇主编:《中华人民共和国人民调解法释义》,法律出版社2010年版。

王亚新:《社会变革中的民事诉讼》,中国法制出版社2001年版。

王泽鉴:《民法学说与判例研究(第1册)》,中国政法大学出版社1998年版。

徐国栋:《民法基本原则解释——成文法局限性之克服》(修订本),中国政法大学出版社2001年版。

谢佑平主编:《公证与律师制度》,中国政法大学出版社1999年版。

喻中:《乡土中国中的司法图景》,中国法制出版社2007年版。
余钊飞:《人民调解的历史形成研究》,西北大学出版社2011年版。
左卫民等:《诉讼权研究》,法律出版社2003年版。
张卫平、李浩:《新民事诉讼法原理与适用》,人民法院出版社2012年版。
张文显主编:《法理学》,高等教育出版社、北京大学出版社1999年版。
张文显:《法哲学范畴研究》,中国政法大学出版社2001年版。
吴卫义、张寅编著:《法院审理婚姻家庭案件观点集成》,中国法制出版社2012年版。
张永和、于嘉川等:《武侯陪审:透过法社会学与法人类学的观察》,法律出版社2009年版。
《德意志联邦共和国民事诉讼法》,谢怀栻译,中国法制出版社2001年版。
《法国新民事诉讼法典》,罗结珍译,中国法制出版社1999年版。
《日本新民事诉讼法》,白绿铉译,中国法制出版社2000年版。

## 二、论文

白建军:《同案同判的宪政意义及其实证研究》,载《中国法学》2003年第3期。
蔡虹、刘加良:《弱势群体的民事诉讼法保护论纲》,载《河南大学学报》2004年第6期。
陈建平、徐英荣:《检察长列席审判委员会之合理性质疑》,载《法学》2006年第7期。
曹诗权:《律师法修改的宏观基础定位》,载《中国律师》2004年第9期。
范愉:《〈中华人民共和国人民调解法〉评析》,载《法学家》2011年第2期。
傅郁林:《我国民事检察权的权能与程序配置》,载《法律科学》2012年第6期。
郭站红:《夫妻忠诚协议的法学思考》,载《宁波大学学报》2010年第2期。
洪浩、刘加良:《刑事诉讼回避制度若干问题探析》,载《山东警察学院学报》2004年第5期。
何晓航、何志:《夫妻忠诚协议的法律思考》,载《法律适用》2012年第3期。
黄文艾:《检察机关派员列席审委会制度的反思与建构》,载《河北法学》2008年第3期。
韩象乾、葛玲:《关于完善我国共同诉讼制度的一个理论前提》,载《政法论坛》

2001年第1期。

侯欣一:《民国晚期西安地区律师制度研究》,载《中外法学》2004年第4期。

强世功:《法律共同体宣言》,载《中外法学》2001年第3期。

劳东燕:《公共政策与风险社会的刑法》,载《中国社会科学》2007年第3期。

李浩:《再审的补充性原则与民事再审事由》,载《法学家》2007年第6期。

雷小政:《往返流盼:检察机关一般监督权的考证与展望》,载《法律科学》2012年第2期。

刘拥、刘润发:《检察机关行使行政公诉权的正当性阐释》,载《法学评论》2011年第2期。

隋彭生:《夫妻忠诚协议分析——以法律关系为重心》,载《法学杂志》2011年第2期。

万海富、王薇:《上海市检察机关检察长列席人民法院审判委员会会议情况的调研》,载《检察实践》2005年第3期。

王歌雅:《夫妻忠诚协议:价值认知与效力判断》,载《政法论丛》2009年第5期。

汪建成:《非驴非马的"河南陪审团"改革应当慎行》,载《法学》2009年第5期。

王利明:《惩罚性赔偿研究》,载《中国社会科学》2004年第4期。

王旭冬:《"忠诚协议"引发的法律思考》,载《南通师范学院学报》2004年第4期。

吴晓芳:《当前婚姻家庭案件的疑难问题探析》,载《人民司法·应用》2010年第1期。

万毅、李小东:《权力的边界:检察建议的实证分析》,载《东方法学》2008年第1期。

王亚新:《强制执行与说服教育辨析》,载《中国社会科学》2000年第2期。

夏黎阳:《民事行政个案再审检察建议之适用与完善》,载《法学杂志》2006年第5期。

俞可平:《中国公民社会:概念、分类与制度环境》,载《中国社会科学》2006年第1期。

叶珍华:《民事督促起诉亟须厘清的几个问题》,载《人民检察》2009年第16期。

叶珍华:《民事督促起诉若干问题研究》,载《河北法学》2010年第3期。

周飞舟:《分税制十年:制度及其影响》,载《中国社会科学》2006年第6期。

周飞舟:《转移支付何以解救县乡财政》,载《南风窗》2006年第5期(下)。

赵钢、王杏飞:《民事司法改革的几个前沿问题——以〈人民法院第二个五年改革纲要(2004—2008)〉为分析对象》,载《法学评论》2006年第6期。

赵钢:《人民调解协议的效力辨析及其程序保障》,载《法学》2011年第12期。

徐国栋:《市民社会与市民法——民法的调整对象研究》,载《法学研究》1994年第4期。

周望:《转型中的人民调解:三个悖论》,载《社会科学》2011年第10期。